SOLID 어법 실력

DARAKWON

저자 소개

신문섭
· 혜화여자고등학교 교사
· 서울대학교 사범대학 영어교육과 졸업,
  EBS 교재 집필 위원

안세정
· 중경고등학교 교사
· 서울대학교 사범대학 영어교육과 졸업,
  EBS 교재 집필 위원

김효신
· 서울국제고등학교 교사
· 서울대학교 사범대학 영어교육과 졸업,
  EBS 교재 집필 위원

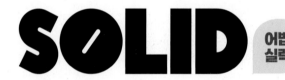

지은이 신문섭, 안세정, 김효신
펴낸이 정규도
펴낸곳 (주)다락원

초판 1쇄 인쇄 2023년 6월 30일
초판 1쇄 발행 2023년 7월 17일

편집 정연순
디자인 박보희
영문 감수 Ted Gray

다락원 경기도 파주시 문발로 211
내용문의 (02)736-2031 내선 501
구입문의 (02)736-2031 내선 250~252
Fax (02)732-2037
출판등록 1977년 9월 16일 제406-2008-000007호

ISBN 978-89-277-0474-4 54740
      978-89-277-0471-3 54740 (set)

http://www.darakwon.co.kr
다락원 홈페이지를 방문하시면 상세한 출판정보와 함께 동영상 강좌, MP3자료 등의 다양
한 어학 정보를 얻으실 수 있습니다.

SOLID 어법 실력

Structures & Features | 구성과 특징

다양한 어법 판단 유형으로
구성된 연습문제

핵심 출제 포인트

수능에 자주 출제되는 핵심 어법
포인트 50개로 구성했습니다.

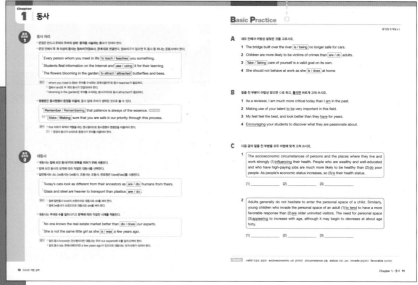

어법 Point

핵심 어법 포인트를 간결한 설명
과 핵심 예문으로 빠르고 쉽게
이해할 수 있도록 구성했습니다.

Basic Practice

다양한 유형으로 구성된 연습문제
를 통해 어법 개념을 제대로 이해
했는지 확인할 수 있습니다.

문장 · 단락 단위 어법 판단 및 서술형 영작 문제

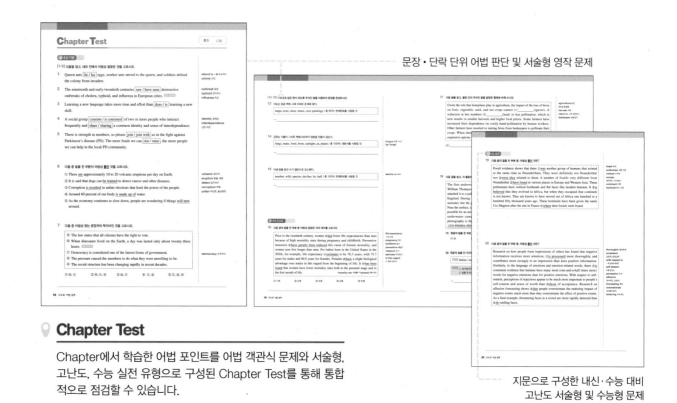

Chapter Test

Chapter에서 학습한 어법 포인트를 어법 객관식 문제와 서술형,
고난도, 수능 실전 유형으로 구성된 Chapter Test를 통해 통합
적으로 점검할 수 있습니다.

지문으로 구성한 내신 · 수능 대비
고난도 서술형 및 수능형 문제

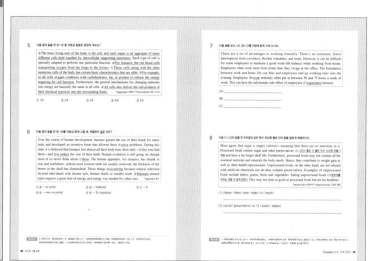

누적 TEST

3개의 Chapter마다 누적 TEST를 통해 좀 더 통합적으로 어법을 확인하고 중요 어법 사항을 제대로 이해했는지 실전 수능 유형 및 내신 서술형 문제로 확실히 점검할 수 있습니다.

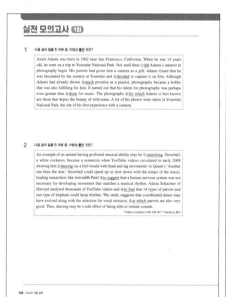

실전 모의고사

실전 수능 유형과 내신 문제 유형으로 구성한 총 3회의 실전 모의고사를 통해 통합 적으로 어법을 점검하고 실전 에 대비할 수 있습니다.

온라인 부가자료 | www.darakwon.co.kr

다락원 홈페이지에서 무료로 부가자료를 다운로드하거나 웹에서 이용할 수 있습니다.

• 단어리스트   • 단어테스트

Contents | 목차

Chapter 1

동사

출제 포인트 1

동사 자리

- 문장은 반드시 주어와 주어의 상태·동작을 서술하는 동사가 있어야 한다.

- 문장 안에서 두 개 이상의 동사는 접속어구(접속사, 관계사)로 연결한다. 접속어구가 없으면 두 동사 중 하나는 준동사여야 한다.

> ¹ Every person whom you meet in life │ to teach / **teaches** │ you something.
>
> ² Students **find** information on the Internet *and* │ **use** / using │ it for their learning.
>
> ³ The flowers blooming in the garden │ to attract / **attracted** │ butterflies and bees.

풀이 1 whom you meet in life는 주어를 수식하는 관계사절이므로 동사 teaches가 필요하다.
　　　 2 접속사 and로 두 개의 동사가 연결되어야 한다.
　　　 3 blooming in the garden은 주어를 수식하는 분사구이므로 동사 attracted가 필요하다.

- **명령문은 동사원형이 문장을 이끌며**, 동사 앞에 주어가 생략된 것으로 볼 수 있다.

> ⁴ │ **Remember** / Remembering │ that patience is always of the essence. 학평기출응용
>
> Cf. ⁵ │ Make / **Making** │ sure that you are safe *is* our priority through this process.

풀이 4 that 이하가 목적어 역할을 하는 명사절이므로 동사원형이 명령문을 이끌어야 한다.
　　　 Cf. 5 문장의 동사가 is이므로 동명사가 주어를 이끌어야 한다.

출제 포인트 2

대동사

- 대동사는 **앞에 쓰인 동사(구)의 반복을 피하기 위해 사용**된다.

- 앞에 쓰인 동사의 성격에 따라 적절한 대동사를 선택한다.

- 일반동사는 do, be동사는 be동사, 조동사는 조동사, 완료형은 have[has]를 사용한다.

> ¹ Today's cats *look* as different from their ancestors as │ are / **do** │ humans from theirs.
>
> ² Glass and steel *are* heavier to transport than plastics │ **are** / do │.

풀이 1 앞에 일반동사 look이 쓰였으므로 대동사로 do를 써야 한다.
　　　 2 앞에 be동사가 쓰였으므로 대동사로 are를 써야 한다.

- 대동사는 **주어와 수를 일치시키고 문맥에 따라 적절한 시제를 적용**한다.

> ³ No one *knows* the real estate market better than │ do / does │ *our experts*.
>
> ⁴ She *is* not the same little girl as she │ is / **was** │ *a few years ago*.

풀이 3 앞의 동사 knows는 단수형이지만 대동사는 주어 our experts에 수를 일치시켜야 한다.
　　　 4 앞의 동사 is는 현재시제이지만 a few years ago가 있으므로 대동사는 과거시제가 되어야 한다.

Basic Practice

⊘ 정답 및 해설 p.2

A 네모 안에서 어법상 알맞은 것을 고르시오.

1 The bridge built over the river is / being no longer safe for cars.

2 Children are more likely to be victims of crimes than are / do adults.

3 Take / Taking care of yourself is a valid goal on its own.

4 She should not behave at work as she is / does at home.

B 밑줄 친 부분이 어법상 맞으면 ○표 하고, **틀리면** 바르게 고쳐 쓰시오.

1 As a reviewer, I am much more critical today than I <u>am</u> in the past.

2 Making use of your talent <u>to be</u> very important in this field.

3 My feet feel the best, and look better than they <u>have</u> for years.

4 <u>Encouraging</u> your students to discover what they are passionate about.

C 다음 글의 밑줄 친 부분을 모두 어법에 맞게 고쳐 쓰시오.

1

The socioeconomic circumstances of persons and the places where they live and work strongly (1)<u>influencing</u> their health. People who are wealthy and well-educated and who have high-paying jobs are much more likely to be healthy than (2)<u>do</u> poor people. As people's economic status increases, so (3)<u>is</u> their health status.

(1) _____ (2) _____ (3) _____

2

Adults generally do not hesitate to enter the personal space of a child. Similarly, young children who invade the personal space of an adult (1)<u>to tend</u> to have a more favorable response than (2)<u>are</u> older uninvited visitors. The need for personal space (3)<u>appearing</u> to increase with age, although it may begin to decrease at about age forty.

(1) _____ (2) _____ (3) _____

Words valid 유효한, 정당한 socioeconomic 사회 경제적인 circumstance 상황 status 지위; 상태 invade 침입하다 favorable 호의적인

자동사 vs. 타동사

- 유사한 형태의 자동사와 타동사를 구분하여 사용한다. 일부 타동사는 자동사로 혼동하기 쉬우므로 주의해야 한다.

- **자동사**는 타동사와는 달리 **목적어를 취하지 않으며**, 필요에 따라 **전치사구나 부사(구)**가 이어진다.

> [1] Do not rise / **raise** your voice while speaking into the microphone.
>
> [2] This caricature does not **resemble** / resemble with reality.
>
> [3] She really didn't want to lie the dirty bed / **on the dirty bed** .

(풀이) 1 your voice가 목적어이므로 '높이다'라는 뜻의 타동사 raise를 써야 한다.

2 resemble은 '~와 닮다'라는 뜻의 타동사이다.

3 '눕다'라는 뜻의 자동사가 쓰였으므로 '~ 위에'라는 뜻의 전치사 on이 이끄는 전치사구가 이어져야 한다.

+Tip · 유사한 형태의 자동사 vs. 타동사

자동사: lie, sit, rise, wait 등 / 타동사: lay, seat(앉히다), raise, await 등

· 자동사로 착각하기 쉬운 타동사

resemble, marry, discuss, mention, answer, describe, join, attend, enter, reach, approach 등

주어-동사의 수 일치

- 주어에서 **핵심**이 되는 **명사(구)**의 수에 동사의 수를 일치시킨다. 핵심 명사(구)는 수식어구(전치사[형용사/분사/to부정사]구, 관계사절)의 수식을 받아 마지막에 해석된다.

- 주어가 **명사구, 명사절**일 때 **단수** 취급한다.

- 기타 함께 사용하는 표현에 따라 주어의 수가 결정되므로, 유의해야 할 표현을 알아 둔다.

> [1] *Children* who want to attend the event needs / **need** to register before May 21.
>
> [2] *Respecting people* **means** / mean that you accept them for who they are.
>
> [3] *The number of* soda sales at the hospital **has** / have dropped by 11.4 percent. (학평기출응용)

(풀이) 1 who가 이끄는 관계사절의 수식을 받아 마지막에 해석되는 Children이 주어에서 핵심이 되는 명사이므로 복수 취급한다.

2 동명사구 주어는 단수 취급한다.

3 「the number of + 복수명사」가 이끄는 주어는 단수 취급한다.

+Tip 주어의 형태와 그에 따른 수 취급

단수 취급	복수 취급
· every, each, much of, one of ~로 시작하는 주어	· both로 연결된 주어, many of ~로 시작하는 주어
· 명사구(to부정사구, 동명사구) 주어	· 「the + 형용사」(복수 보통명사) 주어
· 명사절(접속사 that/whether/if절, 관계대명사 what절, 의문사절) 주어	· 집합명사(police, cattle 등) 주어
· 「all/most/some/the rest/분수/percent of + 단수명사」로 시작하는 주어	· 「all/most/some/the rest/분수/percent of + 복수명사」로 시작하는 주어
· the number of(~의 수)로 시작하는 주어	· a number of(몇몇의, 다수의)로 시작하는 주어
· there is + 단수명사	· there are + 복수명사

Basic Practice

⊘ 정답 및 해설 p.3

A 네모 안에서 어법상 알맞은 것을 고르시오.

1 Let's discuss / discuss about the matter with him before it's too late.

2 What is unique about journalism as a profession is / are its lack of independence. 학평기출응용

3 We are waiting / awaiting a reply from the company regarding funding for the project.

4 A number of factors affect / affects the indoor environment in which we live. 학평기출응용

B 밑줄 친 부분이 어법상 맞으면 ○표 하고, 틀리면 바르게 고쳐 쓰시오.

1 At the time the pickup truck was approaching to the emergency scene.

2 Both the scientist and the challenger are awarded equal credibility. 수능기출응용

3 The homeless needs stability in their lives first.

4 Your little children must seat in a safety device when traveling by car.

C 다음 글의 밑줄 친 부분을 모두 어법에 맞게 고쳐 쓰시오.

1
When many of us (1)thinks about problems such as world poverty, we tend to see ourselves as powerless to bring about change in such a vast issue. However, a recurring message from social activists and religious leaders (2)are that each person can contribute to (3)rising the standard of other people and sometimes the entire world.

(1) _____ (2) _____ (3) _____

2
Marc (1)resembles with his father, but the two of them have different hair and eye colors. The dissimilarities between Marc and his father (2)is likely due to the recombination of genes. In other words, the woman his father (3)married to, his mother, has hair and eye color genes different from what he carries.

(1) _____ (2) _____ (3) _____

Words journalism 저널리즘, 언론계 credibility 신뢰성, 신용 stability 안정(성) bring about ~을 일으키다, 초래하다 vast 거대한, 방대한 recurring 반복되는 entire 전체의 dissimilarity 비슷하지 않음; 차이 recombination 재조합 gene 유전자

시제

- 문장 속에 쓰인 **부사(구)를** 통해 시제가 적절한지 여부를 파악한다.
  - 과거시제 부사(구): ago, yesterday, late ~, then, 「in + 연도」 등
  - 완료시제 부사(구): 「since + 과거 시점」, 「for + 기간」, before 등 / - 미래시제 부사(구): tomorrow, next ~, later, soon 등
- 과거시제는 과거에 일어난 일을 나타낼 때, 현재완료시제는 과거의 일이 현재까지 영향을 미칠 때 쓴다.
  따라서 현재완료시제는 명백한 과거를 나타내는 부사(구)와 함께 쓸 수 없다.
- 시간, 조건을 나타내는 부사절에서는 미래의 일을 현재[현재완료]시제로 나타낸다.

> ¹ Doctors │ **didn't operate** / have not operated │ on people *only a few centuries ago*.
>
> ² You can give this book to her *when* you │ **visit** / will visit │ her tomorrow.

(풀이) 1 only a few centuries ago라는 과거를 나타내는 부사구가 있으므로 과거시제를 써야 한다.
2 when이 이끄는 시간의 부사절에서는 미래의 일도 현재시제로 나타내야 한다.
(cf.) 명사절인 경우에는 미래시제를 그대로 쓴다. ³ We don't know *when this war will end*.

- 주절의 시제에 맞게 종속절의 시제를 일치시킨다.
  단, 역사적 사실은 과거시제, 불변의 진리 및 일반적·과학적 사실은 현재시제를 쓴다.

> ⁴ Mom *told* him that he │ will / **would** │ have to say goodbye to his friends. 학평기출응용
>
> ⁵ The ancient Greeks knew that the Moon │ **reflects** / reflected │ light from the Sun.

(풀이) 4 주절이 과거시제(told)이므로 종속절도 과거시제의 조동사를 써야 한다.
5 that절의 내용이 과학적 사실에 해당하므로 주절의 시제(knew)와 관계없이 현재시제를 써야 한다.

태

- 주어가 동사가 나타내는 동작의 주체이면 능동태, 동작의 대상이면 수동태를 쓴다.
- 수동태는 능동태의 목적어가 수동태의 주어가 되므로 동사 뒤에 목적어가 없다.
  단, 4, 5형식 수동태는 동사 뒤에 목적어나 보어가 남겨지는 것을 유의한다.
- 자동사는 목적어가 없으므로 수동태로 쓸 수 없다. 일부 타동사 resemble, lack, cost, escape 등도 수동태로 사용하지 않는다.

> ¹ Employees were │ **offered** / offering │ gifts and benefits by the company.
>
> ² Spilling salt has │ considered / **been considered** │ *unlucky* for thousands of years.
>
> ³ A problem has recently │ **occurred** / been occurred │ that needs your attention.

(풀이) 1 주어 Employees가 선물과 혜택을 제공 받는 대상이므로 수동태가 적절하다. 4형식 능동태 문장의 직접목적어(gifts and benefits)가 동사 뒤에 남겨진 형태이다.
2 주어 Spilling salt는 불운으로 여겨지는 대상이므로 수동태가 적절하다. unlucky는 보어(능동태 문장의 목적격보어)이다.
3 occur는 '발생하다'라는 뜻의 자동사이므로 수동태로 쓸 수 없다.

⊕Tip · 수동태로 잘못 사용하기 쉬운 자동사
happen, occur, appear, disappear, exist, result, remain, vary, last, respond, belong, consist 등

· **진행형 수동태:** be being + p.p. / **완료형 수동태:** have[has/had] been + p.p.

Basic Practice

정답 및 해설 p.3

A 네모 안에서 어법상 알맞은 것을 고르시오.

1 If you have / will have any questions, please visit www.rocky4.info. 학평기출응용

2 T-shirts and mugs gave / were given to those who attended this event.

3 He didn't know that the 2002 World Cup was / has been held in Asia.

4 Soil conditions can vary / be varied greatly in just a few yards.

B 밑줄 친 부분이 어법상 맞으면 ○표 하고, 틀리면 바르게 고쳐 쓰시오.

1 Margaret Knight has entered the National Inventors Hall of Fame in 2006. 학평기출응용

2 We wonder if they will accept being cared for by the staff.

3 Wild animals such as tigers, cheetahs, and leopards are belonged to the cat family.

4 Poetry is considered to be an easy and useful means of expressing emotions.

C 다음 글의 밑줄 친 부분을 모두 어법에 맞게 고쳐 쓰시오.

1
> Things are changing. It (1)has reported that 62 percent of jobs in America will be in danger due to advances in automation. You might say that the numbers (2)are seemed a bit unrealistic, but the threat is real. One fast food franchise has a robot that can flip a burger in ten seconds. It is just a simple task but the robot could (3)be replaced an entire crew. 학평기출응용

(1) _____ (2) _____ (3) _____

2
> If countries (1)are not responded to climate change, the consequences will be severe. CO_2 emissions will reach 5,000 gigatons, and CO_2 concentrations will jump to toxic levels of over 1900-2000 ppm. Temperatures will increase by 6-9°C, and sea levels will (2)be risen by 70 meters. These changes will continue until the Earth (3)will cool down and reaches today's levels—500,000 years from now.

(1) _____ (2) _____ (3) _____

Words the Hall of Fame 명예의 전당 automation 자동화 flip 뒤집다 crew (집합적) 직원 emission 배출 gigaton 10억 톤, 기가 톤 concentration 농도 toxic 유독한, 독성의

내신 기본

[1-5] 다음을 읽고, 네모 안에서 어법상 알맞은 것을 고르시오.

1 Queen ants lie / lay eggs, worker ants attend to the queen, and soldiers defend the colony from invaders.

attend to ~를 보살피다
colony 군집

2 The nineteenth and early-twentieth centuries saw / have seen destructive outbreaks of cholera, typhoid, and influenza in European cities. 학평기출응용

outbreak 발생
typhoid 장티푸스
influenza 독감

3 Learning a new language takes more time and effort than does / is learning a new skill.

4 A social group consists / is consisted of two or more people who interact frequently and share / sharing a common identity and sense of interdependence.

identity 정체성
interdependence 상호 의존

5 There is strength in numbers, so please join / join with us in the fight against Parkinson's disease (PD). The more funds we can rise / raise , the more people we can help in the local PD community.

6 다음 중 밑줄 친 부분이 어법상 **틀린** 것을 고르시오.

① There <u>are</u> approximately 10 to 20 volcanic eruptions per day on Earth.

② It is said that dogs can <u>be trained</u> to detect cancer and other diseases.

③ Corruption <u>is resulted</u> in unfair elections that limit the power of the people.

④ Around 60 percent of our body <u>is made up of</u> water.

⑤ As the economy continues to slow down, people are wondering if things <u>will turn</u> around.

volcanic 화산의
eruption 분출, 폭발
detect 감지하다
corruption 부패
unfair 부당한, 불공평한

7 다음 중 어법상 맞는 문장끼리 짝지어진 것을 고르시오.

ⓐ The law states that all citizens have the right to vote.
ⓑ When dinosaurs lived on the Earth, a day was lasted only about twenty-three hours. 학평기출응용
ⓒ Democracy is considered one of the fairest forms of government.
ⓓ The pressure caused the members to do what they were unwilling to be.
ⓔ The social structure has been changing rapidly in recent decades.

democracy 민주주의

① ⓐ, ⓒ　　　② ⓐ, ⓒ, ⓔ　　　③ ⓑ, ⓒ　　　④ ⓒ, ⓓ　　　⑤ ⓒ, ⓓ, ⓔ

[8-9] 다음 글의 밑줄 친 부분 중 어법상 틀린 것을 <u>두 개</u> 찾아 바르게 고치시오.

8 The Zeigarnik effect ⓐ<u>is referred</u> to as the tendency of the subconscious mind to remind you of a task that is incomplete until that task ⓑ<u>will be</u> complete. Bluma Zeigarnik was a Lithuanian psychologist who ⓒ<u>has written</u> in the 1920s about the effects of leaving tasks incomplete. 학평기출응용

tendency 경향

subconscious 잠재의식의

9 "A college student's privacy is protected as long as they ⓐ<u>will delete</u> the documents they ⓑ<u>have worked</u> on from the school-owned computer. This prevents anyone else from examining those documents." Is this statement true or false? It is absolutely wrong. ⓒ<u>Delete</u> an e-mail or other document from a computer does not actually remove it from the computer's memory.

statement 진술

🔥 **내신 서술형**

[10-12] 우리말과 같은 뜻이 되도록 괄호 안의 말을 바르게 배열하여 문장을 완성하시오.

조건　1. 주어진 단어를 모두 사용할 것　　2. 밑줄 친 단어의 어형을 바꿀 것

10 20세기에, 많은 과학자가 많은 종의 멸종에 관해 우려를 표현하고 있었다.
(scientists / of / about / <u>express</u> / number / concern / the / a / extinction)

→ In the 20th century _____

　　of many species.

extinction 사멸, 멸종

11 돌고래들은 서로를 식별하기 위해 휘파람을 사용하는 것으로 여겨진다.
(dolphins / whistles / identify / use / <u>believe</u> / to / that)

→ It _____ one another.

identify 식별하다

12 그 실험은 태양이 10만 년 전에 그랬던 것과 같은 양의 에너지를 오늘날 방출한다는 것을 발견했다.
(<u>do</u> / as / same / <u>release</u> / of / energy today / amount / it / the)

→ The experiment found that the Sun _____

　　_____ 100,000 years ago.

release 방출하다

[13-15] 우리말과 같은 뜻이 되도록 주어진 말을 이용하여 문장을 완성하시오.

13 지도는 동굴 벽화 시대 이래로 존재해 왔다.

maps, exist, since, times, cave paintings / 총 9단어, 현재완료를 사용할 것

→ _____

14 균류는 식물이 그러듯 햇빛으로부터 양분을 만들지 않는다.

fungi, make, food, from, sunlight, as, plants / 총 10단어, 대동사를 사용할 것

→ _____

fungus 균류, 버섯 (*pl.* fungi)

15 야생 동물 종의 수가 절반으로 감소했다.

number, wild, species, decline, by, half / 총 10단어, 현재완료를 사용할 것

→ _____

decline 감소하다

내신 고난도

16 다음 글의 밑줄 친 부분 중 어법상 알맞은 것의 개수를 고르시오.

Prior to the twentieth century, women ⓐ<u>had</u> lower life expectancies than men because of high mortality rates during pregnancy and childbirth. Preventive measures ⓑ<u>have greatly been reduced</u> this cause of female mortality, and women now live longer than men. For babies born in the United States in the 2020s, for example, life expectancy ⓒ<u>estimates</u> to be 78.3 years, with 75.7 years for males and 80.8 years for females. Females ⓓ<u>have</u> a slight biological advantage over males in this regard from the beginning of life. It ⓔ<u>has been found</u> that women have lower mortality rates both in the prenatal stage and in the first month of life.

*mortality rate 사망률 **prenatal 태아기의

① 1개　　　② 2개　　　③ 3개　　　④ 4개　　　⑤ 5개

life expectancy 기대 수명
pregnancy 임신
childbirth 출산
preventive 예방의
measure 조치
estimate 추정하다
in this regard 이 점에 있어서

17 다음 글을 읽고, 괄호 안의 주어진 말을 알맞은 형태로 바꿔 쓰시오.

> Given the role that honeybees play in agriculture, the impact of the loss of hives on fruit, vegetable, seed, and nut crops cannot (1)_____(ignore). A reduction in bee numbers (2)_____(lead) to less pollination, which in turn results in smaller harvests and higher food prices. Some farmers have increased their dependence on costly hand-pollination by human workers. Other farmers have resorted to renting hives from beekeepers to pollinate their crops. When there is a shortage of bees, both of these (3)_____(be) expensive options.
>
> *pollination 수분, 가루받이

agriculture 농업
hive 꿀벌통
harvest 수확
resort to ~에 의존하다
beekeeper 양봉업자

(1) _____   (2) _____   (3) _____

18 다음 글을 읽고, 각 물음에 답하시오.

> The first underwater photographs ⓐwere taken by an Englishman named William Thompson. In 1856, after ⓑwaterproofing a simple box camera, he attached it to a pole and lowered it beneath the waves off the coast of southern England. During the 10-minute exposure, the camera slowly flooded with seawater, but the picture ⓒwas survived. Underwater photography was born. Near the surface, ⓓwhere the water is clear and there is enough light, it is quite possible for an amateur photographer ⓔto take great shots with an inexpensive underwater camera. At greater depths — it is dark and cold there — photography is the principal way of exploring a mysterious deep-sea world, 그것의 95퍼센트는 예전에는 전혀 드러난 적이 없었다. 학평기출응용

waterproof
방수 처리하다
attach 부착하다
waves (pl.) 바다
flood 물에 잠기다
principal 주요한

(1) 윗글의 밑줄 친 부분 중 어법상 어색한 것을 고르시오.

① ⓐ   ② ⓑ   ③ ⓒ   ④ ⓓ   ⑤ ⓔ

(2) 윗글의 밑줄 친 우리말을 조건에 맞게 영작하시오.

> 보기 before / never / 95 percent / of / see / which

> 조건 1. 보기에 주어진 단어를 한 번씩만 사용할 것
>   2. 밑줄 친 단어는 반드시 어형을 바꾸되 현재완료시제를 사용할 것

→ _____

19 다음 글의 밑줄 친 부분 중, 어법상 <u>틀린</u> 것은?

Fossil evidence shows that there ①<u>was</u> another group of humans that existed at the same time as Neanderthals. They were definitely not Neanderthal nor ②<u>were they</u> related to them. A number of fossils very different from Neanderthal ③<u>have found</u> in various places in Europe and Western Asia. These prehumans have vertical foreheads and flat faces like modern humans. It ④<u>is believed</u> that they evolved in Africa, but when they occupied that continent is not known. They are known to have moved out of Africa one hundred to a hundred fifty thousand years ago. These hominids have been given the name Cro Magnon after the site in France ⑤<u>where</u> their fossils were found.

fossil 화석
prehuman 선행 인류
vertical 수직의
occupy
점유하다, 차지하다
continent 대륙
hominid 원시 인류

20 다음 글의 밑줄 친 부분 중, 어법상 <u>틀린</u> 것은?

Research on how people form impressions of others has found that negative information receives more attention, ①<u>is processed</u> more thoroughly, and contributes more strongly to an impression than does positive information. Similarly, in the language of emotions and emotion-related words, there ②<u>is</u> consistent evidence that humans have many more (one-and-a-half times more) words for negative emotions than for positive emotions. With respect to self-esteem, perceptions of rejections appear to be much more important to people's self-esteem and sense of worth than ③<u>those</u> of acceptance. Research on affective forecasting shows ④<u>that</u> people overestimate the enduring impact of negative events much more than they overestimate the effect of positive events. As a final example, threatening faces in a crowd are more rapidly detected than ⑤<u>do</u> smiling faces.

thoroughly 철저하게
consistent
일관된, 한결같은
with respect to
~에 관해서라면
self-esteem
자존감[심]
perception 인식
affective
정서적인, 감정의
forecasting 예측
overestimate
과대평가하다
enduring 지속적인

Chapter 2

to부정사 / 동명사

2 │ to부정사 / 동명사

출제포인트 7 주어 자리 / 보어 자리

• 주어와 보어 자리에 **동명사**나 **to부정사**가 와서 **주어 및 보어 역할**을 할 수 있다.

> ^{1} Considering / Consider the other person's point of view *can be* beneficial. 학평기출응용
>
> ^{2} Have / To have a good friend *means* that you must be a good friend, too.
>
> ^{3} One way to deal with stress *is* learning / learn how to develop positive habits.

(풀이) 1 can be가 문장의 동사이므로 동명사가 주어를 이끌어야 한다.
2 means가 문장의 동사이므로 to부정사가 주어를 이끌어야 한다.
3 동사 is의 보어 자리이므로 동명사를 써야 하며, '~을 배우는 것'이라는 뜻을 나타낸다.

+Tip 가주어·가목적어 역할을 하는 대명사 it ▶Chapter 7 출제포인트 36 참고 (p.92)
주어와 목적어가 to부정사구나 that절로 길어진 경우 주어와 목적어 자리에 대명사 it이 대신할 수 있다.

4 *It* is important *to water* the plants at the right time. (가주어 it)
5 My parents consider *it* important *to have* dinner together. (가목적어 it)

출제포인트 8 목적어 자리

• to부정사와 동명사는 문장에서 **목적어 역할**을 할 수 있다.
• 일부 동사는 to부정사 또는 동명사만을 목적어로 취한다.
• 일부 동사는 목적어가 to부정사인지 동명사인지에 따라 의미가 달라진다.

> ^{1} Countless species of animals *manage* to solve / solving problems without using language. 학평기출응용
>
> ^{2} I clearly *remember* to put / putting my briefcase down on that shelf, but it's gone.

(풀이) 1 동사 manage는 to부정사와 동명사 중 to부정사만을 목적어로 취한다.
2 동사 remember의 목적어로 동명사를 써야 '(과거에) ~했던 것을 기억하다'라는 뜻을 나타낼 수 있다.

+Tip • to부정사 또는 목적어만을 목적어로 취하는 동사
- 동사 + to부정사: decide, manage, pretend, refuse, fail, agree, promise, expect, learn, hesitate 등
- 동사 + 동명사: mind, enjoy, avoid, finish, deny, admit, quit, suggest, consider, give up, end up 등

• 목적어에 따라 의미가 달라지는 동사

동사	to부정사 목적어	동명사 목적어
remember	(미래에) ~할 것을 기억[명심]하다	(과거에) ~했던 것을 기억하다
forget	(미래에) ~할[해야 하는] 것을 잊다	(과거에) ~했던 것을 잊다
regret	(미래·현재에) ~하게 되어 유감이다	(과거에) ~했던 것을 후회하다
stop	~하기 위해 멈추다 (부사적 용법 to부정사(목적))	~하는 것을 멈추다
try	~하려고 노력하다	(시험 삼아) ~해 보다

Basic Practice

⊘정답 및 해설 p.6

A 네모 안에서 어법상 알맞은 것을 고르시오.

1 Believe / To believe what you see is not yet believing what is true.

2 Despite the difficulties, I won't give up to find / finding the solution to it.

3 Before you go, don't forget to pack / packing your winter car emergency kit.

4 One of the joys in my life is travel / traveling to new places with my loved ones.

B 밑줄 친 부분이 어법상 맞으면 ○표 하고, **틀리면** 바르게 고쳐 쓰시오.

1 Putting things into words makes things clearer. 학평기출응용

2 Because it was too late, the customer refused accepting the delivery.

3 To find out how other people have dealt with similar situations in the past.

4 We regret to tell you that your request for a tax refund has been rejected.

C 다음 글의 밑줄 친 부분을 모두 어법에 맞게 고쳐 쓰시오.

1
> Whether you want to join your school's band, have dreams of being a professional musician, or just want a new hobby, (1)learn to play an instrument is a rewarding activity. (2)Choosing an instrument that you want to play and learn music you enjoy. (3) Have a strong desire to improve your skills can keep you motivated.

(1) _____   (2) _____   (3) _____

2
> I got a scholarship to learn how to write a book, and out of those three months, I managed (1)finishing a novel. When I finished (2)to write my first novel, I asked for my writing teacher's recommendation and sent the manuscript to one of the big publishers in the country. They liked it and decided (3)publishing it.

(1) _____   (2) _____   (3) _____

Words   pack (짐을) 챙기다, 싸다   emergency kit 구급상자   tax refund 세금 환급   rewarding 보람 있는   motivate 동기를 부여하다
manuscript 원고   publisher 출판사

목적격보어 자리 1 (to부정사)

출제포인트 **9**

- 일부 동사는 **목적격보어**로 **to부정사**를 취한다.
- 수동태로 전환되면 목적격보어인 to부정사는 동사 뒤에 남게 된다. ▶Chapter 1 출제포인트 6 참고(p.14)

> [1] We are kindly *asking* you [**to support** / supporting] us by coming to our fundraising concert. 학평기출응용
>
> [2] Companies must [encourage / **be encouraged**] *to invest* more and *employ* more.

(풀이) 1 동사 ask는 목적격보어로 to부정사를 취해야 한다.
2 「encourage + 목적어 + to부정사(목적격보어)」가 수동태로 전환되면, 「be encouraged + to부정사」의 형태가 된다.

⊕Tip to부정사를 목적격보어로 취하는 동사

> ask, require, expect / allow, enable, cause / advise, persuade, encourage, inspire / urge, force, compel, forbid 등

목적격보어 자리 2 (원형부정사)

출제포인트 **10**

- **지각동사와 사역동사**는 목적어와 목적격보어가 **능동 관계**이면 원형부정사를 목적격보어로 취한다.
  목적격보어가 진행 중인 동작이면 현재분사, 수동 관계이면 과거분사를 쓴다. ▶Chapter 3 출제포인트 14 참고 (p.34)
- 수동태로 전환되면 목적격보어로 쓰인 **원형부정사**는 **to부정사**로 **전환**된다.
  단, 지각동사의 목적격보어로 쓰인 분사는 수동태 문장에서 그대로 쓴다.

> [1] People were smiling and seemed friendly, which *made* him [**feel** / to feel] a little better. 학평기출응용
>
> [2] For a moment, we *heard* a wolf [**cry** / to cry] out in the near distance.
>
> [3] The students *were made* [follow / **to follow**] a strict dress code.

(풀이) 1 사역동사 make의 목적어(him)와 목적격보어(feel)가 능동 관계이므로 목적격보어로 원형부정사를 쓴다.
2 지각동사 hear의 목적어(a wolf)와 목적격보어(cry)가 능동 관계이므로 목적격보어로 원형부정사를 쓴다.
3 사역동사가 수동태로 쓰이면 원형부정사를 to부정사로 전환해야 한다.

- 동사 help는 목적격보어로 **to부정사** 또는 **원형부정사**를 취할 수 있다.
- 동사 get은 목적어와 목적격보어가 **능동 관계**이면 **to부정사**를 목적격보어로 취한다. (단, 수동 관계이면 과거분사를 쓴다.)

> [4] Who hasn't used a cup of coffee to *help* themselves [**stay** / stayed] awake while studying? 학평기출응용
>
> [5] The driver of the bus *got* all the passengers [**to vacate** / vacated] the bus.

(풀이) 4 동사 help는 목적격보어로 원형부정사 또는 to부정사를 취한다.
5 목적어 all the passengers와 동사 vacate(벗어나다)가 능동 관계이므로 목적격보어로 to부정사를 써야 한다.

Basic Practice

정답 및 해설 p.7

A 네모 안에서 어법상 알맞은 것을 고르시오.

1 Climate change causes many plants and animals migrate / to migrate north.

2 For security, on first login every user requires / is required to create a password.

3 He remembered that he had heard someone come / to come into his room. 학평기출응용

4 The teacher got the students listen / to listen to each other's point of view.

B 밑줄 친 부분이 어법상 맞으면 ○표 하고, 틀리면 바르게 고쳐 쓰시오.

1 The woman was seen <u>get</u> out of the driver's seat.

2 Participants <u>allow</u> to receive outside assistance. 학평기출응용

3 The number of wild species is expected <u>to be</u> on a rapid decrease.

4 The teacher made some students <u>standing</u> in the hallway for being late for 10 minutes.

C 다음 글의 밑줄 친 부분을 모두 어법에 맞게 고쳐 쓰시오.

1
Every event that causes you to smile makes you (1)<u>to feel</u> happy and produces feel-good chemicals in your brain. Force your face (2)<u>smiling</u> even when you are stressed or feel unhappy. Studies have shown that smiling, forced or genuine, during stressful events helps you (3)<u>reduced</u> the intensity of the stress response in the body. 학평기출응용

(1) _____ (2) _____ (3) _____

2
For over one year, most companies have had their employees (1)<u>to work</u> from home and keep social contact at a minimum. During this time, they (2)<u>have not encouraged</u> to interact with each other, their employers, and clients. They have lost touch with how it feels to work together and socialize. It's time to get them (3)<u>return</u> to work.

(1) _____ (2) _____ (3) _____

Words migrate 이동[이주]하다 security 보안 genuine 진짜의 intensity 강도, 세기 minimum 최소 lose touch with 현실 감각을 잃다; 연락이 끊기다 socialize (사람들과) 어울리다

의미상 주어

· to부정사의 의미상 주어는 「**for + 목적격**」으로 나타낸다. 단, 의미상 주어 앞에 오는 **형용사가 사람의 성격, 태도를 나타내는 경우** 「**of + 목적격**」으로 나타낸다.

· 동명사의 의미상 주어는 **소유격 또는 목적격**으로 나타낸다.

> ¹ The old man said to James, "I know it's *impossible* me / **for me** *to win*." 학평기출응용
>
> ² It is *stupid* of / for him *to post* that video even in a private account.
>
> ³ Do you mind I / **my** *asking* a few personal questions?

(풀이) 1 to부정사의 의미상 주어를 나타내야 하므로 「for + 목적격」으로 쓴다.

2 stupid는 사람의 성격, 태도를 나타내는 형용사이므로 의미상 주어는 「of + 목적격」이 되어야 한다.

3 동명사 asking의 의미상 주어로 소유격 또는 목적격을 써야 한다.

⊕Tip 사람의 성격·태도를 나타내는 형용사 vs. 이성적 판단 형용사

사람의 성격·태도+of+목적격	이성적 판단+for+목적격
nice, kind, wise, stupid, foolish, thoughtful, considerate, careless, rude, polite, naive 등	natural, necessary, possible, impossible, difficult, hard, easy 등

태 / 시제

· to부정사/동명사가 **(의미상) 주어와 수동 관계**이면 **수동태**로 나타낸다.

· to부정사/동명사가 **문장의 동사가 나타내는 시점보다 더 먼저 일어난 일**을 나타낼 때는 **완료형**을 쓴다.

· **수동태와 완료형이 모두 필요한 경우**에는 **완료형 수동태**를 쓴다.

> ¹ There are other times when you just don't want to bother / **be bothered**. 학평기출응용
>
> ² We all want to avoid calling / **being called** a coward by our friends.
>
> ³ The company is considered to be / **have been** a leader in its industry in the past.
>
> ⁴ He could not handle the shame of having rejected / **having been rejected** by her.

(풀이) 1 주어 you는 방해를 받는 대상이므로 to부정사의 수동태를 써야 한다.

2 주어 We는 겁쟁이라고 불리는 대상이므로 동명사의 수동태를 써야 한다.

3 to부정사가 나타내는 일은 동사(is)가 나타내는 일보다 더 먼저 일어난 일이므로 완료형을 써야 한다.

4 동명사가 나타내는 일은 동사(could)가 나타내는 일보다 더 먼저 일어난 일이고, 주어인 He는 거절 당하는 대상이므로 완료형 수동태를 써야 한다.

⊕Tip 수동태와 완료형 정리

	to부정사	동명사
수동태	to be + p.p.	being + p.p.
완료형	to have + p.p.	having + p.p.
완료형 수동태	to have been + p.p.	having been + p.p.

Basic Practice

정답 및 해설 p.8

A 네모 안에서 어법상 알맞은 것을 고르시오.

1 It was thoughtful │ of / for │ her to let me know exactly what happened.

2 Students discussed what needs to │ do / be done │ to tackle climate change.

3 If he follows the directions, there are fewer chances of │ he / him │ being infected.

4 The psychology of cooperation is highly sensitive to cues of │ watching / being watched │. 학평기출응용

B 밑줄 친 부분이 어법상 맞으면 ○표 하고, 틀리면 바르게 고쳐 쓰시오.

1 The Babylonians are thought <u>to have been</u> the first to discover electricity.

2 It is natural <u>of</u> teenagers to challenge what older people say.

3 Emoticons may end up <u>being interpreted</u> very differently by different users. 학평기출응용

4 I have the true honor of <u>having invited</u> as a guest to the conference.

C 다음 글의 밑줄 친 부분을 모두 어법에 맞게 고쳐 쓰시오.

1
Pylus was an ancient Greek town. According to Greek mythology, Pylus is believed (1)<u>to be built</u> by Pylon, who also founded the Messenian Pylus. After (2)<u>expelling</u> from the Messenian Pylus by Peleus, Pylon settled in this town. Heracles is said (3)<u>to destroy</u> the town, but it is said that the Eleans restored it afterwards.

(1) _____　(2) _____　(3) _____

2
Some believe that varied languages make it tough (1)<u>of</u> people from different countries (2)<u>understanding</u> each other and that it would be ideal if we all share a singular language globally. I think there will be more disadvantages than advantages if we attempt. It will lead to (3)<u>we</u> losing many cultures around the globe and traveling and exploring the world will become monotonous.

(1) _____　(2) _____　(3) _____

Words　directions 지시 사항　cooperation 협력　cue 단서, 신호　conference 회의　mythology 신화　found 건립하다, 세우다　expel 추방하다　restore 복원하다　varied 다양한　singular 유일한, 단 하나의　monotonous 단조로운

내신 기본

[1-5] 다음을 읽고, 네모 안에서 어법상 알맞은 것을 고르시오.

1   The flight tickets are likely to | sold out / be sold out | quickly, so you should book in advance.

2   He was so absorbed in his work that he forgot | to eat / eating | and would sometimes fast all day.

be absorbed in
~에 몰두하다
fast 단식[금식]하다

permission 허락

3   I don't mind | she / her | using my things, but it's annoying that she doesn't ask for permission.

4 | Read / To read | these instructions carefully before you attempt to answer the questions. This page contains 40 questions. You | require / are required | to answer all questions.

5   You are actively shutting out success because you want to avoid | to be / being | uncomfortable. Therefore, | overcome / overcoming | your instinct to avoid uncomfortable things at first is essential. 학평기출응용

shut out ~을 차단하다
instinct 본능
essential 필수적인

6   다음 중 밑줄 친 부분이 어법상 **틀린** 것을 고르시오.

① The team manager needs to get the team <u>to work</u> together more effectively.

② Please remember <u>to bring</u> your own power cable for your computer tomorrow.

③ The last of this ancient species is believed to <u>have died out</u> 37,000 years ago.

④ Some customers might be persuaded <u>paying</u> an extra fee for something.

⑤ I think it is wise <u>of you</u> to anticipate the same problems this year.

die out 멸종하다
extra fee 추가 요금
anticipate 예상하다

7   다음 중 어법상 맞는 문장끼리 짝지어진 것을 고르시오.

ⓐ You deserve to be disliked for having said such a rude thing.
ⓑ Many companies have had their employees work from home.
ⓒ It is illegal for drivers to text or make a phone call while driving.
ⓓ Pollution and global warming are causing glaciers melt and sea levels to rise.
ⓔ If every algorithm suddenly stopped to work, it would be the end of the world as we know it. 학평기출응용

illegal 불법의
glacier 빙하

① ⓐ, ⓑ   ② ⓑ, ⓒ   ③ ⓐ, ⓑ, ⓒ   ④ ⓑ, ⓒ, ⓓ   ⑤ ⓑ, ⓒ, ⓔ

[8-9] 다음 글의 밑줄 친 부분 중 어법상 **틀린** 것을 **두 개** 찾아 바르게 고치시오.

8 Too many people wait for something outside of themselves ⓐ<u>to spark</u> their motivation. We call them extrinsic motivators. The problem is that they tend to come with negative consequences. It's the heart attack that people wait for before they get into the gym and exercise or ⓑ<u>watching</u> what they eat and lose weight. So rather than letting something outside of yourself ⓒ<u>to ignite</u> that motivation, try to find motivators inside of yourself.

> spark 유발하다
> extrinsic 외적인
> motivator 동기 요인
> ignite 불붙이다

9 We might break a promise because we think that we will never end up with our words ⓐ<u>testing</u>. We might not donate to charities because we forget ⓑ<u>doing</u> it. Thus, we know how frequently we are not up to the moral standards we accept on a cognitive level. It appears therefore that we accept certain common moral standards on a cognitive level, but that we frequently fail ⓒ<u>to follow</u> them at a behavioral level.

> charity 자선 (단체)
> moral 도덕의, 도의의
> cognitive 인지의

🔥 **내신 서술형**

[10-12] 우리말과 같은 뜻이 되도록 괄호 안의 말을 바르게 배열하여 문장을 완성하시오.

> **조건** 1. 주어진 단어를 모두 사용할 것   2. 필요시 어형을 바꿀 것

10 역사를 아는 것은 우리로 하여금 같은 실수들이 다시 발생하는 것을 막도록 해 준다.
(mistakes / prevent / the same / us / from / again / allows / happening)

→ Knowing history _____.

11 인터넷은 사람들이 결코 만나 본 적이 없는 개인들과 의사소통하도록 돕는다.
(people / helps / the Internet / communicate / individuals / with)

→ _____ they have never met.

12 어떤 사람들은 자연에 둘러싸여 있는 것을 정말 즐긴다.
(really / being / people / surround / enjoy / some)

> surround 둘러싸다

→ _____ by nature.

[13-15] 우리말과 같은 뜻이 되도록 주어진 말을 이용하여 문장을 완성하시오.

13 돌고래들이 어선들이 항구를 떠나기를 기다리는 것이 목격되었다.

dolphins, see, wait, fishing boats, leave, port / 총 11단어, 수동태를 사용할 것

→ _____

14 참가자들은 다양한 과제와 활동을 하게 된다.

the participants, make, perform, various, tasks, activities / 총 10단어, 수동태를 사용할 것

→ _____

15 쥐는 아시아와 오스트레일리아에서 생겨난 것으로 여겨진다.

rats, believe, originate, Asia, Australia / 총 10단어, 완료형 to부정사를 사용할 것

→ _____

📖 내신 고난도

16 다음 글의 밑줄 친 부분 중 어법상 알맞은 문장의 개수를 고르시오.

People of any age can get meningitis. ⓐ But it can spread easily among those living in close quarters, so teens, college students, and boarding-school students are at higher risk for infection. If dealt with quickly, meningitis can be treated successfully. ⓑ So it's important to get routine vaccinations, know the signs of meningitis, and getting medical care right away if you think that you have the illness. ⓒ Most cases of viral meningitis end within 7 to 10 days. ⓓ Some people might need to treat in the hospital, although kids usually can recover at home if they're not too ill. ⓔ Treatment to ease symptoms including rest, fluids, and over-the-counter pain medicine. *meningitis 뇌막염

① 1개   ② 2개   ③ 3개   ④ 4개   ⑤ 5개

17 다음 글을 읽고, 괄호 안의 주어진 말을 알맞은 형태로 바꿔 쓰시오.

As most species are potential prey for another animal at least sometime during their lives, they possess several lines of defense against predators. Often the first line of defense is to avoid (1)_____(detect) by the predator. One way to do this is to minimize noise production and any visual cues that the predator might use to locate the prey. Frogs and crickets usually stop (2)_____ (sing) as another creature approaches. The resulting silence makes it more difficult for the predator (3)_____(find) them.

(1) _____ (2) _____ (3) _____

potential 잠재적인
possess 소유하다
predator 포식자
minimize 최소화하다
locate 위치를 파악하다
creature 동물, 짐승

18 다음 글을 읽고, 각 물음에 답하시오.

You may have seen headlines in the news about some of the things that machines ⓐpowered by artificial intelligence can do. However, if you were to consider all the tasks ⓑthat AI-powered machines could actually perform, it would be quite mind-blowing! One of the key features of artificial intelligence is 그것이 기계가 새로운 것을 학습하는 것을 가능하게 한다는 것, rather than requiring programming specific to new tasks. Therefore, that future computers will be able to learn and self-improve ⓒto be the core difference between computers of the future and those of the past. In the near future, smart virtual assistants will know more about you than your closest friends and family members ⓓdo. Can you imagine ⓔhow that might change our lives? 학평기출응용

artificial
intelligence 인공 지능
mind-blowing
너무나 놀라운
specific 특화된, 특정한
core 핵심적인
virtual 가상의
assistant 조수, 보조

(1) 윗글의 밑줄 친 부분 중 어법상 어색한 것을 고르시오.

① ⓐ   ② ⓑ   ③ ⓒ   ④ ⓓ   ⑤ ⓔ

(2) 윗글의 밑줄 친 우리말을 조건에 맞게 영작하시오.

보기 learn, enable, that, new things, it, machines

조건 1. 보기에 주어진 단어를 한 번씩만 활용할 것
　　 2. 밑줄 친 단어는 반드시 어형을 바꿀 것

→ _____

19 다음 글의 밑줄 친 부분 중, 어법상 <u>틀린</u> 것은?

Most supplements are absorbed best when taken with, or just after, a meal. This is especially true for supplements that are better absorbed with a meal ①<u>containing</u> some fat, such as vitamins A, D, and E. And taking supplements with meals helps prevent the digestive upset ②<u>that</u> can occasionally occur if you take supplements on an empty stomach. If you are taking liquid herbal supplements, however, they seem to ③<u>be best absorbed</u> on an empty stomach. Take them a few minutes before a meal, and dilute the dosage with a small amount of water or juice ④<u>to make</u> them more palatable. If you can remember ⑤<u>doing</u> so, it's also best to divide up supplement dosages so that you're taking them two or three times a day instead of all at once.

*dilute 희석하다 **palatable 입에 맞는

supplement 보충제
digestive
upset 소화불량
occasionally 때때로
herbal 약초의
dosage 복용량

20 다음 글의 밑줄 친 부분 중, 어법상 <u>틀린</u> 것은?

Bill Gates dropped out Harvard in his second year to pursue programming for an early version of the personal computer, ①<u>joining</u> forces with another equally gifted computer nerd, Paul Allen. Together, they created Microsoft. Gates returned to Harvard in 2007 ②<u>to receive</u> an honorary degree. With this retrospective knowledge, it's easy enough to declare that it would have been a big mistake ③<u>for Gates</u> to stay at Harvard, graduate with his class, and take a comfortable job at a large company, such as IBM or Digital Equipment Corporation (DEC). But what parent would have been happy about his or her child ④<u>drops</u> out of Harvard when the future was still shrouded in uncertainty? We often have to wait a long time before we can really judge ⑤<u>if</u> a decision was smart, dumb, lucky, or somewhere in between.

*nerd 바보, 얼간이 **retrospective 회고의 ***shroud 가리다, 감추다

drop out 중퇴하다
honorary degree
명예 학위
declare 단언[선언]하다,
dumb 아둔한, 바보 같은

Chapter 3

분사

출제 포인트 13

분사의 의미, 기능

- **현재분사는 능동, 진행**의 의미를 나타내고, **과거분사는 수동, 완료**의 의미를 나타낸다.
- 분사가 수식하는 명사와 능동 관계이면 현재분사, 수동 관계이면 과거분사를 쓴다.

> [1] Friction always slows a | **moving** / moved | *object* down. 학평기출응용
> [2] Shane Lowry has asked the Dublin Airport to find his | losing / **lost** | *golf clubs*.

(풀이) 1 명사 object가 움직이는 동작의 주체(능동)이므로 현재분사를 써야 한다.
2 명사 golf clubs가 분실된 대상(수동)이므로 과거분사를 써야 한다.

- 분사가 **목적격보어**로 사용될 경우, 분사와 **목적어**와의 관계가 능동이면 **현재분사**, 수동이면 **과거분사**를 사용한다.

> [3] You should not keep *the engine* | **running** / ran | while you fuel the car.
> [4] Many residents found *their houses* | destroying / **destroyed** | during the earthquake.

(풀이) 3 목적어 the engine이 작동하는 동작의 주체(능동)이므로 현재분사를 써야 한다. (→ The engine is running.)
4 목적어 their houses가 파괴된 대상(수동)이므로 과거분사를 써야 한다. (→ Their houses were destroyed.)

출제 포인트 14

목적격보어 자리 (지각동사·사역동사)

- 지각동사의 목적격보어가 **목적어의 진행 중인 능동**의 의미를 나타낼 때 **현재분사**를 쓴다.
- 지각동사와 사역동사의 목적격보어가 **목적어와 수동 관계**를 나타낼 때 **과거분사**를 쓴다.

> [1] A customer *saw* the two brothers | **fighting** / fought | in the front of the store. 학평기출응용
> [2] When Amy *heard* her name | calling / **called** |, she stood up from her seat.
> [3] They had to *have* their house | build / **built** | before winter set in.

(풀이) 1 목적어 the two brothers가 싸우고 있다는 진행 중인 능동의 의미이므로 현재분사를 써야 한다.
(→ The two brothers were fighting.)
2 목적어 her name이 불리는 대상(수동)이므로 과거분사를 써야 한다. (→ Her name was called.)
3 목적어 their house는 지어지는 대상(수동)이므로 과거분사를 써야 한다. (→ Their house had to be built.)

- 동사 get의 목적격보어가 목적어와 수동 관계이면 과거분사를 쓴다.

> [4] Let's *get* the paperwork | doing / **done** | as soon as possible.
> *Cf.* [5] Companies want to *get* their employees | work / **to work** | with maximum productivity.

(풀이) 4 목적어 the paperwork는 되어지는 대상이므로 과거분사를 써야 한다. (→ The paperwork should be done.)
Cf. 5 목적어 their employees는 일하는 행위의 주체이므로 to부정사를 쓴다. ▶Chapter 2 출제 포인트 10 참고 (p. 24)
(→ Their employees work with maximum productivity.)

Basic Practice

정답 및 해설 p.11

A 네모 안에서 어법상 알맞은 것을 고르시오.

1 Many manufacturing / manufactured products contain a lot of chemicals. 학평기출응용

2 How often should you get your office to clean / cleaned professionally?

3 Motorists found the main road closing / closed due to flooding.

4 We are witnessing more people moving / moved to rural areas for a better way of life.

B 밑줄 친 부분이 어법상 맞으면 ○표 하고, 틀리면 바르게 고쳐 쓰시오.

1 You should get your dog respected you as his leader.

2 Scientists argue that coastal towns have to prepare for rising sea levels. 학평기출응용

3 When we hear someone spoken, our brain begins to analyze the information.

4 As you all already know, packaged foods are actually harmful for overall health.

C 다음 글의 밑줄 친 부분을 모두 어법에 맞게 고쳐 쓰시오.

1
In autumn we see V-shaped flocks of birds (1) to fly across the sky, which alerts us to the change of seasons. (2) Migrated birds can cover thousands of miles in their annual travels, often traveling the same course year after year with little deviation. Different species of birds have their own (3) preferring pathways on their annual migrations.

*deviation 벗어남, 이탈

(1) _____ (2) _____ (3) _____

2
On my daughter Marie's 8th birthday, we went to a restaurant to celebrate. Marie held her favorite present, a teddy bear, in her arms. Our server, a friendly woman, noticed Marie (1) held a teddy bear and said, "My daughter loves teddy bears, too." We started chatting about her family. The server mentioned during the conversation that her daughter was in the hospital with a (2) breaking leg. 학평기출응용

(1) _____ (2) _____

Words manufacture 제조하다 motorist 자동차 운전자 flooding 범람, 홍수 coastal 해안의 overall 전반적인 flock (새의) 무리, 떼 alert 일깨우다, 의식하게 하다 pathway 경로 migration 이동, 이주

감정을 나타내는 분사

· 분사가 수식하거나 보충 설명하는 대상이 **감정을 일으키는 주체**일 때는 **현재분사**, **감정을 느끼는 대상**일 때는 **과거분사**를 쓴다.

> [1] *The candidate* was ┃ disappointing / **disappointed** ┃ because of the lack of support.
>
> [2] *The video game* was so ┃ **boring** / bored ┃ that I had no reason to keep playing.
>
> [3] *The* ┃ embarrassing / **embarrassed** ┃ *speaker* could not start his talk again.
>
> [4] *The* ┃ **astonishing** / astonished ┃ *result* was that the violence ended. [학평기출응용]

풀이 1 The candidate가 실망한 감정을 느끼는 대상이므로 과거분사를 써야 한다.
　　 2 The video game이 지루한 감정을 일으키는 주체이므로 현재분사를 써야 한다.
　　 3 The speaker가 당황한 감정을 느끼는 대상이므로 과거분사를 써야 한다.
　　 4 The result가 놀라움을 일으키는 주체이므로 현재분사를 써야 한다.

⊕Tip 감정을 나타내는 주요 분사

amazing 놀라운 – amazed 놀란	annoying 성가신 – annoyed 짜증난
exciting 흥미로운 – excited 신이 난	astonishing 정말 놀라운 – astonished 깜짝 놀란
boring 지루한 – bored 지루해하는	frightening 무섭게 하는 – frightened 겁먹은
disappointing 실망스러운 – disappointed 실망한	depressing 우울하게 만드는 – depressed 우울한
embarrassing 당혹스럽게 하는 – embarrassed 당혹스러운	relaxing 느긋하게 해주는 – relaxed 느긋한
shocking 충격적인 – shocked 충격을 받은	relieving 완화해 주는 – relieved 안도한

분사구

· **분사구**(분사가 이끄는 어구)는 **명사 뒤**에서 **명사를 수식**한다.

· 문장에서 분사구 자리인지 동사 자리인지 구분한다. 문장에 동사 없이 분사구만 올 수 없다.

> [1] The natural world provides a rich source of *symbols* ┃ use / **used** ┃ in art and literature. [학평기출응용]
>
> [2] Animals ┃ **tend** / tending ┃ to eat with their stomachs, and humans with their brains.

풀이 1 provides가 문장의 동사이므로 분사가 어구를 이끌어 명사 symbols를 수식하는 구조가 되어야 한다.
　　 2 문장에 동사가 없으므로 분사가 올 수 없다.

· **현재분사**가 이끄는 분사구는 수식하는 **명사와 능동 관계**이다.

· **과거분사**가 이끄는 분사구는 수식하는 **명사와 수동 관계**이다.

> [3] This photo depicts *the sun* ┃ **shining** / shone ┃ through clouds in the sky.
>
> [4] *A woman* ┃ naming / **named** ┃ Rhonda who attended UCLA had a problem. [학평기출응용]

풀이 3 the sun은 빛나는 행위의 주체이므로 현재분사를 써야 한다. (→ The sun shines in the sky.)
　　 4 A woman은 이름이 불리우는 대상이므로 과거분사를 써야 한다. (→ A woman was named Rhonda.)

Basic Practice

정답 및 해설 p.12

A 네모 안에서 어법상 알맞은 것을 고르시오.

1 When a news story is gloomy, people feel depressing / depressed . 학평기출응용

2 People working / worked there were very enthusiastic about their work.

3 The service was disappointing / disappointed because of its extremely slow pace.

4 The first concrete highway constructing / constructed in the United States was 24 miles long.

B 밑줄 친 부분이 어법상 맞으면 ○표 하고, **틀리면** 바르게 고쳐 쓰시오.

1 In summer, it is advised to wear clothes <u>made</u> of cotton.

2 The birth of your baby is one of the most <u>excited</u> events in your life.

3 The <u>frightened</u> animal ran around looking for a means to escape.

4 The brain <u>making</u> up just two percent of our body weight, but uses 20 percent of our energy. 학평기출응용

C 다음 글의 밑줄 친 부분을 모두 어법에 맞게 고쳐 쓰시오.

1
Plant growth is controlled by a group of hormones (1)<u>call</u> auxins which are found at the tips of stems and roots of plants. Auxins (2)<u>producing</u> at the tips of stems tend to accumulate on the side of the stem that is in the shade. Accordingly, the auxins stimulate growth on the shaded side of the plant. Therefore, the shaded side grows faster than the side (3)<u>faces</u> the sunlight. 학평기출응용

*auxin 옥신(식물에서 발견되는 호르몬)

(1) _____ (2) _____ (3) _____

2
The rescue team (1)<u>locating</u> Danny about 20 feet from the vehicle, conscious but with a broken leg. Considering how badly it could have gone for the kid, everyone was (2)<u>relieving</u> when the rescue team brought him up. It was a terrible accident, so it was (3)<u>amaze</u> that the kid survived. I hope he is going to be okay.

(1) _____ (2) _____ (3) _____

Words enthusiastic 열정적인 it is advised to do ~하는 것이 좋다 stem 줄기 accumulate 쌓이다 stimulate 자극하다, 활성화시키다
conscious 의식이 있는

분사구문

• 분사구문은 두 개의 절이 접속어구(접속사, 관계사) 없이 연결될 때 사용된다.

• 분사구문의 뜻을 명확히 하기 위해 부사절의 접속사를 남겨 두기도 한다.

> [1] These changes help the organisms to survive, make / **making** them alert to enemies.
>
> [2] *While* driving your car, respect / **respecting** all other drivers on the road.

(풀이) 1 help와 make가 이끄는 두 어구 사이에 접속어구가 없으므로, 두 번째 동사는 분사가 되어 분사구문을 이끌어야 한다.
2 부사절의 접속사 While이 남겨진 분사구문으로, 주절에 주어가 없으므로 동사원형이 명령문을 이끄는 구조가 되어야 한다.

• **주절의 주어와 분사가 능동 관계일 때 현재분사**가 분사구문을 이끌고, **수동 관계일 때는 과거분사**가 분사구문을 이끈다.

> [3] It has been raining for the entire week, completely **ruining** / ruined my holidays.
>
> [4] Chinese is the most spoken language worldwide, following / **followed** by Hindi. 학평기출응용

(풀이) 3 앞 절 내용(일주일 내내 비가 내리고 있는 것)이 망치는 행위의 주체이므로, 현재분사가 분사구문을 이끌어야 한다.
4 주절의 주어 Chinese는 힌두어가 그 뒤를 따르는 대상이므로, 과거분사가 분사구문을 이끌어야 한다.

> **+Tip** • **분사구문의 완료형**: having + p.p. (주절의 일보다 분사구문의 일이 먼저 일어난 경우)
> • **분사구문의 수동태**: being + p.p. / **완료형 수동태**: having been + p.p.
> 5 *Having been released* three years ago, this mobile phone is out of date.

독립분사구문

• 분사구문의 의미상 주어와 주절의 주어가 다른 경우 주어를 분사구문 앞에 남겨 둔다.

• 분사 앞에 남겨진 주어와 분사의 관계가 능동이면 현재분사, 수동이면 과거분사가 분사구문을 이끈다.

> [1] The weather was / **being** fine, we decided to go on a boat trip.
>
> [2] He said, "I've had a pretty great life, all things considering / **considered**."

(풀이) 1 두 개의 절을 연결하는 접속어구가 없으므로 첫 번째 절은 분사구문이 되어야 한다. 분사구문의 의미상 주어(The weather)와 주절의 주어(we)가 달라 분사 앞에 주어가 남겨진 구조이다. (= As the weather was fine, ~)
2 독립분사구문으로 all things는 고려되는 대상이므로 과거분사를 써야 한다.

• '~가 …한[된] 채로'라는 의미로 **동시 상황**을 나타낼 때, 「**with + (대)명사 + 분사**」의 형태로 쓴다.

• (대)명사와 분사의 관계에 따라 현재분사(능동) 또는 과거분사(수동)를 쓴다.

> [3] This will cause the root to bend downwards, with *the tip of the root* grown / **growing** in that direction. 학평기출응용
>
> [4] The farmer came home, with *his clothes* covering / **covered** with dirt.

(풀이) 3 「with + 명사 + 분사」에서 명사 the tip of the root는 자라는 행위의 주체이므로 현재분사를 써야 한다.
4 명사 his clothes는 뒤덮여지는 대상이므로 과거분사를 써야 한다.

Basic Practice

정답 및 해설 p.13

A 네모 안에서 어법상 알맞은 것을 고르시오.

1 People cut back on their sleep, think / thinking it won't be a problem. 학평기출응용

2 Canada is primarily cold, with many animals lived / living in snowy conditions.

3 There was / being no other choice, I had to accept the offer.

4 Located / Locating in the heart of La Paz, the building was formerly the town's courthouse.

B 밑줄 친 부분이 어법상 맞으면 ○표 하고, **틀리면** 바르게 고쳐 쓰시오.

1 With the bridge completing, it is a 10-minute drive to reach the other side.

2 If used correctly, the Internet could make a good impact on your life.

3 She worked as a washerwoman, earned barely more than a dollar a day. 학평기출응용

4 Nobody had any more to say, the meeting was closed earlier than scheduled.

C 다음 글의 밑줄 친 부분을 모두 어법에 맞게 고쳐 쓰시오.

1
> The thief got nervous and quickly lifted the sheet. To his surprise, the thin sheet, (1) filling with stolen goods, was torn apart. All the stolen goods fell down on the floor, (2) created a very loud and unpleasant noise. (3)See many people running towards him, the thief had to give up on all of the stolen goods. 학평기출응용

(1) _____ (2) _____ (3) _____

2
> Now you see a wych elm, one of the tallest trees in the park. Originally (1)planting as seed around 1893, this majestic tree is known for its foliage, with its leaves (2) turn a beautiful golden-yellow color in the fall. In the spring and summer, relax under its bright green leaves while (3)admired the beauty of Redwood Park.
> *wych elm 느릅나무의 일종 **foliage 잎(의) 무성함

(1) _____ (2) _____ (3) _____

Words cut back on ~을 줄이다 primarily 주로 formerly 전에 courthouse 법원 washerwoman 세탁부 majestic 위엄 있는, 장엄한
admire 감탄하며 바라보다

Chapter Test

내신 기본

[1-5] 다음을 읽고, 네모 안에서 어법상 알맞은 것을 고르시오.

1 In ancient times, Greeks and Romans believed that rainbows were paths
  created / were created by the goddess of the rainbow, Iris.

2 Running for office is extremely expensive, typically limits / limiting positions of
  power to the wealthy.

   > run for office
   > 공직에 출마하다

3 This time of year it is common to see a mother duck working her way along a
  wood's road with her chicks follow / following along.

   > work one's way
   > 노력하며[서서히] 나아가다

4 The number of children looking / look for the watch slowly decreased and only a
  few tiring / tired children were left. 학평기출응용

5 Gene therapy is a new process that is still in the experimental stage. It may allow
  medical professionals to replace / replacing the damaged gene with a good
  one. This way, they can cure diseases caused by a gene used / using genetic
  engineering.

   > therapy 치료법
   > genetic
   > engineering 유전공학

6 다음 중 밑줄 친 부분이 어법상 <u>틀린</u> 것을 고르시오.

   ① Not <u>knowing</u> what to do, she called the store manager to handle it.

   ② High heels were originally designed for men when <u>riding</u> horses.

   ③ Many people think of insects as pests that can be <u>annoyed</u>.

   ④ Climate change is a <u>summed</u> product of each person's behavior. 학평기출응용

   ⑤ Human body cells use instructions <u>contained</u> in the genes to carry out their functions.

   > sum 합계하다

7 다음 중 어법상 맞는 문장끼리 짝지어진 것을 고르시오.

   > ⓐ The moon has always enchanted humans, inspired scientists and artists alike.
   > ⓑ The project manager was told to get the project completed two weeks early.
   > ⓒ A person may develop a phobia after a particularly frightening event.
   > ⓓ The storm having passed, villagers went outside to check their houses for any damage.
   > ⓔ Most athletes display the positive character traits promoting by supporters of sport.

   > enchant 매혹하다
   >
   > phobia 공포증
   >
   > promote 고취하다, 장려하다

   ① ⓐ, ⓒ   ② ⓑ, ⓒ   ③ ⓐ, ⓑ, ⓓ   ④ ⓑ, ⓒ, ⓓ   ⑤ ⓑ, ⓒ, ⓔ

[8-9] 다음 글의 밑줄 친 부분 중 어법상 <u>틀린</u> 곳을 <u>두 개</u> 찾아 바르게 고치시오.

8   Writing poetry has been shown to have physical and mental benefits, with expressive writing ⓐ<u>find</u> to improve the immune system, diminish psychological distress, and enhance relationships. Poetry has long ⓑ<u>been used</u> to aid different mental health needs, develop empathy, and ⓒ<u>reconsidering</u> our relationship with both natural and built environments. 학평기출응용

immune system
면역 체계
diminish 줄이다
distress (심적) 고통
empathy 공감

9   With 30 percent of United States workers not ⓐ<u>got</u> enough sleep at night, according to the *Wall Street Journal*, US companies lose a yearly sum of $63.2 billion annually due to the drop in employee productivity ⓑ<u>resulted</u> from sleep deprivation. ⓒ<u>Sleep-deprived</u> workers generally have lower morale and are less able to retain information than their better-rested colleagues.
*morale 근로 의욕

annually 연간, 1년에
deprivation
부족, 결핍
retain 보유하다,
간직하다

🖊 **내신 서술형**

[10-12] 우리말과 같은 뜻이 되도록 괄호 안의 말을 바르게 배열하여 문장을 완성하시오.

조건 1. 주어진 단어를 모두 사용할 것   2. 필요시 어형을 바꿀 것

10 우리는 그의 위협적인 목소리에 겁을 먹고 일어나 달아났다.
(frightened / were / threaten / his / we / by / voice)

→ _____ and got up to run away.

11 사회에서 발견되는 가장 극단적인 형태의 폭력 중 하나는 테러이다.
(forms of / extreme / violence / one / in society / of / the / find / most)

→ _____ is terrorism.

12 카페에 걸어 들어가서, 그는 한 귀여운 고양이가 창문 가까이에 앉아 있는 것을 보았다.
(into / cat / the café / sit / a / walk / cute)

→ _____, he saw _____ near the window.

[13-15] 우리말과 같은 뜻이 되도록 주어진 말을 이용하여 문장을 완성하시오.

13 거절은 예기치 않게 올 수 있어서, 우리로 하여금 실망을 느끼게 한다.

> rejection, come, unexpectedly, cause, feel, disappoint /
> 총 9단어, 분사구문과 분사를 사용할 것

→ _____

rejection 거절

14 이 프로그램은 내가 내 과업을 시간 맞춰 완수하도록 돕는다.

> program, help, get, task, do, on time / 총 10단어, 분사를 사용할 것

→ _____

15 정상이 눈으로 덮여 있는 저 산을 보라.

> look, that, mountain, its, top, cover, with / 총 10단어, 「with+명사+분사」를 사용할 것

→ _____

📖 내신 고난도

16 다음 글의 밑줄 친 부분 중 어법상 알맞은 것의 개수를 고르시오.

> Sensation is the immediate mapping of raw sensory data, and perception is the next step in the process where all that raw data is combined into more complex maps. These maps are then linked via memory to similar maps ⓐare drawn from past experience. This allows us to classify the images into ⓑknown categories. Perception occurs when the initial sensory information ⓒis organized into a sufficiently complete whole so that it can be recognized as an object. At this point, we recognize that the pattern of light waves ⓓhit our retina is actually a chair, for example. Thus sensation works by analysis— by ⓔbreaking down information into its smallest parts. Perception works by synthesis, by coordinating the parts back into a whole.　　*retina 망막

① 1개　　　② 2개　　　③ 3개　　　④ 4개　　　⑤ 5개

sensation 감각
sensory 감각의
perception 지각
via ~을 통해
classify 분류하다
category 범주
initial 최초의, 처음의
sufficiently 충분히
break down
~을 분해하다
synthesis 종합
coordinate 통합하다

17 다음 글을 읽고, 괄호 안의 주어진 말을 알맞은 형태로 바꿔 쓰시오.

Penguins, only (1)_____(find) in the Southern Hemisphere, are most concentrated in Antarctica. Ten penguin species are listed as either vulnerable or endangered on the IUCN Red List, (2)_____(make) penguins the second-most threatened bird group in the world after the albatross. The most imminent danger to penguins is the rapidly changing oceanic conditions (3)_____(cause) by climate change. Factory farming is one of the greatest contributors to climate change. You can help endangered and vulnerable penguins by pledging to eat less meat.

*IUCN 국제자연보호연맹 **pledge 서약하다

(1) _____ (2) _____ (3) _____

the Southern
Hemisphere 남반구
Antarctica 남극
vulnerable 취약한
endangered
멸종 위기에 처한
albatross
(조류) 신천옹
imminent
급박한, 임박한
contributor
원인 제공자

18 다음 글을 읽고, 각 물음에 답하시오.

Plastic is extremely slow to degrade and tends to float, which allows it ⓐto travel in ocean currents for thousands of miles. Most plastics break down into smaller and smaller pieces when ⓑexposing to ultraviolet (UV) light, forming microplastics. These microplastics are very difficult to measure once they are small enough 그것들을 수거하기 위해 일반적으로 사용되는 그물망을 통과할 만큼. Their impacts on the marine environment and food webs are still ⓒpoorly understood. These tiny particles are known ⓓto be eaten by various animals and to get into the food chain. Because most of the plastic particles in the ocean ⓔare so small, there is no practical way to clean up the ocean. 학평기출응용 *degrade 분해되다

ocean current 해류
ultraviolet 자외선의
microplastic
미세 플라스틱
marine 해양의
particle 입자, 조각
practical
현실성 있는, 실현 가능한

(1) 윗글의 밑줄 친 부분 중 어법상 어색한 것을 고르시오.

① ⓐ ② ⓑ ③ ⓒ ④ ⓓ ⑤ ⓔ

(2) 윗글의 밑줄 친 우리말을 조건에 맞게 영작하시오.

보기 use, them, through, typically, the nets, to collect, to pass

조건 1. 보기에 주어진 단어를 한 번씩만 사용할 것
　　 2. 밑줄 친 단어는 반드시 어형을 바꿀 것

→ _____

19 다음 글의 밑줄 친 부분 중, 어법상 **틀린** 것은?

Will West was a criminal ①arrested in 1903. He was sentenced to serve his penalty in a prison in Kansas. Right after he was sent to jail, the authorities discovered that there was already a man named William West ②reside in the same prison. Not only were their names the same, but the two felons also looked nearly ③identical, although they were not related. This caused the prison authorities some problems with their correct identification. Driven by the need for a more accurate method of identification than the system ④which they were using, they established the fingerprint recognition system for identifying criminals. Thus two ⑤convicted felons sparked the invention of fingerprint identification.

*felon 흉악범 **convict ~에게 유죄를 선고하다

sentence 선고하다
penalty 형, 형벌
authorities 당국
reside 살다, 주거하다
identical 똑같은, 동일한
identification 신원 확인
establish 구축[확립]하다
fingerprint recognition 지문 인식

20 다음 글의 밑줄 친 부분 중, 어법상 **틀린** 것은?

When you pull up at an intersection and see a person ①holding a torn piece of cardboard with a handwritten sign on it, how do you react? Many of us shy away from chance encounters such as this because we know, without actually looking, ②that the sign says something like "Homeless, please help." In an attempt to avoid eye contact with the person on the street corner, we suddenly look with newfound interest at something ③lie on our car seat. We check our appearance in the rearview mirror or clean the dust. In fact, we do just about whatever it takes to divert our attention, ④making eye contact with this person impossible until the traffic light changes and we can be on our way. Many of us see homeless individuals on street corners and elsewhere and are uncomfortable in their presence because we don't know ⑤what we can do to help them, or even if we should.

pull up 차를 세우다
intersection 교차로
cardboard 판지
shy away 피하다
chance encounter 우연한 만남
rearview mirror 백미러
divert (딴 데로) 돌리다

누적
TEST

Chapters
1-3

누적 TEST 수능·내신 실전 유형

⊘ 정답 및 해설 p.16

1 다음 글의 밑줄 친 부분 중, 어법상 **틀린** 것은?

The *Mona Lisa* was installed in the Louvre Museum at the turn of the 19th century. In 1911 the painting was stolen, ①causing an immediate media sensation. People flocked to the Louvre to view the empty space ②where the painting had once hung. Two years later an art dealer in Florence alerted local authorities that a man had tried to sell him the painting. Police found that the portrait was stashed in the false bottom of a trunk ③belonged to Vincenzo Peruggia, an Italian immigrant who had briefly worked at the Louvre fitting glass on a selection of paintings, including the *Mona Lisa*. He had hidden in a closet overnight, taken the portrait from the wall and ④run off without suspicion. Peruggia was arrested, tried, and imprisoned, while the *Mona Lisa* took a tour of Italy before ⑤making its triumphant return to France.

*stash 은닉하다

2 다음 글의 밑줄 친 부분 중, 어법상 **틀린** 것은?

Many behavioral-genetic studies show that permanently ①changing one's happiness levels is very difficult, if not impossible. For example, evidence from a sample of twins ②to suggest that the heritability of happiness may be as high as 80%, although a more widely accepted figure is 50%. This suggests that each person has an inborn "attractor" for happiness, which he or she can orbit around, but never ③leave behind. In other words, a person may have a "set range" that includes the most likely or ④expected value in his or her temporal distribution of happiness across the life span. Consistent with this idea, Headey and Wearing found in their study ⑤that participants tended to keep returning to their own baselines over time.

*heritability 유전 가능성 **temporal 시간의

Words　**1** install 비치하다, 설치하다　media sensation 대서특필, 미디어의 대대적인 보도　portrait 초상화　immigrant 이민자　a selection of 정선된, 엄선된　try 재판하다　imprison 수감하다　triumphant 의기양양한　**2** permanently 영구적으로　figure 수치　inborn 타고난, 선천적인　attractor 끌개, 끌어들이는 것　orbit 맴돌다, (궤도를 그리며) 돌다　leave behind 영원히 떠나다[뒤로하다]　distribution 분포, 분배　baseline 기준치[점]

3 다음 글의 밑줄 친 부분 중, 어법상 틀린 것은?

All communication has the potential to convey meaning to someone else. Actually, we cannot *not* communicate. Even when we think we are not communicating, we ①are. We are constantly perceiving and interpreting other people's behavior. Take a moment and think about a time ②when you were riding in a car with a friend. Perhaps your friend talked for several miles and then stopped ③to talk. After a few moments, you may have begun to feel uncomfortable because you were not sure the reason. You may have turned to your friend and asked, "What's wrong?" ④Surprised, your friend may have answered, "Nothing." She or he may have merely been paying attention to the road, but you interpreted the silence to mean something else. This is an example of ⑤how a person's silence can convey meaning even though it's not intended to communicate.

4 다음 글의 밑줄 친 부분 중, 어법상 틀린 것은?

As a thought experiment, imagine how difficult it would be ①to continue working or studying without primary needs such as sleep, food, or water. These deprivations happen, often enough, and they produce predictable consequences. Moreover, most of us ②spend most of our available time and energy on activities that are directly or indirectly related to satisfying our basic needs. A survey ③conducted by the Bureau of Labor Statistics indicates that the pattern in the developed countries is not as ④different from many less affluent societies as is commonly believed, though we spend more of our leisure time watching television and using various electronic devices. ⑤Deny the relevance of our primary biological needs in our daily existence and in shaping our priorities for the future is to deny reality.

Words **3** potential 가능성, 잠재(능)력 convey 전달하다 constantly 끊임없이 perceive 지각[인지]하다 **4** primary need 일차적[기본] 욕구
affluent 풍요로운 relevance 타당성, 관련성 existence 생활, 생존 priority 우선순위

5 다음 글의 밑줄 친 ⓐ~ⓔ 중 어법상 알맞은 문장의 개수는?

ⓐThe basic living unit of the body is the cell, and each organ is an aggregate of many different cells held together by intercellular supporting structures. Each type of cell is specially adapted to perform one particular function. ⓑFor instance, the red blood cells transporting oxygen from the lungs to the tissues. ⓒThese cells along with the other numerous cells of the body has certain basic characteristics that are alike. ⓓFor example, in all cells oxygen combines with carbohydrates, fat, or protein to release the energy requiring for cell function. Furthermore, the general mechanisms for changing nutrients into energy are basically the same in all cells. ⓔAll cells also deliver the end-products of their chemical reactions into the surrounding fluids.　　*aggregate 집합체 **intercellular 세포 사이의

① 1개　　　　② 2개　　　　③ 3개　　　　④ 4개　　　　⑤ 5개

6 다음 글의 밑줄 친 ⓐ~ⓔ를 어법상 맞게 고칠 때, 적절하지 <u>않은</u> 것은?

Over the course of human development, humans gained the use of their hands for many tasks and developed an inventive brain that allowed them ⓐsolve problems. During this time, it is believed that humans lost almost all their body hair, their tails—if they ever had them—and ⓑto reduce the size of their teeth. Human evolution is still going on, though most of us never think about ⓒthem. The human appendix, for instance, has shrunk in size and usefulness, seldom used wisdom teeth are usually removed, the thickness of the bones in the skull has diminished. These things ⓓoccurring because natural selection favored individuals with shorter tails, thinner skulls or smaller teeth. ⓔMaintain unused traits requires a great deal of energy and energy was needed for other uses.　　*appendix 충수

① ⓐ → to solve　　　　② ⓑ → reduced　　　　③ ⓒ → it

④ ⓓ → was occurred　　　　⑤ ⓔ → To maintain

Words　5 unit 단위　structure 구조　adapt 적응시키다　carbohydrate 탄수화물　mechanism 기제, 구조　nutrient 영양소　end-product 최종 산출물　6 inventive 창의력이 풍부한　wisdom tooth 사랑니　skull 두개골

48 SOLID 어법 실력

7 다음 글을 읽고, (A), (B), (C)를 어법에 맞게 고쳐 쓰시오.

There are a lot of advantages to working remotely. There's no commute, fewer interruptions from coworkers, flexible schedules, and more. However, it can be difficult for some employees to maintain a good work-life balance while working from home. Employees often work more from home than they (A)are at the office. The boundaries between work and home life can blur and employees end up working later into the evening. Employees (B)work remotely often put in between 50 and 75 hours a week of work. This can have the unfortunate side-effect of employees (C)experience burnout.

(A) _____

(B) _____

(C) _____

8 다음 (1), (2)의 밑줄 친 우리말과 같은 뜻이 되도록 괄호 안의 말을 알맞게 배열하시오.

Most agree that sugar is empty calories—meaning that there are no nutrients in it. Processed foods contain sugar and other preservatives (1)그것이 훨씬 더 좋은 맛이 나도록 만들기 위해 and have a far longer shelf life. Furthermore, processed foods may not contain all the essential nutrients and minerals the body needs. Hence, they contribute to weight gain as well as other health repercussions. Unprocessed foods, on the other hand, are not infused with artificial chemicals nor do they contain preservatives. Examples of unprocessed foods include tubers, grains, fruits and vegetables. Eating unprocessed foods (2)방부제를 피하는 것을 더 쉽게 만든다. They may not taste as good as processed foods but are far healthier.

*preservative 방부제 **repercussions 간접적 영향

(1) (better / them / taste / make / to / much)

_____

(2) (avoid / preservatives / to / it / easier / makes)

_____

Words　**7** remotely 원격으로, 멀리서　commute 출퇴근　interruption 방해　flexible 유연한, 융통성이 있는　boundary 경계　blur 희미해지다 side-effect 부작용　burnout 탈진, 극도의 피로　**8** infuse 넣다, 주입하다　tuber 덩이줄기[뿌리]

[9-10] 다음 글을 읽고, 각 물음에 답하시오.

School-age children seem to be ⓐ<u>constantly</u> in motion. They enjoy active sports and games as well as crafts and fine motor activities. Activities ⓑ<u>requiring</u> balance and strength, such as bicycle riding, tree climbing, and skating, are exciting and fun for the school-age child. Coordination and motor skills improve as the child ⓒ<u>is given</u> an opportunity to practice. Therefore, <u>아이들은 신체 활동에 참여하도록 격려받아야 한다</u>. During the school-age years, children learn physical fitness skills that ⓓ<u>contribute</u> to their health for the rest of their lives. Cardiovascular fitness, strength, and flexibility are improved by physical activity. Popular games such as tag, jump rope, and hide-and-seek ⓔ<u>to provide</u> a release of emotional tension and enhance the development of leader and follower skills.

*cardiovascular 심혈관의

9 윗글의 밑줄 친 부분 중 어법상 어색한 것을 고르시오.

① ⓐ   ② ⓑ   ③ ⓒ   ④ ⓓ   ⑤ ⓔ

10 윗글의 밑줄 친 우리말을 조건에 맞게 영작하시오.

| 보기 | children / activities / physical / encourage / should / in / engage |

조건   1. 보기에 주어진 단어를 한 번씩만 사용할 것
       2. 어형 변화 가능

→ _____

Words   9-10 fine motor 소근육 운동   coordination (신체 동작의) 조정력   contribute to ~에 기여하다   flexibility 유연성   tag 술래잡기   hide-and-seek 숨바꼭질   release 분출(구)

Chapter 4

조동사 / 가정법

출제 포인트 19

조동사 + 동사원형 vs. 조동사 + have p.p.

· 조동사 뒤에는 **동사원형**이 오고, **현재의 추측, 가능성** 등을 나타낸다.

· 「**조동사 + have p.p.**」는 **과거 사실에 대한 추측, 후회, 유감**을 나타낸다.

> ¹ The pills *can* not only cure / curing the disease but *can* also help prevent it.
>
> ² I must not / shouldn't *have said* that, but it's no use crying over spilled milk.

(풀이) 1 상관접속사 not only A but also B가 쓰인 형태로, 조동사 can 뒤에는 동사원형 cure가 와야 한다.

2 문맥상 하지 말아야 할 말을 해버렸다는 과거 사실에 대한 후회를 나타내므로 shouldn't를 써야 한다.

+Tip 「조동사 + have p.p.」의 종류와 의미

· must have p.p. ~했음에 틀림없다 (강한 추측)	· should have p.p. ~했어야 했다 (후회나 유감)
· cannot have p.p. ~했을 리가 없다 (강한 부정적 추측)	· shouldn't have p.p. ~하지 말았어야 했다 (후회나 유감)
· could have p.p. ~했을 수도 있다 (약한 추측)	· may[might] have p.p. ~했을지도 모른다 (불확실한 추측)

출제 포인트 20

used를 이용한 표현

· used와 함께 쓰이는 be동사, to부정사, 동명사 등에 유의하여 문맥에 맞게 사용한다.

- used to + 동사원형: ~하곤 했다, ~이었다 (과거의 습관, 과거의 지속된 상태)
- be used to + (동)명사: ~하는 데 익숙하다
- be used to + 동사원형: ~하기 위해[~하는 데] 사용되다

> ¹ The ancient Greeks *used to* describe / describing two ways of thinking—*logos and mythos*. 학평기출응용
>
> ² He *is* not *used to* walk / walking long distances.
>
> ³ Music *is used to* mold / molding customer experience and behavior. 학평기출응용

(풀이) 1 문맥상 '~하곤 했다'라는 의미이므로 동사원형 describe를 써야 한다.

2 문맥상 '~하는 데 익숙하다'라는 의미이므로 동명사 walking을 써야 한다.

3 문맥상 '~하는 데 사용되다'라는 의미이므로 동사원형 mold를 써야 한다.

· used 앞에 be동사가 생략되는 경우에 유의한다.

> ⁴ The police examined the computer *used* to access / accessing online banking.
>
> ⁵ Even people *used* to drive / driving in bad weather should not drive today.

(풀이) 4 문맥상 온라인 뱅킹에 접속하는 데 '사용되는 컴퓨터'라는 의미이므로, 동사원형 access를 써야 한다.

5 문맥상 궂은 날씨에 운전하는 것에 '익숙한 사람들'이라는 의미이므로, 동명사 driving을 써야 한다.

Basic Practice

◎ 정답 및 해설 p.18

A 네모 안에서 어법상 알맞은 것을 고르시오.

1 I fear they might not be / to be able to pay back the loans. 학평기출응용

2 I cannot cancel my order nor can I get / getting a refund.

3 This soup tastes awful. You must / should have followed the good recipe.

4 He was supposed to come an hour ago. Something cannot / must have happened to him.

B 밑줄 친 부분이 어법상 맞으면 ○표 하고, 틀리면 바르게 고쳐 쓰시오.

1 Introduce new, uncomfortable behaviors that you are not used. 학평기출응용

2 That honest man cannot have stolen the money at the party.

3 We were used to go to the beach every summer when we were young.

4 It might sound strange, but it's true that moving more can help give you more energy.

C 다음 글의 밑줄 친 부분을 모두 어법에 맞게 고쳐 쓰시오.

1
Studies suggest that our ancestors used some kind of earth oven. It is difficult to prove that an ancient fireplace was used to (1)preparing food, and not just for warmth. Our ancestors might (2)use fire for warming. Then they could have eaten fish next to the fire and thrown the bones in the fire. That could have (3)being the beginning of well-cooked fish.

(1) _____ (2) _____ (3) _____

2
There used (1)to being dangerous challenges online. A 12-year-old boy from Michigan spent four days in the hospital recovering from second-degree burns he got while completing the "fire challenge." Basically, some sort of flammable liquid, like nail polish remover, (2)used to set him on fire for a few seconds. This challenge should have never (3)happen.

(1) _____ (2) _____ (3) _____

Words loan 대출 refund 환불 awful 지독한 flammable 인화성의 nail polish 매니큐어 set ~ on fire ~에 불을 지르다

출제 포인트 21 조동사 관용 표현

• 조동사가 있는 다양한 관용 표현을 문맥에 맞게 사용한다.

> [1] There will be a lot of traffic on the road. We must / **may** *as well leave* now.
>
> [2] I *would rather* ride / riding a bike *than sit* on the couch all day.

(풀이) 1 문맥상 '~하는 것이 더 낫다'라는 의미가 되어야 하므로 조동사 may as well을 써야 한다.

2 would rather *A* than *B*에서 A와 B 자리에는 모두 동사원형을 써야 한다.

+Tip 조동사 관용 표현

> • may well + 동사원형: ~하는 것이 당연하다, 아마 ~일 것이다
>
> • may[might] as well + 동사원형: ~하는 것이 더 낫다[좋겠다]
>
> • would rather *A*(동사원형) than *B*(동사원형): B하느니 차라리 A하겠다
>
> • had better + 동사원형: ~하는 것이 낫다 *cf.* had better not (부정형)
>
> • cannot but + 동사원형(= cannot help -ing / have no choice but to + 동사원형): ~할 수밖에 없다, ~하지 않을 수 없다

출제 포인트 22 가정법 과거 vs. 가정법 과거완료 vs. 혼합 가정법

• 현재 사실과 반대되는 가정은 가정법 과거, 과거 사실과 반대되는 가정은 가정법 과거완료를 쓴다.

• 과거 사실과 반대되는 가정이 현재 상태에 영향을 미치는 경우 혼합 가정법을 쓴다.

• if가 생략되거나 다른 표현으로 대체되는 경우에도 가정의 의미가 있다는 것을 유의한다.

> [1] If I **were** / had been you, I'*d focus* on studying history. [학평기출응용]
>
> [2] I *would have regretted* it if I missed / **had missed** the magnificent view.
>
> [3] If she *had been* honest in the interview, she *wouldn't* **be** / have been in trouble now.
>
> [4] **Should I** / I should lose you, my life *would be* miserable.
>
> [5] *Without* scientists, we won't / **wouldn't** *have made* it to the moon.

(풀이) 1 현재 사실과 반대되는 가정이므로, 가정법 과거 「If + 주어 + 동사의 과거형 ~, 주어 + 조동사의 과거형 + 동사원형 …」으로 쓴다. 가정법 과거의 be동사는 were로 쓴다.

2 과거 사실과 반대되는 가정이므로, 가정법 과거완료 「If + 주어 + had p.p. ~, 주어 + 조동사의 과거형 + have p.p. …」로 쓴다.

3 과거 사실과 반대되는 가정을 하고 있고 그것이 현재에 영향을 미친 것(단서: now)이므로, 혼합 가정법 「If + 주어 + had p.p. ~, 주어 + 조동사의 과거형 + 동사원형 …」으로 쓴다.

4 If가 생략되면 주어와 동사가 도치되므로 Should I를 써야 한다. (= If I should lose you, ~)

5 Without은 '~이 없(었)다면'의 의미로 가정을 나타낼 수 있고, 문맥상 가정법 과거완료이므로 wouldn't have made를 써야 한다.

+Tip 기타 가정법

if가 없는 가정법	if절에 동사 were, should, had가 쓰인 경우, if를 생략하고 주어와 동사 도치
if 대용 표현	Without[But for] ~, 가정법 과거: ~이 없다면 (= if it were not for ~)
	Without[But for] ~, 가정법 과거완료: ~이 없었다면 (= if it had not been for ~)

Basic Practice

정답 및 해설 p.19

A 네모 안에서 어법상 알맞은 것을 고르시오.

1 I'd better hurry / hurried off so I won't miss my train. 학평기출응용

2 You'll find out in the end, so I must / might as well tell you now.

3 If we are / were a pair of lions, we would be lying on the Serengeti.

4 A budget based on living for 30 years after retirement shouldn't / may well fail if you live longer.

B 밑줄 친 부분이 어법상 맞으면 ○표 하고, <u>틀리면</u> 바르게 고쳐 쓰시오.

1 If he <u>had graduated</u> with a degree in business, he would have a better job now.

2 Were you a songwriter, what <u>will</u> be your songs about?

3 When she suddenly refused to talk to him, he could not but <u>wondering</u> about the reasons.

4 Without his help yesterday, I would <u>have never been</u> able to get my car to run.

C 다음 글의 밑줄 친 부분을 모두 어법에 맞게 고쳐 쓰시오.

1
> (1)<u>If it had not been for</u> money, people could only barter. Many of us barter to a small extent, when we return favors. However, what would (2)<u>have happened</u> if you wanted a loaf of bread and all you had to trade was your new car? We need to use money to solve all these problems. 학평기출응용

(1) _____   (2) _____

2
> You've accepted the job, and as long as you're going to be doing it, you might as well (1)<u>to do</u> it capably. If there is something you don't know how to do at this job, you have no choice but (2)<u>learning</u> how to do it and do it to the best of your ability. Without doing so, you will never reach above an average level.

(1) _____   (2) _____

Words budget 예산 barter 물물교환하다 extent 정도 return a favor 호의에 보답하다 capably 유능하게, 훌륭하게
to the best of ~하는 한, ~이 미치는 한

that절의 should 생략

- 주절에 주장, 제안, 명령, 요구를 나타내는 동사 또는 판단을 나타내는 형용사가 오고 **that**절이 당위성(~해야 한다)을 나타내면 that절에 「**should** + 동사원형」이 온다. 이 경우 **should**는 생략하고 동사원형만 쓸 수 있다.
- 주절과 that절에 언급한 조건이 하나라도 충족되지 않으면, that절의 동사는 인칭과 시제에 맞게 쓴다.

> [1] The wealthy man *ordered* that every object is / **be** painted green. 학평기출응용
>
> [2] He insisted that his opponent lie / **had lied** in the last debate.

풀이 1 주절에 명령을 나타내는 동사 ordered가 쓰였고 that절에 당위성이 있으므로, should가 생략된 것으로 보아 동사원형 be를 써야 한다.
   2 that절이 당위성이 아닌 사실을 나타내므로 과거완료시제 had lied를 써야 한다.

➕Tip 주장, 제안, 명령, 요구를 나타내는 동사 및 판단을 나타내는 형용사

동사	주장	insist, argue 등
	제안	suggest, propose, recommend, advise 등
	명령	order, command 등
	요구	ask, demand, request, require, urge 등
형용사	vital, essential, important, desirable, crucial 등	

as if + 가정법 / I wish + 가정법

- 「as if + 가정법 과거」는 '마치 ~인 것처럼'의 의미로 주절의 시제와 같은 시점의 일에 대한 가정을 나타낸다.
- 「as if + 가정법 과거완료」는 '마치 ~였던 것처럼'의 의미로 주절의 시제보다 앞선 일에 대한 가정을 나타낸다.

> [1] The solution *is* to regulate your devices if / **as if** you *were* on a strict diet. 학평기출응용
>
> [2] He *felt* as if he has been / **had been** *hit* by a truck. 학평기출응용

풀이 1 문맥상 '마치 ~인 것처럼'이라는 의미의 가정을 나타내므로 as if를 써야 한다.
   2 주절의 시제(과거)보다 더 앞선 일에 대한 가정이므로 had been을 써야 한다.

- 「I wish + 가정법 과거」는 '~라면 좋(았)을 텐데'라는 의미로 **wish** 동사의 시제와 같은 시점에서의 가정이나 소망을 나타낸다.
- 「I wish + 가정법 과거완료」는 '~했다면 좋(았)을 텐데'라는 의미로 **wish** 동사의 시제보다 먼저 있었던 일에 대한 가정이나 소망을 나타낸다.

> [3] The dress is too long for me. I *wish* I **were** / had been taller.
>
> [4] He *wished* he saw / **had seen** the movie before so he had something to talk about.

풀이 3 wish 동사의 시제와 같은 현재의 소망을 나타내는 문맥이므로 가정법 과거를 나타내는 were를 써야 한다.
   4 wish 동사의 시제인 과거보다 더 이전의 일에 대한 소망이므로 had seen을 써야 한다.

Basic Practice

정답 및 해설 p.19

A 네모 안에서 어법상 알맞은 것을 고르시오.

1 His parents advised that he |keep / keeps| away from strangers. 학평기출응용

2 He loves his cat as if it |were / had been| his own daughter.

3 Many scientists argue that academic research |is / be| free for all to read.

4 What were the things you wished you |knew / had known| before starting out in your career?

B 밑줄 친 부분이 어법상 맞으면 ○표 하고, 틀리면 바르게 고쳐 쓰시오.

1 The owner of the restaurant acted as if she <u>were</u> just a server.

2 It is essential that each player in the game <u>understand</u> the rules.

3 The prisoner wished he <u>did not</u> committed the crime, but it was too late.

4 That the dogs paused for one or two seconds suggests that they <u>realize</u> something was wrong.

C 다음 글의 밑줄 친 부분을 모두 어법에 맞게 고쳐 쓰시오.

1
> Suppose you threw darts at random on a map of the United States. You'd find the holes left by the darts to be more or less evenly distributed across the map. But the real map of any given industry looks nothing like that; it looks more as if someone (1)<u>throws</u> all the darts in the same place. It is advised that firms (2)<u>are</u> clustered. Buyers may be suspicious of a software firm in the middle of the cornfields. 학평기출응용

(1) _____   (2) _____

2
> There can be a huge disconnect between the way someone presents themselves on the surface and how they are really feeling deep inside. I wish I had known that sooner. I wish I (1)<u>pressed</u> my son to seek support when he voiced his negative feelings. I regret not doing so. That day, he insisted that he (2)<u>see</u> the doctor the day before and everything was fine. He looked as if he (3)<u>is</u> fine, but in fact he was in great pain.

(1) _____   (2) _____   (3) _____

Words academic research 학문 연구 at random 무작위로 more or less 거의, 대략 evenly 고르게 distribute 분포시키다 given 특정한 cluster 무리를 이루다, 모이다 be suspicious of ~를 수상하게 여기다 disconnect 단절

내신 기본

[1-5] 다음을 읽고, 네모 안에서 어법상 알맞은 것을 고르시오.

1 He is used to | live / living | in a small room that is easy to take care of.

2 After the creative differences we had, Eddie and I decided that we had
| not better / better not | work together on the next movie.

3 We looked and looked and thought about the hidden meaning but came up with
nothing. We | must / cannot | have missed it. **학평기출 응용**

come up with
~을 생각해 내다

4 If I | were / had been | wiser, I would be able to deal with this problem better. I wish
I | could live / had lived | my life over again, knowing what I know now.

5 Tony suggested to Lisa that whenever she feels sad or out of control, she
| do / does | two things. First, she needs to write down the problems that bother her
objectively | if / as if | they were someone else's problems. Second, she should ask
herself if they truly matter.

objectively
객관적으로

6 다음 중 밑줄 친 부분이 어법상 <u>틀린</u> 것을 고르시오.

① Jay wished he <u>had met</u> a girl like Sarah sooner.

② There <u>used to be</u> several mills here, but they have all closed down.

③ The evidence suggests that early humans <u>use</u> tools for hunting.

④ I sincerely apologize. I should <u>have been</u> more careful with my language.

⑤ She moved her fingers across the photograph as if she <u>were</u> touching a diamond.

mill 방앗간, 제분소; 공장

7 다음 중 어법상 맞는 문장끼리 짝지어진 것을 고르시오.

ⓐ If it had happened to me, I would have taken immediate action.

ⓑ Research suggests that happiness depends on a number of factors.

ⓒ The technology was used to managing a virtual environment on a PC.

ⓓ If he had practiced harder, he would have been a great player now.

ⓔ I may have said something during the argument, but I'm not sure.

① ⓐ, ⓒ　　　② ⓑ, ⓒ　　　③ ⓐ, ⓑ, ⓔ　　　④ ⓑ, ⓒ, ⓓ　　　⑤ ⓑ, ⓒ, ⓔ

[8-9] 다음 글의 밑줄 친 부분 중 어법상 틀린 것을 두 개 찾아 바르게 고치시오.

8 As she stepped back onto the court, down 5-3, Stephanie looked up into the crowd as if she ⓐis searching for someone or something. The crowd did not know what was going on, but had no choice but ⓑto respond with a cheer. The opponent hit the ball over the net and scored the final point. Stephanie was unable to return the ball, resulting in a victory for her opponent. The match would have been significant for Stephanie if she ⓒwon.

significant 큰 의미가 있는, 중요한

9 Kat's family went on a trip to Lake Mont that summer. They insisted their dog Elmo ⓐgo with them even though it was not welcome at the cottage they rented. They would rather give up their trip than ⓑleaving it alone at home. Kat's mom paid me forty dollars a day to feed and walk him. She gave me the key to the cottage, but I had forgotten to give it back. She must ⓒforget too because she has never asked for it.

cottage 오두막집

🔥 내신 서술형

[10-12] 우리말과 같은 뜻이 되도록 괄호 안의 말을 바르게 배열하여 문장을 완성하시오.

> **조건** 1. 주어진 단어를 모두 사용할 것   2. 필요시 어형을 바꿀 것

10 우리는 마치 그것들이 멀리서 일어나고 있는 것처럼 그 연기를 지켜보도록 요구 받는다.
(at / as / a distance / they / be / place / if / taking) **학평기출응용**

→ We are asked to watch the actions _____.

11 내가 그때 약속을 어기지 않았다면 지금 이 상황에 있지 않을 텐데.
(I / break / have / not / the promise / if)

→ _____ back then, I wouldn't be in this situation now.

12 판사는 그가 법정에 출두하여 상황을 설명할 것을 요구했다.
(that / court / and / in / explain / appear / request / he)

→ The judge _____ the situation.

[13-15] 우리말과 같은 뜻이 되도록 주어진 말을 이용하여 문장을 완성하시오.

13 너는 지금 집에 가서 좀 쉬는 것이 더 낫겠어.

> might, go, get, some, rest / 총 11단어, 부사는 접속사 앞에 쓸 것

→ _____

14 그 전문가가 그렇게 심각한 실수를 했을 리가 없다.

> the expert, can, make, such, a, serious / 총 9단어, 「조동사+have p.p.」를 사용할 것

→ _____

15 만약 내가 그의 조언을 따랐다면, 상황이 달라졌을 텐데.

> follow, advice, things, be, different / 총 11단어, 부사절을 앞에 쓸 것

→ _____

🔒 **내신 고난도**

16 다음 글의 밑줄 친 부분 중 어법상 **틀린** 것의 개수를 고르시오.

> I'm Aaron Brown, the director of TAC company. To celebrate our company's 10th anniversary and to boost further growth, we have arranged a small event. It will be an informative afternoon with ⓐ<u>enlightening</u> discussions on business trends. I recently attended your lecture about recent issues in business and I ⓑ<u>couldn't help to be</u> overwhelmed by your excellent lecture. I am writing this letter to request that ⓒ<u>you are</u> our guest speaker for the afternoon. Your experience and knowledge will benefit our businesses in many ways. The audience ⓓ<u>may well enjoy</u> your lecture. We would sincerely appreciate it if you could make some time for us. ⓔ<u>Should you</u> have any questions, please don't hesitate to contact us. 〔학평기출 응용〕

① 1개   ② 2개   ③ 3개   ④ 4개   ⑤ 5개

anniversary 기념일
boost 신장시키다,
촉진하다
enlightening
깨우침을 주는
overwhelmed
압도된

17 다음 글을 읽고, 괄호 안의 주어진 말을 알맞은 형태로 바꿔 쓰시오.

> Once I downloaded "free software" and had a horrible experience. I shouldn't (1)_____(install) it. According to tech experts, "free software" is not free. There's a price to pay, and that's often the integrity of your computer. When you download supposedly free software, you're often allowing the software to install something called malware onto your computer. Malware can be used (2)_____(damage) your computer so that you have to buy more software to fix it. I wish I (3)_____(be) more suspicious of the free software offer I accepted.

(1) _____ (2) _____ (3) _____

integrity 온전함, 본래의 모습
supposedly 추정상, 아마
malware 악성 프로그램

18 다음 글을 읽고, 각 물음에 답하시오.

> On trash night in America, recycling is a standard ritual. Everyone is used ⓐto sorting their cardboard, glass, paper and plastics for recycling collection, but a new study by Greenpeace suggests that recycling plastic ⓑbe a "myth." It may well raise a major question about the future: does recycling work? There used to be a lot of debate over ⓒwhat really happens to recycled plastic, but scientists say that recycling plastic waste has mostly failed because it's very difficult to collect and nearly impossible to sort. Because plastic is often made from or ⓓcontaminated by toxic materials, it can be harmful to the environment to reprocess. Finally, there's little economic benefit to recycling plastic. 플라스틱 물질이 완전히 재활용될 수 있다면, 환경과 경제에 큰 도움이 될 텐데. Plastic recycling, however, has failed because the thousands of types of synthetic plastic materials ⓔproduced are fundamentally not recyclable, according to Greenpeace.

ritual 의식 절차, 의례적인 일
sort 분류하다
contaminate 오염시키다
reprocess 재처리하다
synthetic 합성의
fundamentally 근본적으로

(1) 윗글의 밑줄 친 부분 중 어법상 어색한 것을 고르시오.

① ⓐ   ② ⓑ   ③ ⓒ   ④ ⓓ   ⑤ ⓔ

(2) 윗글의 밑줄 친 우리말을 조건에 맞게 영작하시오.

> 보기 plastic materials, be, completely, recyclable, it, be, a big help

> 조건 1. 보기에 주어진 단어를 모두 사용하되, 중복 사용 및 어형 변화 가능
>   2. 필요한 경우 단어를 추가할 것

→ _____

for the environment and the economy.

19 다음 글의 밑줄 친 부분 중, 어법상 틀린 것은?

Abandoned places arouse our imaginations as we think about what ①might have happened at these sites, whether it was a tragedy or the simple march of time. From abandoned mansions to abandoned cities, creepy photos of empty places may well be full of mystery. This is especially true of abandoned castles and ②their haunting charm. What are their secrets—and why were they deserted? Built in the 17th century by Stanislaw Koniecpolski, Pidhirtsi Castle ③used to be considered one of the finest castles in Europe. This impressive Renaissance-style stone castle ④located in western Ukraine was used to film the movie *D'Artagnan and Three Musketeers* in 1978. This beautiful castle must ⑤fascinate the director of the movie.

abandon 버리다
arouse 불러일으키다
mansion 대저택
creepy 소름 끼치는, 오싹한
haunting 잊혀지지 않는
charm 매력
desert 버리다
fascinate 매료하다

20 다음 글의 밑줄 친 부분 중, 어법상 틀린 것은?

The 19th Amendment to the U.S. Constitution, ①which granted some women the right to vote, had been kicked around in Congress for years. Women had no choice but to focus on housework and motherhood, not politics. But the amendment was finally ratified on August 18, 1920, when Tennessee signed on. ②What you probably don't know is that Tennessee's deciding vote was cast by 24-year-old Harry T. Burn. Although Burn opposed the amendment, his mother insisted that he ③approve it. Mrs. Burn reportedly wrote to her son: "Don't forget to be a good boy." His vote was the 50th out of a possible 99. Now that's what we call a close call! If he ④did not vote for it, women would not have the right to vote. On August 26, 1920, women finally achieved the right to vote throughout the United States. You might be surprised to learn that many countries gave women the right to vote before the United States ⑤did.

amendment 수정, 개정안
grant 부여하다, 승인하다
kick around 이리저리 이야기하다
ratify 비준하다
deciding vote 결정적인 표
cast 표를 던지다
reportedly 들리는 바에 의하면
close call 아슬아슬한 순간[상황]

• Chapter 5

접속사 / 전치사

접속사/전치사

출제 포인트 25

접속사 vs. 전치사

· 접속사 뒤에는 「주어 + 동사」를 갖춘 절, 전치사 뒤에는 명사(구)가 온다.

· 주절의 주어와 부사절의 주어가 같을 때, 접속사 뒤에 오는 「주어 + be동사」는 생략할 수 있다.

> [1] **Although / Despite** it may seem difficult, it is possible. 학평기출응용
>
> [2] Because / **Because of** a recent storm, all Internet services were down. 학평기출응용
>
> [3] You can use another app **while / during** on a phone call with your smartphone.

풀이   1 뒤에 「주어 + 동사(it may ~)」를 갖춘 절이 왔으므로 접속사 Although를 써야 한다.

     2 뒤에 명사구(a recent storm)가 왔으므로 전치사 Because of를 써야 한다.

     3 접속사 while 뒤에 「주어 + be동사(you are)」가 생략된 것으로 볼 수 있다.

Tip · 뜻이 유사한 접속사와 전치사

의미	접속사 + 절	전치사 + 명사(구)
기간 (~ 동안)	while	during
이유 (~ 때문에)	because, since, as	because of, due to, owing to
양보 (~이긴 해도)	(al)though, even though	despite, in spite of

· 접속사와 전치사로 모두 쓰이는 것

> until(~까지), since(~ 이래로, ~ 때문에), after(~ 후에), before(~ 전에)

출제 포인트 26

등위접속사 / 상관접속사

· 등위접속사와 상관접속사는 **문법적으로 대등한 단어, 구, 절을 연결**한다.

> [1] The mother **came** in *and* **started / to start** cleaning up the mess.
>
> [2] Nonverbal signs are *not only* **relevant** *but also* **significant / significantly** to communication. 학평기출응용
>
> *Cf.* [3] *Not only* Julie *but also* her children **was / were** enjoying the party.

풀이   1 등위접속사 and로 연결되어야 하므로 동사 came과 문법적으로 대등한 동사 started를 써야 한다.

     2 상관접속사 not only A but (also) B로 연결되어야 하므로 형용사 relevant와 문법적으로 대등한 형용사 significant를 써야 한다.

     Cf. 3 상관접속사가 주어 자리에 올 경우 동사의 수는 B에 일치시킨다.

Tip 접속사 정리

· 등위접속사: and, or, but, so 등

· 상관접속사

both *A* and *B*	A와 B 둘 다	not only *A* but (also) *B*	A뿐만 아니라 B도 (= *B* as well as *A*)
either *A* or *B*	A와 B 둘 중 하나, A 또는 B	not *A* but *B*	A가 아니라 B
neither *A* nor *B*	A도 B도 아닌		

Basic Practice

정답 및 해설 p.23

A 네모 안에서 어법상 알맞은 것을 고르시오.

1 Ecosystems are dynamic, [although / despite] some may appear unchanged.

2 Smoking is not only bad for your health [so / but] also for your wallet.

3 What makes gifts valuable is not the price [as / but] the intention.

4 Power companies sometimes have trouble meeting demand [while / during] peak usage periods. (학평기출응용)

B 밑줄 친 부분이 어법상 맞으면 ○표 하고, 틀리면 바르게 고쳐 쓰시오.

1 Cats can be either liquid or solidity, depending on the circumstances. (학평기출응용)

2 Avoid these rude habits that bother both hotel employees and other guests.

3 Blue was the chosen color for denim because the chemical properties of blue dye. (학평기출응용)

4 The old man asked his daughter to come closer since he wanted to say something to her.

C 다음 글의 밑줄 친 부분을 모두 어법에 맞게 고쳐 쓰시오.

1
> The rule of independence can be applied (1)while good police procedure. When there are multiple witnesses to an event, they are not allowed to discuss it before giving their testimony. The goal is not only to prevent collusion by hostile witnesses, it is also (2)preventing witnesses from influencing each other. (학평기출응용)

(1) _____ (2) _____

2
> I am always a little cold and (1)silently at first, particularly to people whom I neither know nor (2)caring about. This may make people think of me as a cynical and unapproachable person. However, as I spend more time with them, I gradually begin to relax and become more sociable. People begin to like me (3)although the first impression they had.

(1) _____ (2) _____ (3) _____

Words ecosystem 생태계 property (사물의) 특성, 성질 dye 염료 procedure 절차 witness 목격자 testimony 증언 collusion 공모 hostile 적대적인 cynical 냉소적인 unapproachable 접근하기 어려운 sociable 사교적인

출제 포인트 **27** 접속사 whether/if vs. 접속사 that

- 접속사 **whether/if, that**이 이끄는 명사절은 문장에서 **주어, 목적어, 보어** 역할을 할 수 있다.
- 단, 명사절을 이끄는 if는 주어, 보어, 전치사의 목적어 자리에 쓰지 않고, 접속사 that은 전치사의 목적어로 쓰지 않는다.
- whether/if는 뒤에 '~인지 (아닌지)'의 의미로 뒤에 불확실한 내용, that은 '~라는 것'이라는 의미로 뒤에 확실한 내용이 온다.

> [1] I have no idea | that / **whether** | the rumor is true *or not*.
>
> [2] | **That** / Whether | he did not know what he was doing shocked everyone.

(풀이) 1 문맥상 '~인지 아닌지'의 의미이므로 접속사 whether를 써야 한다.

2 주어 역할을 하는 명사절이 문맥상 '~라는 것'의 의미이므로 접속사 that을 써야 한다.

- 접속사 **that**은 동격의 명사절을 이끌어 앞에 있는 **명사(구)**의 내용을 보충 설명한다.

Cf. • 접속사 **that** 뒤에는 완전한 절이 오고, 관계대명사 뒤에는 불완전한 절이 온다.

> [3] Our organization was founded on *the belief* | **that** / which | all animals should be treated with kindness. (학평기출응용)
>
> [4] That a falling star is a sign of good luck is *a belief* | **which** / it | does not have a scientific basis.

(풀이) 3 뒤에 완전한 절이 오고 the belief와 동격을 이루므로 접속사 that이 적절하다.

4 a belief 뒤에 접속사가 따로 없으므로 대명사 it은 올 수 없고, 뒤에 주어가 없는 불완전한 절이 오므로 관계대명사 which가 와야 한다. which가 이끄는 절이 선행사 a belief를 수식하고, 이때 which는 관계대명사 that으로 바꿔 쓸 수 있다.

출제 포인트 **28** to부정사의 to vs. 전치사 to

- **to부정사의 to** 뒤에는 동사원형이 오고, **전치사 to** 뒤에는 (동)명사(구)가 온다.

> [1] This cream is supposed *to* rapidly | **reduce** / reducing | wrinkles. (학평기출응용)
>
> [2] The doctors are devoted *to* | identify / **identifying** | heart-related problems.

(풀이) 1 be supposed to는 to부정사가 쓰인 표현이므로 to 뒤에 동사원형 reduce를 써야 한다.

2 be devoted to는 전치사 to가 쓰인 표현이므로 뒤에 동명사 identifying을 써야 한다.

⊕Tip to를 이용한 관용 표현

to부정사의 to+동사원형	전치사 to+(동)명사(구)
be about to v 막 ~하려고 하다	when it comes to -ing ~에 관한 한
be likely to v ~할 것 같다, ~할 가능성이 있다	be devoted to -ing ~에 전념하다
be used to v ~하는 데[~하기 위해] 사용되다	be used[accustomed] to -ing ~에 익숙하다
be willing to v 기꺼이 ~하다	adjust to -ing ~에 적응하다
be eager to v 몹시 ~하고 싶어 하다	object[be opposed] to -ing ~에 반대하다
be supposed to v ~해야 한다, ~하기로 되어 있다	look forward to -ing ~을 고대하다

Basic Practice

정답 및 해설 p.24

A 네모 안에서 어법상 알맞은 것을 고르시오.

1 Audience feedback indicates whether / that listeners understand the speaker's ideas or not.
`학평기출응용`

2 I object to pay / paying that much for this slow internet service.

3 He is willing to work / working to overcome the biases to make informed decisions.

4 We support the idea which / that everyone should have access to education.

B 밑줄 친 부분이 어법상 맞으면 ○표 하고, 틀리면 바르게 고쳐 쓰시오.

1 Whether this technology can help those in need is still in question.

2 My uncle is used to work at fast-paced companies and is very flexible.

3 The companies are supposed to offering caregiving benefits because of the pandemic.

4 Think about the fact which soccer is one of the most popular sports in the world.

C 다음 글의 밑줄 친 부분을 모두 어법에 맞게 고쳐 쓰시오.

1
> Fashion can be used to (1)displaying creativity and good taste in our choices. There is no doubt (2)which fashion can be a source of interest and pleasure which links us to each other. That is, fashion is likely to (3)providing a sociable aspect along with opportunities to imagine oneself differently — to try on different identities. `학평기출응용`

(1) _____ (2) _____ (3) _____

2
> Let me tell you an easy trick that will reveal (1)that someone is attracted to you or not. When people are attracted to each other, they eventually start sounding similar without even knowing it. Research suggests (2)which the similarities involve everything from pitch to speech rate. In general, people are eager to (3)being more similar to people they're attracted to.

(1) _____ (2) _____ (3) _____

Words bias 편견 informed 정보에 입각한, 잘 아는 caregiving 돌봄 be attracted to ~에 끌리다 pitch 음높이 rate 속도

내신 기본

[1-5] 다음을 읽고, 네모 안에서 어법상 알맞은 것을 고르시오.

1 Many situations are considered a threat by our brains, despite / although they are harmless to our survival. 학평기출응용

harmless 무해한

2 My aunt not only goes to school but also has / having a full-time job.

3 It is clear that technology developed over the past two decades has radically transformed what childhood looks like. However, it is not clear that / whether technology is dangerous for kids or not.

radically 근본적으로
transform 변화시키다,
탈바꿈시키다

4 Breathing in some fresh air during / while you take a walk is a great way to clear your mind. It is also a good way to ease anxiety and gain / gaining creativity.

ease 덜어 주다
anxiety 불안

5 If you have a belief which / that a society can be perfected through cooperation, join our organization. We are always looking for people who are willing to helping / help those in need!

6 다음 중 밑줄 친 부분이 어법상 **틀린** 것을 고르시오.

① We look forward <u>to receiving</u> a positive reply. 학평기출응용
② Staying healthy depends on <u>that</u> we have a sustainable lifestyle.
③ The dogs were left in the snow <u>until</u> a kind stranger took them in.
④ My heart started to race as they were about <u>to announce</u> the winner.
⑤ I can't believe she wasn't aware of the rumor <u>that</u> was all over the town.

sustainable
지속 가능한

7 다음 중 어법상 맞는 문장끼리 짝지어진 것을 고르시오.

ⓐ He sent neither a message nor a messenger but came himself.
ⓑ Pack your bags and head to this gorgeous destination before it's too late.
ⓒ The business failed because its poor location for both workers and markets.
ⓓ Some critics object to the comedian Sam Lee is invited to host the TV show.
ⓔ Whether I should text or wait for her text is my biggest concern now.

gorgeous 멋진

host (TV 등의 프로를)
진행하다

① ⓐ, ⓒ   ② ⓑ, ⓒ   ③ ⓐ, ⓑ, ⓔ   ④ ⓑ, ⓒ, ⓓ   ⑤ ⓒ, ⓓ, ⓔ

[8-9] 다음 글의 밑줄 친 부분 중 어법상 <u>틀린</u> 것을 <u>두 개</u> 찾아 바르게 고치시오.

8   Passwords are supposed to ⓐ<u>keeping</u> us safe, but they can be an open door for hackers to attack our finances and identity. Using the same password to log in to every account is a critical mistake ⓑ<u>that</u> many people make. Hackers can log in to other sites using the same email and password. They, often correctly, have an assumption ©<u>which</u> users will have the same password across platforms.

finances
(*pl.*) 자금, 재정
assumption
가정, 추정

9   Good listeners use good body language ⓐ<u>while</u> daily conversations. Put your phone down. Turn to face your conversation partner. Make direct eye contact and ⓑ<u>putting</u> your shoulders in his direction. ©<u>Whether</u> you're paying attention shows in your body language. Therefore, give your conversation partner your undivided attention to show that you're listening.

undivided 완전한

🖊 **내신 서술형**

[10-12] 우리말과 같은 뜻이 되도록 괄호 안의 말을 바르게 배열하여 문장을 완성하시오.

> **조건**   1. 주어진 단어를 모두 사용할 것   2. 필요시 어형을 바꿀 것

10   여기에서 당신은 천천히 뿐만 아니라 조심스럽게 걸어야 한다.
(should / only / careful / but / not / also / slowly / you / walk)

→ Here _____.

11   정교한 사냥꾼임에도 불구하고, 네안데르탈인은 멸종되었다.
(be / despite / go / sophisticated / extinct / hunters) 학평기출응용

→ _____, the Neanderthals _____.

sophisticated 정교한

12   이 단체는 지역 사회의 노인들을 돕는 것에 전념한다.
(is / help / devote / seniors / of / to / the community)

→ This organization _____.

[13-15] 우리말과 같은 뜻이 되도록 주어진 말을 이용하여 문장을 완성하시오.

13 우리가 저녁을 먹는 동안 사이렌이 울리기 시작했다. 학평기출응용

> have, our, a siren, start, to scream / 총 10단어, 부사절을 맨 앞에 쓸 것

→ _____

14 그 나라의 외교 정책은 변하지 않은 채로 있을 것 같다.

> the country, foreign, policy, likely, remain, unchanged / 총 9단어

→ _____

15 나는 세율이 내려갈 것이라는 뉴스를 믿을 수가 없다.

> believe, news, the tax rate, decline / 총 11단어, 동격절을 사용할 것

→ _____

🔲 **내신 고난도**

16 다음 글의 밑줄 친 부분 중 어법상 **틀린** 것끼리 짝지어진 것을 고르시오.

> An idea ⓐunderline(which) makes great people different from ordinary people can be found anywhere. ⓑunderline(Because) a very insightful attitude, a person realized that 'running shoes' are the best friend of athletes. ⓒunderline(If) even an ounce of weight is reduced from these shoes, athletes will find running easier and will be able to perform better. Interestingly no sport shoes company took interest in making such shoes, but he was eager ⓓunderline(to putting) his idea into practice. He himself started to manufacture the lightweight shoes. After some time with the help of middle distance runners, that person went on to build not only the biggest but also ⓔunderline(the most successful) sports equipment brand, called Nike. The name of this brave and passionate person is "Bill Boverman."

① ⓐ, ⓒ　　② ⓑ, ⓓ　　③ ⓐ, ⓑ, ⓔ　　④ ⓑ, ⓒ, ⓓ　　⑤ ⓑ, ⓒ, ⓔ

insightful 통찰력 있는
athlete 운동선수
put ~ into practice
~을 실행에 옮기다
equipment 용품, 장비

17 다음 글을 읽고, 괄호 안의 주어진 말을 알맞은 형태로 바꿔 쓰시오.

> There are drivers who are opposed to (1)_____(wear) their seat belts while in cars, despite it (2)_____(be) a legal requirement to wear one. The simplest reason would be that it is just a short distance to where they are going. This situation is likely to involve the greatest number of accidents. Another reason would be light traffic on the roads. However, experts point out that (3)_____(either) short distance nor light traffic has anything to do with having to make a sudden stop that can put you in danger.

(1) _____ (2) _____ (3) _____

legal 법적인
requirement
요구, 요건

18 다음 글을 읽고, 각 물음에 답하시오.

> More than 40 million Americans move each year. ⓐAdjusting to life in a new place can be scary and difficult. However, treat it as an adventure. 여러분이 새로운 곳에 있다는 사실은 means you have an opportunity to experience new things. So get out there and explore! Try local activities ⓑwhich weren't available in your former city, such as skiing if you came from a beach town or surfing if you lived in the mountains. ⓒWhile you try those, you may discover a talent you never knew you had. Also, attend local events that interest you. Visit the weekly farmer's market or the neighborhood yard sale. These things will help you meet people and ⓓfeel connected to your new town. A fresh move is a fresh start. It is therefore a great time to fulfill a dream you've had, ⓔthat it's going back to school, starting a new career, or finishing that novel.

yard sale 마당 세일
(개인이 집 뜰 앞에서
벌이는) 중고 가정용품
판매)
fulfill 이루다

(1) 윗글의 밑줄 친 부분 중 어법상 어색한 것을 고르시오.

① ⓐ   ② ⓑ   ③ ⓒ   ④ ⓓ   ⑤ ⓔ

(2) 윗글의 밑줄 친 우리말을 조건에 맞게 영작하시오.

> | 보기 | fact, be, in, new, place |

> | 조건 | 1. 보기에 주어진 단어를 모두 사용하되, 어형 변화 가능
> 2. 필요한 경우 단어를 추가할 것 |

→ _____

19 다음 글의 밑줄 친 부분 중, 어법상 <u>틀린</u> 것은?

If you're at all superstitious, chances are that you get a little nervous when you spot Friday the 13th on a calendar. The date has been synonymous with bad luck for ages. However, there's absolutely no scientific evidence ①<u>supporting</u> the idea that Friday the 13th is actually unlucky. Actually, one super cool scientific discovery ②<u>was made</u> public on Friday, November 13, 2009. On this date, NASA scientists shared the news ③<u>which</u> water was discovered on the moon. "I'm here today to tell you that indeed, yes, we found water. Not just a little bit, ④<u>but</u> a significant amount," said NASA project scientist Anthony Colaprete during a news conference. The team discovered ⑤<u>what</u> they describe as "about a dozen, two-gallon bucketfuls." There was absolutely nothing unlucky about that!

superstitious
미신을 믿는
synonymous with
~와 동의어인
absolutely 전혀
bucketful
양동이 가득(의 양)

20 다음 글의 밑줄 친 부분 중, 어법상 <u>틀린</u> 것은?

Not all vegetables are created equal when it comes to ①<u>keeping</u> your weight where you want it. You need to find out ②<u>whether</u> some of your favorites are messing with your diet goals. Do you ever feel like you're always hungry when you're dieting? That's probably because you're not eating the right types of vegetables to keep you ③<u>full</u>. Anything without skin or pulp, like cucumbers, ④<u>is</u> likely to make you reach for another snack because it is lower in fiber and won't make you feel full for long. This is why juices aren't filling but smoothies can be. Also, you may want to start reconsidering how many sweet potatoes you eat. They are still very high in calories and carbohydrates and can lead to weight gain ⑤<u>that</u> you eat more calories than you burn.

mess with ~을 망치다
pulp 과육
fiber 섬유질
filling 포만감을 주는,
배부르게 하는

Chapter 6

관계사

6 관계사

관계대명사의 역할 및 쓰임

• 관계대명사의 격은 **관계사절에서 관계대명사의 역할이 무엇인지 파악**하여 판단한다.

• 관계대명사는 **절과 절을 연결하는 접속사 역할**을 하고, 관계사절에서 **대명사 역할**을 한다.
 문장을 연결하는 접속사가 있는 경우에는 관계대명사가 아닌 대명사가 와야 한다.

> ¹ Anyone │ who / whom │ wants to volunteer should sign up online in advance.
>
> ² Babies │ that / whose │ families only spoke English participated in the study. 학평기출응용
>
> ³ Glutamate is a brain chemical, and │ it / which │ is necessary for learning. 학평기출응용

풀이 1 선행사가 사람이고, 관계대명사가 관계사절에서 주어 역할을 하므로 주격 관계대명사 who를 써야 한다.
  2 선행사 Babies와 families가 소유 관계이므로 소유격 관계대명사 whose를 써야 한다.
  3 문장을 연결하는 접속사 and가 있으므로 대명사 it이 와야 한다.

⊕ Tip 관계대명사 격 정리

선행사	주격	목적격	소유격
사람	who/that	who(m)/that	whose
동물·사물	which/that	which/that	whose/of which

전치사 + 관계대명사 / 계속적 용법

• 관계대명사가 전치사의 목적어로 쓰인 경우 전치사는 **관계대명사 앞 또는 관계사절 맨 끝**에 올 수 있다.

• 관계대명사 앞의 **전치사의 유무**는 관계대명사가 이끄는 절에 전치사가 필요한지 여부를 확인한다.

> ¹ These are some products │ which / for which │ the law of demand does not apply. 학평기출응용
>
> ² There are many students │ who / for whom │ speak English as a second language.

풀이 1 관계사절의 동사 apply 뒤에 전치사 for가 필요하므로 「전치사 + 관계대명사」인 for which로 써야 한다.
  2 관계사절에 주어가 없고 전치사가 필요하지 않으므로 주격 관계대명사 who를 쓴다.

• 관계대명사 **who, which**는 계속적 용법으로 쓸 수 있지만, 관계대명사 **that**은 쓸 수 없다.

> ³ We need to see a doctor, │ who / that │ may prescribe medicines to control the infection.
> 학평기출응용
>
> ⁴ It would mean time travel is real, │ which / that │ is hard to believe.

풀이 3 선행사 a doctor에 대해 부연 설명하는 계속적 용법으로 쓰였으므로 who가 적절하다. (= and he or she)
  4 주절의 내용을 부연 설명하는 계속적 용법으로 쓰였으므로 which가 적절하다. (= and it)

cf. 접속사 that과 관계대명사 which의 용법 차이에 주의한다. ▶Chapter 5 출제포인트 27 참조 (p.66)

Basic Practice

◉ 정답 및 해설 p.27

A 네모 안에서 어법상 알맞은 것을 고르시오.

1 I'm worried about the child who / whose behavior is out of control. 학평기출응용

2 Humans have voluntary muscles, it / which means you can control their movements.

3 He is working on the project which / for which he is responsible.

4 The manager delivered the news that / which the company is going to close the office.

B 밑줄 친 부분이 어법상 맞으면 ○표 하고, 틀리면 바르게 고쳐 쓰시오.

1 Lauren Cohen, who won awards for short film, will direct the movie.

2 Some of the buildings to which Beethoven lived are now museums.

3 Think about the rumor which spread across campus in such a short period of time.

4 Heart attacks can have a number of symptoms, some of that are more common than others.

C 다음 글의 밑줄 친 부분을 모두 어법에 맞게 고쳐 쓰시오.

1

Ideas about how much disclosure is appropriate vary among cultures. Japanese tend to do little disclosing about themselves to others except to the few people (1)whose they are very close with. They do, however, show great care for each other, because of their belief (2)which harmony is essential to relationship improvement. 학평기출응용

(1) _____ (2) _____

2

Although polar bears are great swimmers (1)which claws are fearsome, they're no match for seals, their primary prey. Seals are too fast. The bears catch them on top of the sea ice or when seals are in under-ice places (2)they are covered in snow. When there are plenty of seals to be had, polar bears don't even bother eating the whole animal—they just eat the blubber, (3)that is energy-rich and helps the bears build up their own layers of insulating fat.

(1) _____ (2) _____ (3) _____

Words | voluntary muscle 수의근(척추동물에서 의지에 따라 움직일 수 있는 근육) disclosure 정보의 공개, 폭로 appropriate 적절한 claw 발톱
primary 주요한 blubber 지방 layer 층 insulating 절연의, 전기나 열이 통하지 못하게 하는

출제 포인트 **31**

관계부사의 역할 및 쓰임

• 관계부사는 「**접속사 + 부사**」의 역할을 하며, 「**전치사 + 관계대명사**」로 바꿔 쓸 수 있다.

• that이 관계부사를 대신할 수 있다.

> ¹ There are parts of *the world* │ there / **where** │ food is still scarce. 학평기출응용
>
> ² This is │ **the way** / the way how │ the builders work to complete the cabin.
>
> ³ I cannot forget *the day* │ then / **that** │ I met him on the subway.

(풀이) 1 선행사가 the world이고 접속사가 없으므로, 두 절을 연결하는 관계부사 where를 써야 한다. where는 「전치사 + 관계대명사(in which)」로 바꿔 쓸 수 있으며, 「접속사 + 부사(and there)」의 의미를 가진다.

2 the way와 관계부사 how는 함께 쓰지 않으므로 the way가 적절하다. the way (that)나 how 중 하나만 쓸 수 있다.

3 the day를 선행사로 하는 관계부사 when이 필요한데, that이 이를 대신할 수 있다.

⊕Tip 관계부사 정리

의미	선행사	관계부사 (전치사 + 관계대명사)
시간	the time, the day, the year 등	when (= at / in / on which)
장소	the place, the city, the house 등	where (= in / at / on which)
이유	the reason	why (= for which)
방법	the way	how (= in which)

출제 포인트 **32**

관계대명사 vs. 관계부사 / 생략

• 관계대명사 뒤에는 문법적으로 불완전한 절, 관계부사 뒤에는 완전한 절이 온다.

> ¹ Dress warmly for this program │ **which** / where │ will last for three hours. 학평기출응용
>
> ² She moved to Chicago, │ which / **where** │ she worked at a restaurant to earn money.

(풀이) 1 관계사가 이끄는 절에 주어가 없는 불완전한 절이 오므로 주격 관계대명사 which를 써야 한다.

2 관계사 뒤에 완전한 절이 왔고, 장소를 나타내는 선행사(Chicago)를 부연 설명하므로 관계부사 where가 적절하다.

cf. 관계부사 when, where는 계속적 용법으로 쓸 수 있다.

• **목적격 관계대명사**, 「**주격 관계대명사 + be동사**」는 **생략**할 수 있다. 단, 전치사 뒤에 오는 관계대명사는 생략할 수 없다.

• 관계부사 앞에 일반적인 선행사(the time / place / reason 등)가 올 경우 **관계부사와 선행사 중 하나는 생략**할 수 있다.

• 관계대명사 뒤에 「주어 + think / imagine / suppose / guess / believe 등」이 삽입된 경우, 관계대명사의 격에 유의한다.

> ³ This is │ **the station** / where │ he used to work in.
>
> ⁴ She is the person │ **who** / whom │ I believe *is* the love of my life.

(풀이) 3 관계사절 끝의 전치사 in의 목적어가 없으므로, the station을 선행사로 하는 관계대명사 that 또는 which가 생략된 것으로 볼 수 있다. (= This is the station that[which] he used to work in.)

4 관계사절에 I believe가 삽입된 형태로, 주어 자리가 비어 있으므로 주격 관계대명사 who를 써야 한다.

Basic Practice

정답 및 해설 p.28

A 네모 안에서 어법상 알맞은 것을 고르시오.

1 Is there a reason │how / why│ you chose this book for the discussion?

2 Scientists build machines that transform the way │that / how│ we live.

3 Choose the group of people │who / whom│ you think are more attractive.

4 The frog must remain near the water │which / where│ it can take a dip every now and then. (학평기출응용)

B 밑줄 친 부분이 어법상 맞으면 ○표 하고, 틀리면 바르게 고쳐 쓰시오.

1 Tree rings usually grow wider in years <u>which</u> it is warm and wet. (학평기출응용)

2 <u>The reason I love cooking</u> is that it involves both art and science.

3 I need time to do all the things that I believe <u>is</u> important for my family.

4 I remember the days <u>that</u> we used to go cycling together.

C 다음 글의 밑줄 친 부분을 모두 어법에 맞게 고쳐 쓰시오.

1
> I have enjoyed our scenic natural spaces for my whole life. The land (1)<u>through</u> the Pine Hill walking trail would cut is home to a variety of species. Wildlife faces pressure from development, and these animals need space (2)<u>which</u> they can hide from human activity. We should think of ways (3)<u>how</u> we can stop destroying habitats with excess trails. (학평기출응용)

(1) _____ (2) _____ (3) _____

2
> Known as the "Mother of Hubble," Nancy Grace Roman was one of the first female executives at NASA (1)<u>there</u> she was instrumental in establishing the Hubble Telescope program structure. She was also NASA's first chief astronomer. At a time (2)<u>which</u> very few women worked at NASA, she made multiple crucial scientific discoveries. She is one of the scientists (3)<u>whom</u> I believe shaped world history.

(1) _____ (2) _____ (3) _____

Words │ **take a dip** 몸을 담그다, 잠깐 수영을 하다 **every now and then** 가끔 **scenic** 경치 좋은 **cut through** ~ 사이로 길을 내다 **habitat** 서식지 **excess** 과도한 **executive** 임원 **instrumental** 중요한 역할을 하는, 도움이 되는

복합관계대명사 vs. 복합관계부사

- 복합관계대명사는 명사절과 양보의 부사절을 이끌고, 복합관계부사는 부사절을 이끈다.
- **복합관계대명사 뒤에는 불완전한 절, 복합관계부사 뒤에는 완전한 절이 온다.**
- 선행사의 유무와 문맥을 통해 관계사 자리인지 복합관계사 자리인지를 파악한다.

> ¹ Who / **Whoever** saw the movie will agree with my opinion.
>
> ² How / **However** hard I try, I can't do it any better than she can.
>
> ³ Put out your hand to which / **whichever** you like.

(풀이) 1 문맥상 '~하는 사람은 누구든지(anyone who)'의 의미로 선행사를 포함해야 하므로 Whoever를 써야 한다.
   2 문맥상 '아무리 ~하더라도(no matter how)'의 의미이므로 However를 써야 한다.
   3 전치사 to의 목적어 역할을 해야 하므로 선행사를 포함한 whichever를 써야 한다.

⊕Tip 복합관계대명사와 복합관계부사 정리

복합관계대명사	who(m)ever	whatever	whichever
명사절	anyone who(m)	anything that	any (one) that
양보의 부사절	no matter who(m)	no matter what	no matter which
복합관계부사	whenever	wherever	however
시간·장소의 부사절	at any time when	at any place where	-
양보의 부사절	no matter when	no matter where	no matter how

관계대명사 what vs. 관계대명사 which[that]

- 관계대명사 **what**은 선행사를 포함(= the thing(s) which[that])하므로 관계사절 앞에 선행사가 없고, 관계대명사 which, that은 관계사절 앞에 선행사가 온다.

> ¹ To get what / which you want, you need to work hard.
>
> ² Please donate any instruments what / that you may no longer use. (학평기출 응용)

(풀이) 1 관계사 앞에 선행사가 없고 to get의 목적어 역할을 해야 하므로 선행사를 포함한 관계대명사 what을 써야 한다.
   2 관계사절의 동사 use의 목적어 역할을 하는 선행사 any instruments가 있으므로 관계대명사 that을 써야 한다.

- 관계대명사 what이 이끄는 명사절은 문장에서 주어, 목적어, 보어 역할을 한다.

> ³ When you go mountain climbing, bring what / that you need to keep you safe.
>
> ⁴ We make decisions based on what / which we think we know. (학평기출 응용)

(풀이) 3 관계사 앞에 선행사가 없고, 동사 bring의 목적어 역할을 하는 명사절이 필요하므로 선행사를 포함한 관계대명사 what을 써야 한다.
   4 관계사 앞에 선행사가 없고, 전치사 on의 목적어 역할을 하는 명사절이 필요하므로 선행사를 포함한 관계대명사 what을 써야 한다.

Basic Practice

⊘ 정답 및 해설 p.28

A 네모 안에서 어법상 알맞은 것을 고르시오.

1 I will vote for who / whoever is willing to do what they're saying.

2 My new job wasn't what / that I thought it would be.

3 She gets nervous whenever / whatever she gives a presentation in front of the class.

4 The doctors are working to develop a program what / which works best for the patients.

B 밑줄 친 부분이 어법상 맞으면 ○표 하고, <u>틀리면</u> 바르게 고쳐 쓰시오.

1 Usually the prince shared <u>whatever</u> he had with others. 학평기출응용

2 <u>Where</u> he went, he took his dog and cat with him.

3 <u>That</u> worked for her may not necessarily be the right choice for you.

4 Here are the strategies <u>which</u> can help you make smarter travel choices.

C 다음 글의 밑줄 친 부분을 모두 어법에 맞게 고쳐 쓰시오.

1
> Motivation may come from several sources. It may simply be asking (1)<u>however</u> things are at home. For one student considering dropping out of school, it was a note (2)<u>what</u> I wrote saying that he made my day when I saw him in school. He came to me with the note with tears in his eyes and thanked me. He will graduate this year. (3)<u>What</u> technique is used, the students must know that you care about them. 학평기출응용

(1) _____ (2) _____ (3) _____

2
> When you don't know which side to choose, keep aware of your feelings. Just do what you wish to. I know you will decide (1)<u>that</u> is right. I will be by your side, (2)<u>which</u> side you choose. You don't need to be too tight with yourself, putting yourself under too much stress. When you are comfortable, you know where you are. (3)<u>How</u> hard the situation is, just trust yourself more.

(1) _____ (2) _____ (3) _____

Words strategy 전략 drop out of school 학교에서 자퇴하다 make one's day ~를 기쁘게 하다

내신 기본

[1-5] 다음을 읽고, 네모 안에서 어법상 알맞은 것을 고르시오.

1 There are scientists who / whose theories were right but disproved at first.

2 Kinetic energy is the energy associated with motion, while potential energy represents the energy it / which is "stored" in a physical system. 학평기출응용

3 I visited the chief investment officer of a large financial firm, that / who had invested some tens of millions of dollars in the stock of the ABC Motor Company. 학평기출응용

4 Bali is a place there / where you can have a wide range of choices. From cheap hostels to beach resorts and luxury villas which / in which are staffed with personal chefs and drivers, it really is a dream.

5 Most areas of the world which / where were formerly British colonies still drive on the left hand side of the road. If you plan to rent a car in those areas and you usually drive on the right, no matter how / what proficient you are at driving, you should take extreme care.

6 다음 중 밑줄 친 부분이 어법상 **틀린** 것을 고르시오.

① The woman <u>whom</u> I believe is the manager is very nice to us.
② They will always wait for the day <u>that</u> they can come home.
③ <u>Whoever</u> read the book would be familiar with the name Ishita.
④ Only you determine the direction <u>in which</u> you want to take your life.
⑤ She was a social worker in a place <u>where</u> the average income was very low.

7 다음 중 어법상 맞는 문장끼리 짝지어진 것을 고르시오.

> ⓐ It's important that you fight for what you believe in. 학평기출응용
> ⓑ Whatever young he might be, he is an excellent artist.
> ⓒ Feel free to play with whichever interests you.
> ⓓ This survey finds the age which people are the least satisfied with life.
> ⓔ We need to create an environment where employees can express their opinions.

① ⓐ, ⓒ   ② ⓑ, ⓒ   ③ ⓓ, ⓔ   ④ ⓐ, ⓒ, ⓔ   ⑤ ⓑ, ⓒ, ⓓ

---

disprove ~의 반증을 들다

kinetic[potential] energy 운동[위치] 에너지

financial 재정의

staff 직원을 제공하다

colony 식민지

proficient 능숙한

[8-9] 다음 글의 밑줄 친 부분 중 어법상 틀린 곳을 두 개 찾아 바르게 고치시오.

8 Ask for a glass of milk in an American home, and your host will likely pull an ice-cold gallon out of the fridge. But if you do the same in a European country, ⓐ<u>that</u> you'll probably receive is a room-temperature glass. There is a reason ⓑ<u>why</u> Americans refrigerate milk and Europeans don't. The major difference lies in the method ⓒ<u>which</u> milk is processed.

room-temperature
실온의

9 Jerry Bergevin escaped from a prison in Michigan in 1969, ⓐ<u>which</u> the criminal had been serving a 15-year sentence for breaking and entering. Authorities think he may have climbed the fence ⓑ<u>that</u> surrounded the prison, but it was so long ago the Michigan Department of Corrections can't say for sure. In 2013, the Department of Corrections decided to call off the search for Bergevin, ⓒ<u>who</u> age would have been 80 at the time. He's never been found.

sentence 형, 판결
breaking and
entering 가택 침입
call off 취소하다

🔥 **내신 서술형**

[10-12] 우리말과 같은 뜻이 되도록 괄호 안의 말을 바르게 배열하여 문장을 완성하시오.

조건 1. 주어진 단어를 모두 사용할 것   2. 필요시 어형을 바꿀 것

10 당신이 아무리 조심할지 몰라도 사고는 일어난다.
(happen / how / you / careful / accidents / may / be)

→ _____

11 모든 사람들이 그가 해야 하는 말에 관심이 있는 것처럼 보였다.
(look / in / he / to / say / had / what / interested / everyone) 학평기출응용

→ _____

12 내가 내 친구라고 생각했던 그 남자가 내게 거짓말을 했다.
(who / was / my friend / to / me / think / lie / I / the man)

→ _____

13 여러분은 그 미소가 진짜가 아니라는 것을 알아차릴 수 있는 경우가 있다. [학평기출응용]

which, sense, the smile, genuine / 총 10단어, 「전치사＋관계대명사」를 사용할 것

→ There are occasions _____.

14 오하이오 주는 깃발이 직사각형이 아닌 유일한 미국의 주이다.

only, U.S. state, flag, a rectangle / 총 11단어, 관계대명사를 사용할 것

→ Ohio _____.

15 금리가 올라갈 때마다 돈을 빌리는 비용이 증가한다.

interest rates, go up, cost, of, borrow, increase / 총 11단어, 복합관계사를 사용할 것

→ _____

📘 내신 고난도

16 다음 글의 밑줄 친 부분 중 어법상 틀린 것의 개수를 고르시오.

About 20 percent of charitable donations are made in December, ⓐthat makes sense when you consider that folks are in a giving state of mind. The holiday season reminds us that ⓑwhat we give to those in need makes the season bright. But before you open your wallet, let me tell you about a charity ⓒwhich you can donate. You probably recall the amazing, heroic story of Helen Keller, ⓓwhom while deaf and blind, wrote timeless classics and became the very first blind-deaf person to earn a bachelor's degree. Named in her honor, the Helen Keller International charity is working to improve the quality of life and the prevalence of malnutrition and blindness. This includes programs and research ⓔconnected to all areas of health, nutrition, and vision.

charitable 자선의
holiday season 축제시즌(추수감사절에서 신년 초까지의 축제일 기간)
heroic 영웅적인
prevalence 만연
malnutrition 영양실조

① 1개   ② 2개   ③ 3개   ④ 4개   ⑤ 5개

17 다음 글을 읽고, 밑줄 친 ⓐ~ⓓ 중 어법상 **틀린** 부분을 **모두** 찾아 바르게 고쳐 쓰시오.

> I believe we can save the Earth if we change ⓐ<u>the way</u> we live. For me, reducing plastic consumption is ⓑ<u>that</u> makes a difference in the world. If I have to buy something brand new, I look to invest in items ⓒ<u>whose</u> impact the environment as minimally as possible. This includes paying attention to packaging and materials, ⓓ<u>it</u> applies to everything from eggs in the grocery store (skip the plastic cartons in favor of cardboard) to buying a new couch.

→ _____

consumption 소비
look to ~하려고
생각하다
minimally 최소한으로
carton 상자

18 다음 글을 읽고, 각 물음에 답하시오.

productive 생산적인

> ⓐ<u>However</u> hard we try not to think about something, we often end up thinking about it more. So, if we want to spend less time thinking about something, simply trying not to think about it won't work. Therefore, the worry time technique can be used ⓑ<u>to reduce</u> the amount of time we spend worrying about things outside of our control. We can then spend the time ⓒ<u>that</u> we aren't worrying doing productive things. How do we set up the worry time? <u>하루 중에 여러분이 걱정하도록 허용된 시간을 만들어라.</u> It is usually advised to make this a 15 minute period. Your worry time should not be longer than 30 minutes! Consider taking your worry time on a chair that is pushed away from ⓓ<u>what</u> you sleep. Also, during the day when a worrying thought comes to you, write ⓔ<u>it</u> down in a notebook which you keep on the desk and save it for your worry time.

(1) 윗글의 밑줄 친 부분 중 어법상 어색한 것을 고르시오.

① ⓐ   ② ⓑ   ③ ⓒ   ④ ⓓ   ⑤ ⓔ

(2) 윗글의 밑줄 친 우리말을 조건에 맞게 영작하시오.

> 보기 make, time during the day, be allowed, worry

> 조건 1. 보기에 주어진 단어를 모두 사용하되, 어형 변화 가능
>   2. 관계부사를 사용하고, 필요한 경우 단어를 추가할 것

→ _____

19 다음 글의 밑줄 친 부분 중, 어법상 **틀린** 것은?

Both viruses and bacteria can cause illness, but they don't cause the same illnesses. And while all viruses are bad, there are both "bad" bacteria and "good" bacteria, such as the kind that ①goes into making things like cheese and yogurt. But whereas bacteria are living organisms, viruses ②are not. That means that treating our bodies ③where bacteria and virus germs live requires different methods. To treat a bacterial infection, doctors will prescribe antibiotics. To treat a viral infection, doctors won't prescribe antibiotics, ④which will have no effect. Instead, for patients who have a viral infection, doctors will advise rest and drink fluids for the virus if it's mild, and antiviral medications for cases that are more severe. We can get vaccinated to prevent both viral diseases and bacterial diseases. When washing hands and cleaning surfaces, ⑤that works against bacteria vs. viruses can differ.

prescribe 처방하다
antibiotics 항생제
viral 바이러스성의
medication 약물
get vaccinated 백신을 맞다

20 다음 글의 밑줄 친 부분 중, 어법상 **틀린** 것은?

It's easier and more important than ever ①to be a responsible traveler. Here's what you need to know about ecotourism before booking your next trip. Ecotourism is defined as responsible travel to natural areas that conserves the environment and ②sustains the well-being of the local people. ③Wherever they go, visitors should experience the beauty of a destination without causing damage. Often, ecotourism also lets them participate in activities that benefit the environment. For example, travelers can also act as citizen scientists in places around the world, including national parks and dive sites, ④which they help do research and collect data. Also, ecotourism helps local communities thrive. It is vital to care for the people who live in a destination. Just look at Venice, Italy, where overtourism has gotten so out of hand ⑤that residents are leaving the city.

conserve 보존하다
sustain 유지하다
overtourism 과잉 관광(지역 규모에 비해 너무 많은 관광객이 오는 현상)

누적
TEST

Chapters
4-6

⊘ 정답 및 해설 p.31

1 다음 글의 밑줄 친 부분 중, 어법상 **틀린** 것은?

The human brain may ①<u>have been</u> a mysterious universe in many ways, and it still is. Fortunately, enough has been revealed to offer us some guidance toward wiser and safer navigations through daily life. Your memory is best thought of as helpful input. It is information sent to help us cope in the present and ②<u>plan</u> for the future. It is not meant to provide foolproof transcripts or recordings of ③<u>which</u> really happened. And while this can complicate our lives, it works just fine most of the time. We don't need to remember every detail about everything. For more than two million years of human existence, we have survived and thrived in large part ④<u>because</u> our memory worked well enough. Even in our information-soaked and fast-changing world, it still ⑤<u>does</u>.

2 다음 글의 밑줄 친 부분 중, 어법상 **틀린** 것은?

There is the foolish notion ①<u>which</u> the weak patient must be fed. It is argued that if the patient does not eat, his strength cannot be sustained; that he must, therefore, inevitably ②<u>be</u> weak and worse over time. It is believed that he must be fed, even if he cannot digest ③<u>what</u> he eats. The patient is so weak in many cases that he can hardly move his hands or feet, yet it is insisted that he ④<u>be</u> fed three times a day. Will he recover if fed? He may die of intestinal intoxication if he is fed. He cannot be nourished by feeding, ⑤<u>no matter what</u> foods are given. He may be so weak that he will die if he gets much weaker, yet he should still fast. The surest way to make him weaker is to feed him. It is a fact which has been demonstrated hundreds of times.

Words **1** navigation 운행 be thought of as ~로 생각되다 cope 잘 해 나가다 foolproof 완전무결한, 잘못될 수가 없는 transcript 기록 complicate 복잡하게 만들다 **2** notion 생각, 관념 inevitably 필연적으로 digest 소화하다 intestinal 창자의 intoxication 중독 nourish 영양을 주다 demonstrate 입증하다

3 다음 글의 밑줄 친 부분 중, 어법상 틀린 것은?

Can the research results be generalized to other participants? Because people differ, a result ①that occurs with one group of people might not occur with a different group of people. Suppose an investigator did some research on Midwestern college students. He might have obtained different results ②had he studied Russian sixth graders instead of the college students. If he had studied people used to ③working in very hot conditions or if he had studied less aggressive individuals, the results would have been different. To maximize validity, the investigator could ④have tested a large, random sample of participants. In addition, because people's behavior may change depending on the situation, the results might not hold in another setting. For example, results obtained under controlled situations may not generalize to more complex situations, such as the workplace or the home, ⑤which other factors, such as frustration and pressure, come into play.

4 다음 글의 밑줄 친 부분 중, 어법상 틀린 것은?

Significant evolutionary changes are not likely ①to result from spontaneous changes in the organism. Instead, they come about when changes in behavior develop as adaptations to particular niches. Take one example: the origin of flight in birds. One theory proposes that bird ancestors must ②run faster and faster and made longer and longer leaps. Another theory proposes that they jumped from bough to bough, eventually gliding, like modern flying squirrels. More sophisticated modern theories propose that they were predators ③that pounced on prey from branches. Some suggest that they made ground nests and went to nearby branches at night. They dived to the rescue if eggs or offspring were in danger. Diverse as these theories are, they share one factor: all agree that some behavior came first and ④that the genetic adaptation of form followed it. No one ever suggested that flight ⑤began when some random mutation caused wings to grow.

*niche (특정 생물이 살기에) 적합한 환경

Words **3** generalize 일반화하다 aggressive 공격적인 validity 타당성 frustration 좌절 come into play 작용하다 **4** evolutionary 진화적인 spontaneous 자연스러운; 저절로 일어나는 come about 발생하다 adaptation 적응 leap 도약 glide 활공하다 pounce on ~를 덮치다 offspring 자손 mutation 돌연변이

5 다음 글의 밑줄 친 ⓐ~ⓔ 중 어법상 알맞은 문장의 개수는?

> ⓐFriends are supposed to building you up, not knock you down. These red flags will help you spot the pals that could be toxic. ⓑRemember when you were younger and you'd talk to your friends on the phone for hours? Texting and social media have made staying in touch easier, but it has also contributed to strange relationships. People often say, "ⓒMy feeling is that despite we text nearly every day, I need personal contact with people I care about. To me, it says, 'You're important enough that I want to make time for you.'" ⓓIf your friend can't figure out how to reach out over the phone or in person for months, he or she may just be a person who doesn't care enough. ⓔThat may be the clue which your friend does not care about you.

① 1개   ② 2개   ③ 3개   ④ 4개   ⑤ 5개

6 다음 글의 밑줄 친 ⓐ~ⓔ를 어법상 맞게 고친 것은?

> No one knows exactly how music heals, but it looks like our brains are wired to respond to it. There is evidence ⓐwhat shows music can heal the body, strengthen the mind, and unlock the creative spirit. Exciting new research suggests that our brains respond to music almost as if it ⓑbe medicine. Music may regulate some body functions, synchronize motor skills, stimulate the mind and even ⓒmaking us smarter. According to Suzanne Hanser, D. Ed., a lecturer at Harvard Medical School's Department of Social Medicine: "There is no set prescription or a particular piece of music that will make everyone feel better or more relaxed. ⓓThat counts is musical taste, the kinds of memories, feelings and associations a piece of music brings to mind. Some people relax to classical music, and others like the Moody Blues. ⓔHowever the genre is, the key is to individualize your musical selections."

① ⓐ → it   ② ⓑ → are   ③ ⓒ → to make

④ ⓓ → What   ⑤ ⓔ → How

Words   **5** red flag 빨간 깃발(경고 신호)   pal 친구   **6** be wired to do ~하는 자연스러운 경향을 가지고 있다   regulate 조절하다   synchronize 동기화하다, 동시에 발생하다   association 연상   individualize 개별화하다

7 다음 글을 읽고, (A), (B)를 어법에 맞게 고쳐 쓰시오.

As shown by the hundreds of journals (A)<u>which</u> they publish their work and the many best-selling books based on that research, psychologists may enjoy more cooperation than scientists in other fields because psychologists usually gain little by keeping results secret. For example, if you wanted to be the first to patent a new technology, it would pay to keep secrets from competitors. In such a race, if you were first, you might make millions. If you were second (like the poor guy who tried to patent the telephone 2 hours after Alexander Graham Bell did), you would make nothing. Although such races for dollars (B)<u>to be</u> common in chemistry, they are rare in psychology.

(A) _____

(B) _____

8 다음 (1), (2)의 밑줄 친 우리말과 같은 뜻이 되도록 괄호 안의 말을 바르게 배열하시오.

People are equal — everyone has an equal claim to being happy, healthy, fulfilled and free, whatever their circumstances. All people matter, (1)<u>그들이 어디에 살든, 그들이 아무리 부자일지라도</u>, and whatever their ethnicity, age, gender, ability, religious views, etc. All else being equal, we should save more lives, help people live longer, and make more people happier. Imagine twenty sick people lining a hospital ward who'll die if you don't give them medicine. You have enough medicine for everyone, and no reason to hold onto it for later: would anyone really choose to arbitrarily save only some of the people if it was just as easy to save all of them? (2)<u>여러분은 여러분이 할 수 있는 한 많은 이를 돕는 것이 더 낫다.</u> Helping more is better than helping less.

(1) (however / wherever / they / they / are / live / rich)

_____

(2) (you / you / can / might / help / as / as / as well / many)

_____

Words   7 patent 특허를 받다 competitor 경쟁자 8 claim 권리, 자격 fulfilled 성취감을 느끼는 ethnicity 인종, 민족성 ward 병동
hold onto ~을 계속 보유하다 arbitrarily 임의로

Chapters 4-6 | 누적 TEST **89**

When it comes to ⓐasking participants questions in a survey, sometimes participants will give you the answer they think you want to hear. Their behavior may be similar to yours when, ⓑafter a lousy meal, the server asks you, "Was everything okay?" In such a case, rather than telling the server everything was lousy, you say ⓒwhat you think he wants to hear—"Yes, everything was okay." Of course, 당신은 식사가 더 좋았더라면 그것을 더 신나서 말할 것이다. But the point is that you give the server the answer you think he wants to hear. Also, participants may follow a response set: a habit of responding in a certain, set way, regardless of what the question is. There are participants ⓓwhose use the "agree" or "strongly agree" option in response to every question. Some participants respond "disagree" or "strongly disagree" to every statement. Other participants always choose the "neutral" or "ⓔneither agree nor disagree" option.

9 윗글의 밑줄 친 부분 중 어법상 어색한 것을 고르시오.

① ⓐ   ② ⓑ   ③ ⓒ   ④ ⓓ   ⑤ ⓔ

10 윗글의 밑줄 친 우리말을 조건에 맞게 영작하시오.

보기   if / excitedly / the meal / you / would / be / say / better / it / more / have

조건   1. 보기에 주어진 단어를 한 번씩만 사용할 것
       2. 어형 변화 가능
       3. 부사절을 뒤에 둘 것

→ _____

Words   9-10 lousy 형편없는, 안 좋은   regardless of ~와 상관없이   neutral 중립적인

• Chapter 7

명사 / 대명사

7 | 명사/대명사

출제 포인트 35

대명사의 일치

• 대명사는 지칭하는 명사와 성과 수를 일치시켜야 한다.

> [1] *President Lincoln* delivered his / her famous address in 1863.
>
> [2] *Many people* lost his / their jobs because of the economic slowdown.
>
> [3] Humans are a part of *Earth's biosphere*, created within and by it / them . 학평기출응용

> 풀이 1 대명사가 지칭하는 대상은 President Lincoln이고 남성이므로 his를 써야 한다.
>
> 2 대명사가 지칭하는 대상은 복수명사 Many people이므로 복수형 their를 써야 한다.
>
> 3 대명사가 지칭하는 대상은 Earth's biosphere이므로 단수형 it을 써야 한다.

• 대명사의 위치에 따라 주격, 소유격, 목적격이 결정된다.

> [4] When Toby returned home, he couldn't stop thinking about she / her . 학평기출응용
>
> [5] Their products were brought to the market earlier than us / ours .

> 풀이 4 전치사 뒤에는 목적격이 나와야 하므로 her를 써야 한다.
>
> 5 Their products가 비교 대상이므로 our products를 나타내도록 소유대명사(~의 것)인 ours를 써야 한다.

출제 포인트 36

대명사 it

• 대명사 **it**은 앞에 나온 **명사, 구, 절** 등을 받는다.

• it은 날씨, 시간, 거리, 계절 등을 나타낼 때 형식상의 **비인칭주어**로도 사용된다.

> [1] Sarah tried to get a taxi, but it / she was difficult.
>
> [2] How far is it / one from Earth to Pluto in light years?

> 풀이 1 문맥상 택시를 잡는 것이 어렵다는 것이므로 to get a taxi를 받는 대명사 it을 써야 한다.
>
> 2 지구와 명왕성 사이의 거리를 묻고 있으므로 비인칭주어 it을 써야 한다.

• **주어** 자리에 to부정사구, that절이 올 경우 **가주어 it**이 그 자리를 대신할 수 있다.

• 「동사 + 목적어 + 목적격보어」에서 **목적어**가 to부정사구, that절인 경우 그 자리를 **가목적어 it**이 대신한다.

> [3] It / This is certain *that the ambitious woman will succeed.*
>
> [4] The secretary thinks it / him true *that her boss is honest and generous.*

> 풀이 3 뒤에 온 that절이 진주어이므로 주어 자리에는 가주어 It을 쓴다.
>
> 4 뒤에 온 that절이 진목적어이므로 목적어 자리에는 가목적어 it을 써야 한다.

Basic Practice

⊘ 정답 및 해설 p.34

A 네모 안에서 어법상 알맞은 것을 고르시오.

1 The woodpecker and its mate tried | its / their | best to protect the nest.

2 He thinks that | it / he | makes no sense to use more money on that. [학평기출 응용]

3 I don't know where my sneakers went, so my sister lent me | her / hers |.

4 She took | it / them | for granted that her son would pass the exam.

B 밑줄 친 부분이 어법상 맞으면 ○표 하고, 틀리면 바르게 고쳐 쓰시오.

1 Your plan for summer vacation sounds just as exciting as <u>me</u>.

2 <u>It</u> is clear that many people will lose their jobs if the factory closes.

3 I would like to go to London tomorrow if you will permit <u>them</u>.

4 Ronald wanted the attention of his friends, but he could not make <u>him</u> look his way.

C 다음 글의 밑줄 친 부분을 모두 어법에 맞게 고쳐 쓰시오.

1

We teach our children from a young age that it is wrong (1)<u>tell</u> a lie. However, as adults we often find (2)<u>that</u> necessary to tell white lies to avoid hurting somebody's feelings. When your friends ask for your opinion, (3)<u>them</u> sometimes want reassurance, not honest criticism.

(1) _____ (2) _____ (3) _____

2

I have recorded Jerome playing basketball and making moves that are beyond a player of (1)<u>him</u> age. He is talented enough to become a professional player. Jerome is now as tall as me and has long fingers. (2)<u>Their</u> basketball skills have improved a lot, and his shot and dribbling are much better than (3)<u>me</u>.

(1) _____ (2) _____ (3) _____

Words woodpecker 딱따구리 take it for granted 당연하게 여기다 reassurance 안심, 확신 criticism 비판

that vs. those / it vs. one

- 지시대명사 **that, those**는 앞에 나온 명사의 반복을 피하기 위해 쓰며, 지칭하는 명사의 수와 일치시킨다.
- **those**는 that과 다르게 **사람을 지칭**할 수 있으므로 문맥에 맞게 판단한다.

> [1] *The influence* of books is overshadowed by [**that** / those] of television. 〔학평 기출 응용〕
>
> [2] *The oceans* of Europa are more vast than [that / **those**] of Earth.
>
> [3] [That / **Those**] interested in golf can enjoy our eighteen-hole course.

〔풀이〕 1 앞의 단수명사 The influence를 대신해야 하므로 that을 써야 한다.
2 앞의 복수명사 The oceans를 대신해야 하므로 those를 써야 한다.
3 문맥상 골프에 관심 있는 '사람들'을 지칭하므로 those를 써야 한다.

- 지시대명사 **it**은 앞에서 언급한 **특정 명사**, 부정대명사 **one**은 앞에서 언급한 명사와 같은 종류이지만 **불특정한 명사**를 나타낸다.

> [4] If you find *your phone* again after reporting [one / **it**] lost, give us a call.
>
> [5] I lost my credit card and need to issue a new [**one** / it] again.

〔풀이〕 4 대명사가 앞에 언급한 특정 명사 your phone을 가리키므로 it을 써야 한다.
5 새로운 신용카드를 발급 받는 것이므로 불특정한 명사를 받는 one을 써야 한다.

인칭대명사 vs. 재귀대명사

- **주어와 목적어가 동일한 대상을 가리킬 경우 목적어 자리에 재귀대명사**를 쓴다. 동일하지 않으면 그 자리에 인칭대명사를 쓴다.
- 재귀대명사는 **주어나 목적어의 동격**으로 쓰여 명사 뒤나 문장 맨 뒤에 놓여 **강조 역할**을 할 수 있다. 이때의 재귀대명사는 생략할 수 있다.

> [1] *I* cut [me / **myself**] when I was making dinner last night.
>
> [2] *Parents* [himself / **themselves**] need to take more responsibility for their children's safety.

〔풀이〕 1 주어와 목적어가 동일한 대상이므로 재귀대명사 myself를 써야 한다.
2 명사 뒤에 재귀대명사 themselves가 와서 parents를 강조하는 역할을 한다.

⊕Tip 재귀대명사 관용 표현

for oneself 혼자 힘으로	by oneself 혼자서
of itself 저절로, 제 스스로	in itself 그 자체로서, 본래
beside oneself 제정신이 아닌	in spite of oneself 자신도 모르게
between ourselves 우리끼리 얘기인데	come to oneself 의식을 찾다

Basic Practice

정답 및 해설 p.34

A 네모 안에서 어법상 알맞은 것을 고르시오.

1 The most important information is | that / those | written on the first page.

2 I hope you all enjoy | yourself / yourselves | at the party tonight!

3 If you take in too much water, like | one / those | who is drowning, it could kill you. 학평기출응용

4 Jack made his supper | itself / himself |. No one else did it for him.

B 밑줄 친 부분이 어법상 맞으면 ○표 하고, 틀리면 바르게 고쳐 쓰시오.

1 If you have any questions, feel free to contact Bob or <u>myself</u>.

2 People remembered the uncompleted tasks better than the completed <u>ones</u>.

3 The population of China is much larger than <u>those</u> of Japan.

4 <u>Those</u> who listen to rhythmic music are more likely to cooperate. 학평기출응용

C 다음 글의 밑줄 친 부분을 모두 어법에 맞게 고쳐 쓰시오.

1
"Jane shook (1)<u>her</u> awake." The meaning of the sentence is fairly clear. Jane was drifting to sleep at a time when she shouldn't be, possibly during class, so she made a sudden movement in order to stay awake. Now let's look at another sentence, "Jane shook (2)<u>herself</u> awake." (3)<u>That</u> who read this sentence will think that Jane was shaking someone else.

(1) _____ (2) _____ (3) _____

2
Peter searched high and low. He found a large box of chocolates hidden behind some books, and he opened (1)<u>one</u>. Then he took a tiny bite out of every single chocolate. When he found good ones with chocolate fudge centers, he ate (2)<u>it</u>. However, when he found ones with raspberry, strawberry, or lemon creams, he put (3)<u>themselves</u> back.

(1) _____ (2) _____ (3) _____

Words **drown** 익사하다 **rhythmic** 리듬이 있는, 율동적인 **drift to sleep** 서서히 잠들다 **search high and low** 구석구석 찾다 **take a bite** 한 입 베어 물다

부정대명사

- 부정대명사 one, some, another, other의 쓰임을 알아 둔다.
- 부정대명사 each, everyone, either, neither는 단수 취급하고, some, both, few는 복수 취급한다.
- **all/most of**는 뒤에 오는 명사의 수에 따라 동사의 수를 일치시킨다.

> [1] It is hard to say if *one* is more energy-efficient than boxed[other / **the other**] between the two.
>
> [2] *Some* foods are better than boxed[other / **others**] when it comes to general health. 학평기출응용
>
> [3] *Each of* their books boxed[**was** / were] loved by readers of all ages.
>
> [4] Most of *this information* boxed[**is** /are] available online, so we can easily get it.

(풀이)
1. 둘 중에서 하나(one)와 나머지 다른 하나를 비교하고 있으므로 the other를 써야 한다.
2. 다수의 음식 중 일부와 다른 일부를 비교하는 것이므로 others를 써야 한다.
3. Each of는 뒤에 복수명사가 오더라도 단수 취급하므로 단수동사 was를 써야 한다.
4. Most of 다음에 단수명사 this information이 왔으므로 단수동사 is를 써야 한다.

⊕Tip one, some, another, other의 구분

- one ~, the other …: (둘 중에) 하나는 ~, 나머지 하나는 … *cf.* one ~, others: (셋 이상에서) 하나는 ~, 나머지 모두는 …
- one ~, another …, the other: (셋 중에) 하나는 ~, 다른 하나는 …, 나머지 하나는
- some ~, others …: (다수 중) 일부는 ~, 다른 일부는 …
- some ~, the others …: (다수 중) 일부는 ~, 나머지 모두는 …

셀 수 있는 명사 vs. 셀 수 없는 명사

- 셀 수 없는 명사는 셀 수 있는 명사와 달리 부정관사가 앞에 올 수 없고, 뒤에 -(e)s를 붙여 복수형으로 표기할 수 없다.
  - 셀 수 없는 명사: access, advice, information, furniture, luggage, equipment, money, gold, water 등
- 셀 수 있는 명사, 셀 수 없는 명사와 함께 쓰는 수식어를 구분한다.
  - 셀 수 있는 명사 수식어: few, a few, several, many, a great[large] number of
  - 셀 수 없는 명사 수식어: little, a little, much, a great[large] amount of
  - 둘 다 수식: a lot of, lots of, plenty of, some, any, most, all

> [1] She wants to change all the boxed[**furniture** / furnitures] in her bedroom.
>
> [2] You look much healthier now than you did a boxed[**few** / little] *years* ago. 학평기출응용
>
> [3] Janet has lived here more than five years, but she only speaks a boxed[few / **little**] *Korean*.

(풀이)
1. furniture는 셀 수 없는 명사이므로 단수형으로 쓴다.
2. 뒤에 복수명사 years가 있으므로 a few를 써야 한다.
3. Korean(한국어)은 셀 수 없는 명사이므로 a little을 써야 한다.

cf. 같은 단어라도 의미에 따라 셀 수 있는 명사(O)나 셀 수 없는 명사(×)가 될 수 있다.
- room 방(O)－빈 공간, 여지(×) / work 일(×)－작품(O) / paper 종이(×)－신문(O)

Basic Practice

⊘ 정답 및 해설 p.35

A 네모 안에서 어법상 알맞은 것을 고르시오.

1 Almost all of the citizens is / are satisfied with the healthcare system.

2 My mind went blank for a little / few seconds, wondering what to do. 학평기출 응용

3 Are there any restrictions on how much luggage / luggages I can bring?

4 The program is divided into two parts: one for kids aged 5-7, another / the other for teenagers.

B 밑줄 친 부분이 어법상 맞으면 ○표 하고, **틀리면** 바르게 고쳐 쓰시오.

1 Some of us are happy almost all the time, while <u>others</u> suffer from depression.

2 Most of the electricity we use <u>are</u> produced by burning fossil fuels.

3 Each of the shops in the market <u>has</u> its own special and unique products.

4 They invested a great <u>number</u> of time launching a new product into the market.

C 다음 글의 밑줄 친 부분을 모두 어법에 맞게 고쳐 쓰시오.

1
> There was a piece of (1)<u>advices</u> that Thad Ward had received in his professional career. Ward explained. "He told me, 'You're not playing for one team; you're playing for all 30. Whenever you go out on the field, there are 29 (2)<u>another</u> teams still looking at you.' So I thought about that and what could happen in the future, and I kept that in the back of my mind."

(1) _____   (2) _____

2
> Everyone (1)<u>deserve</u> to find their perfect dream home. It is very much possible with the right kind of (2)<u>informations</u> backing up the entire process. However, even if you find all the features that you ever wanted in a house from your eyes, there will always be (3)<u>a room</u> for improvement. So make room for that in your mind when settling upon a house.

(1) _____   (2) _____   (3) _____

Words **go blank** 넋을 놓다, 멍해지다 **restriction** 제한 **depression** 우울증 **back up** 지원하다 **settle upon** ~로 정하다

Chapter Test

내신 기본

[1-5] 다음을 읽고, 네모 안에서 어법상 알맞은 것을 고르시오.

1 Apples are packed and graded using the latest technology, including waxing, which makes it / them shiny.

grade 등급을 매기다

2 Shortly before Christmas she bought three dolls for her daughter. One is cute, another is pretty, and another / the other is tall.

3 The most memorable moment of the race was when the contestants crossed the finish line. Each of them was / were awarded a trophy.

contestant 경기 참가자

4 He was surprised to find him / himself lying alone in the cabin. He didn't remember coming here last night. "Why am I here?" he said to him / himself.

5 Many people cut them / themselves while they are cooking. But if you know a few / a little useful tips, you can be safer.

6 다음 중 밑줄 친 부분이 어법상 틀린 것을 고르시오.

① You need to be grateful to all <u>those</u> who helped you. 학평 기출 응용

② James' Mom and Dad think that <u>their</u> son's essay is excellent.

③ She considers <u>it</u> important to eat a healthy and balanced diet.

④ Most of the workers <u>has</u> not yet completed their annual health and safety training.

⑤ It was during this time that *Macbeth*, one of Shakespeare's greatest <u>works</u>, was written.

7 다음 중 어법상 맞는 문장끼리 짝지어진 것을 고르시오.

> ⓐ The emotions in the poems are that of loss and grief.
> ⓑ Buy two shirts and get another completely free during our promotion.
> ⓒ I don't know much about financing, so I need a lot of information about it.
> ⓓ My phone turned off by itself because I dropped one on the floor.
> ⓔ I accidentally broke my sister's cup. I need to buy a new one for her.

promotion 홍보[판촉] 활동

accidentally 우연히

① ⓐ, ⓒ   ② ⓑ, ⓒ   ③ ⓒ, ⓓ   ④ ⓑ, ⓒ, ⓓ   ⑤ ⓑ, ⓒ, ⓔ

[8-9] 다음 글의 밑줄 친 부분 중 어법상 틀린 것을 두 개 찾아 바르게 고치시오.

8 The holiday season is right around the corner. Everyone ⓐ<u>are</u> rushing to wrap up their work before the holiday break while looking forward to celebrating with family and friends. People start to give us ⓑ<u>some</u> advice about what brings enjoyment to our life. We can wear new clothes, go to new places, or own new things. Then suddenly I find ⓒ<u>me</u> asking a question: What really brings us enjoyment? Are we ever taught how to enjoy ourselves?

wrap up 마무리하다
holiday break 연휴

9 There are times when you have a yoga slump. You may realize that you're been to class only a couple of times in the past month. Getting ⓐ<u>you</u> out of the yoga slump is a challenge. But ⓑ<u>it</u> is the first step to recognize that "This too shall pass." The slump can be connected to stress at work, emotional issues, or relationship difficulties. Try to accept ⓒ<u>them</u> and be willing to let it go.

slump 슬럼프

🖊 **내신 서술형**

[10-12] 우리말과 같은 뜻이 되도록 괄호 안의 말을 바르게 배열하여 문장을 완성하시오.

조건 1. 주어진 단어를 모두 사용할 것　　2. 필요시 어형을 바꾸거나 단어를 추가할 것

10 전 세계적으로 몇 권이 팔렸는지 아무도 모른다.
(nobody / have / many / know / sold / how / been / copies)

→ _____ around the world.

11 그 아기는 그 장난감을 한 손에서 다른 손으로 옮길 수 있다.
(other / the toy / can / hand / move / from / one / to)

→ The baby _____ .

12 그들의 수하물 중 일부가 뉴욕으로 가는 비행기에서 분실되었다.
(their / lost / some / during / of / flight / luggage / be / the)

→ _____ to New York.

[13-15] 우리말과 같은 뜻이 되도록 주어진 말을 이용하여 문장을 완성하시오.

13 이 박물관의 방문자 수는 다른 박물관들의 그것(방문자 수)보다 더 많다.

> visitor, in, museum, larger, other, museums / 총 11단어, 지시대명사를 사용할 것

→ The number of _____.

14 그는 자신의 대답을 생각할 시간을 약간 더 요청했다.

> ask for, more, time, think, about, response / 총 11단어, 수량형용사(수식어)를 사용할 것

→ He _____.

15 총리가 자신의 감정을 제어하지 못했음이 분명했다.

> be, obvious, the prime minister, did, control / 총 10단어, 가주어 it을 사용할 것

prime minister 총리

→ _____ his own emotions.

내신 고난도

16 다음 글의 밑줄 친 부분 중 어법상 틀린 문장의 개수를 고르시오.

chat 대화하다

> ⓐIn one study, researchers asked pairs of strangers to sit down in a room and chat. ⓑIn half of the rooms, a cellphone was placed on a nearby table; in the other half, no phone was present. ⓒAfter the conversations had ended, the researchers asked the participants what they thought of each other. Here's what they learned. ⓓWhen a cellphone was present in the room, the participants reported that their relationship was worse than those of those who'd talked in a cellphone-free room. ⓔThe pairs who talked in the rooms with cellphones thought his partners showed less empathy. 학평기출응용

① 1개　　　② 2개　　　③ 3개　　　④ 4개　　　⑤ 5개

17 다음 글을 읽고, 괄호 안의 주어진 말을 알맞은 형태로 바꿔 쓰시오.

> Cycling is a great form of exercise for older people. It's an exercise you can perform at an intensity that suits your needs and abilities. It is low-impact and can be very social if you ride with (1)_____(other). The advent of electric bikes has made cycling much more accessible for older riders. You don't need to be super-fit to keep going, and you can carry (2)_____(plenty) stuff. It goes without saying that any exercise is better than no exercise. But there are a number of (3)_____(reason) why cycling is a particularly good form of exercise for seniors.

(1) _____ (2) _____ (3) _____

suit 적합하다
advent 출현
accessible
접근 가능한
super-fit 아주 건강한
go without saying
말할 필요도 없다

18 다음 글을 읽고, 각 물음에 답하시오.

> ⓐIt was bread that was a basic food as well as a marker of status in medieval societies. The king or lord ate only wheat bread while the servants were content with brown bread. And the Europeans ate more meat per capita throughout the Middle Ages than did ⓑanyone else in the world. Though they ate ⓒmuch meat, they were choosy on what kind of meat they ate. In general, Christian Europe prohibited the eating of animals ⓓthat eat meat. This excluded dogs, wolves, bears, and cats from their diet. However, they made an exception for pigs in large part because Jews and Muslims refused to eat pork. 기독교인들은 그들 자신을 분리하기를 원했다. They also refused to eat horsemeat due to ⓔtheir association with Nordic religious customs.
>
> *per capita 1인당

marker 표시
status 지위
medieval 중세의
lord 영주
choosy 까다로운
exclude 배제하다
make an exception
for ~을 예외로 하다
Nordic 북유럽 국가의,
북방 인종의

(1) 윗글의 밑줄 친 부분 중 어법상 어색한 것을 고르시오.

① ⓐ ② ⓑ ③ ⓒ ④ ⓓ ⑤ ⓔ

(2) 윗글의 밑줄 친 우리말과 일치하도록 조건에 맞게 영작하시오.

> 보기 to, set, them, Christians, wanted, apart

> 조건 1. 보기에 주어진 단어를 한 번씩만 사용할 것
> 2. 밑줄 친 단어는 반드시 어형을 바꿀 것

→ _____

19 다음 글의 밑줄 친 부분 중, 어법상 틀린 것은?

Explorers discovering new lands across the Atlantic Ocean saw an extraordinary creature—a fish that propelled ①itself through the ocean waters with wings like a bird! This strange creature with its bright orange beak and black feathers was seen to dive deep into the ocean waters and then ②to fly rapidly through the sky. Because the explorers feared this mythical creature, they invented tales that portrayed it as rising from pieces of wood from shipwrecks. Today these seabirds are no longer feared, in part because scientists have studied to learn more about ③themselves. Now ④known as the Atlantic puffin, this seabird lives in the Atlantic Ocean in the Northern Hemisphere. These ocean-living birds seem to fly underwater using their wings to dive deep into the sea ⑤where they feed on small fish.

*puffin 바다오리

extraordinary 특별한
propel 추진하다, 나아가게 하다
beak 부리
mythical 신화의
portray 묘사하다
shipwreck 난파선

20 다음 글의 밑줄 친 부분 중, 어법상 틀린 것은?

Grip strength is closely linked to mortality in people of all incomes, and may be a better indicator of life expectancy than blood pressure. A recent study of 1,275 men and women found that those with relatively feeble handgrip strength ①showed signs of accelerated aging of their DNA. Their genes appeared to be growing old faster than ②that of people with greater strength. The study raises the possibility ③that visiting the gym or doing a few push-ups in our living rooms might help make us more biologically youthful, whatever our current age. A lot of research ④has told us that strength is good for us. People who lift weights are less likely to develop heart disease and high blood pressure than ⑤those who skip resistance exercise.

grip strength 악력
mortality 사망률
indicator 지표
blood pressure 혈압
feeble 약한
accelerated 가속된
youthful 젊은
weight 역기
resistance exercise 저항 운동 (근력 증강을 위한 무산소 운동)

Chapter 8

형용사/부사/비교

출제 포인트 41

형용사 자리 vs. 부사 자리

- 형용사는 **명사 앞이나 뒤에서 명사를 수식**한다. 형용사가 수식어구로 길어졌거나, -thing, -body로 끝나는 대명사가 올 경우에는 뒤에서 수식한다.

- 형용사는 **주격보어나 목적격보어 자리**에 와서 주어나 목적어의 성질과 상태를 나타낼 수 있다. 단, **부사는 주격보어와 목적격보어 자리에는 올 수 없다.**

> ¹ Ghana is a country | **famous** / famously | for chocolate.
> ² The flowers smell | **sweet** / sweetly | and are pollinated by bees.

> 풀이 1 famous가 이끄는 형용사구이므로 명사 a country를 뒤에서 수식한다.
>   2 주격보어 자리에는 형용사는 올 수 있지만, 부사는 올 수 없다.

- 부사는 **동사, 형용사, 다른 부사, 문장 전체를 수식**하고, 수식하는 대상 앞이나 뒤에 온다.
- 형용사나 부사가 모두 올 수 있는 자리는 문장 구조를 파악하여 판단한다.

> ³ | Strange / **Strangely** | , they met at the same place twice on the day.
> ⁴ It is not clear how | serious / **seriously** | he was hurt by the accident.

> 풀이 3 문장 전체를 수식하므로 부사 Strangely를 써야 한다.
>   4 동사 was hurt를 수식하는 것이므로 부사 seriously를 써야 한다.

⊕Tip 형용사를 주격보어/목적격보어로 취하는 동사

형용사를 주격보어로 취하는 동사	상태/변화: be(come), get, keep, remain, grow, turn, fall 등
	감각/외견: feel, look, watch, smell, taste, sound, seem, appear 등
형용사를 목적격보어로 취하는 동사	think, find, consider, deem / make, get / keep, leave

출제 포인트 42

한정 용법 형용사 vs. 서술 용법 형용사

- 명사 앞에서만 수식(한정 용법)할 수 있는 형용사와 보어 역할(서술 용법)만 할 수 있는 형용사를 구분한다.

> ¹ Fishing with | **live** / alive | bait is a good idea.
> ² She stayed | wake / **awake** | all night because of the loud noise from her neighborhood.

> 풀이 1 명사 앞에서 수식할 수 있는 형용사는 live(살아 있는)이다. alive는 서술 용법으로만 쓴다.
>   2 주격보어로서 서술 용법으로 쓸 수 있는 형용사는 awake이다.

> **⊕Tip** · 한정 용법, 서술 용법에 사용되는 형용사
> - 한정 용법: live, elder, inner, latter, drunken, fallen, golden, main, only, mere, following 등
> - 서술 용법: alive, alike, afraid, alone, ashamed, asleep, awake, aware, fond, unable, worth, content 등
> · **enough의 위치**
> 3 He is not *rich enough* to afford it. (부사일 때: 형용사, 부사 뒤)
> 4 He has *enough time* to study for the exam. (형용사일 때: 명사 앞)

Basic Practice

정답 및 해설 p.38

A 네모 안에서 어법상 알맞은 것을 고르시오.

1 She stayed quiet in the room, looking at her asleep / sleeping baby.

2 We each individual / individually use more resources due to our high-tech lifestyle.

3 It was totally unacceptable and shameful / ashamed behavior.

4 How is it that you remained so calm / calmly while all of us adults were so afraid? 학평기출응용

B 밑줄 친 부분이 어법상 맞으면 ○표 하고, **틀리면** 바르게 고쳐 쓰시오.

1 If two things are <u>alike</u> in every respect, they are the same object.

2 How <u>beautifully</u> the bride looks in her wedding dress!

3 I was <u>enough tall</u> to see over their heads and saw the results. 학평기출응용

4 If someone makes you <u>happily</u>, try to make them happy, too.

C 다음 글의 밑줄 친 부분을 모두 어법에 맞게 고쳐 쓰시오.

1

Brandon's mother (1)<u>wise</u> waits for Brandon to calm down and then asks him if they can talk. He talks about how (2)<u>sadly</u> he is about not making the basketball team and how worried he is about his grades. Now Brandon is able to recognize his (3)<u>angrily</u> response to his mother's advice.

(1) _____ (2) _____ (3) _____

2

She reached out a shaking hand to the handle of the first door she came to. Taking a deep breath, she turned the knob and pushed the door (1)<u>gentle</u>. Holding the candle out in front of her, she moved (2)<u>slow</u> into the room. There was no one there and (3)<u>strange nothing</u>. As she went through room after room and found nothing extraordinary in any of them, she began to calm down.

(1) _____ (2) _____ (3) _____

Words high-tech 첨단 기술의 shameful 수치스러운, 창피한 respect 점, 사항 make the team 팀에 들다 knob 손잡이

혼동하기 쉬운 형용사/부사

• 형태가 서로 유사한 형용사나 -ly가 붙어 뜻이 완전히 달라지는 형용사나 부사를 유의한다.

> [1] This belief presents | considerable / considerate | challenges in generating evidence. 학평기출응용
>
> [2] Mr. Singh was a | high / **highly** | successful civil engineer.

(풀이) 1 considerable은 '상당한', considerate는 '사려 깊은'이라는 뜻의 형용사로, 문맥상 considerable을 써야 한다.

2 high는 '높게', highly는 '매우'라는 뜻의 부사로, 문맥상 highly를 써야 한다.

⊕Tip • 뜻을 혼동하기 쉬운 형용사

considerable 상당한 - considerate 사려 깊은	economic 경제의 - economical 절약하는, 경제적인
responsible 책임이 있는 - responsive 즉각 반응하는	successful 성공한 - successive 연속하는
valuable 귀중한 - invaluable 매우 귀중한	respectful 존경심을 보이는 - respectable 존경할 만한 -
alike 서로 비슷한[닮은] - like 비슷한 - likely ~할 것 같은	respective 각자의

• 혼동하기 쉬운 형용사와 부사

late ⑲ 늦은, 고인의 ⑭ 늦게 - lately ⑭ 최근에	high ⑲ 높은 ⑭ 높게 - highly ⑭ 매우
near ⑲ 가까운 ⑭ 가까이 - nearly ⑭ 거의	hard ⑲ 어려운, 단단한 ⑭ 열심히 - hardly ⑭ 거의 ~않다
close ⑲ 가까운 ⑭ 가까이 - closely ⑭ 면밀하게	deep ⑲ 깊은 ⑭ 깊이 - deeply ⑭ 몹시, 깊이
alone ⑲ 혼자 ⑭ 홀로 - lonely ⑲ 외로운	most ⑲ 대부분의 ⑭ 가장 - mostly ⑭ 대개 - almost ⑭ 거의

• 「명사 + -ly」로 끝나는 형용사

costly(값비싼), friendly, lovely, manly(남자다운), timely(시기적절한), leisurely(여유로운)

원급 vs. 비교급 vs. 최상급

• 각 비교 구문의 기본 형태 차이와 의미를 알고, 문맥에 맞게 사용한다.

- 원급 비교: **as + 원급 + as** (~만큼 …한[하게])
- 비교급 비교: **비교급 + than** (~보다 더 …한[하게])
- 최상급 비교: **the + 최상급** (+ **in/of** 등) ((~ 중에서) 가장 …한[하게])

• 원급 비교 as ~ as 사이에 명사구가 들어갈 수 있으며, 형태는 「**as + 형용사 + 관사 + 명사 + as**」이다.

> [1] Henry is *as* | **great a** / a great | politician *as* his father.
>
> [2] She's been running *more* frequently | to / **than** | before to improve her health.
>
> [3] This book is *the* | more / **most** | interesting and thrilling book *that I have ever read*.

(풀이) 1 as 다음에 명사구가 들어갈 경우 「형용사 + 관사 + 명사」의 어순으로 쓴다.

2 앞에 more가 있으므로 비교급 비교의 than을 써야 한다.

3 「the + 최상급 ~ that + 주어 + have ever p.p.」 구문은 '-가 지금까지 …한 것 중에서 가장 ~한'이라는 표현이다.

Cf. 비교급의 비교 대상 앞에 to를 쓰는 경우: senior to(~보다 연상인), inferior/superior to(~보다 열등한/우월한)

4 The taste of this wine is *superior to* that of that wine.

Basic Practice

정답 및 해설 p.39

A 네모 안에서 어법상 알맞은 것을 고르시오.

1 He stared at me in silence for near / nearly twenty seconds.

2 They went into their respective / respectful bedrooms to pack.

3 This is one of the more / most delicious soups that I have ever eaten.

4 The scenery of the mountain was more / most breathtaking than we had imagined.

B 밑줄 친 부분이 어법상 맞으면 O표 하고, **틀리면** 바르게 고쳐 쓰시오.

1 The company has been investing in <u>costly</u> equipment.

2 Ellen took as <u>great</u> a pride and interest in the garden as her father.

3 He was so exhausted and dehydrated that he could <u>hard</u> move or speak.

4 Norway held the <u>higher</u> sales volume among these countries. 학평기출응용

C 다음 글의 밑줄 친 부분을 모두 어법에 맞게 고쳐 쓰시오.

1
My father was (1)<u>deep</u> liked and respected in our community, and nobody deserved his reputation more than he (2)<u>were</u>. Most of the things I learned of value in my childhood came from watching my father and learning from him. By setting a good example for me, my father showed me the meaning of honesty, hard work, and generosity. Without him, I would (3)<u>hard</u> know the true meaning of life.

(1) _____ (2) _____ (3) _____

2
One of my (1)<u>greater</u> regrets was not visiting him enough toward the end of his life. He loved to talk about his experiences working in Montreal in a factory during the war and his time with the Canadian Pacific Railway. Toward the end of his life, the events of 50 years ago were more vivid and real to him (2)<u>to</u> what had happened a few days earlier.

(1) _____ (2) _____

Words | breathtaking (너무 아름답거나 놀라워서) 숨이 막히는 dehydrated 탈수 증세를 보이는 volume 양 reputation 명성
set a good example 좋은 모범을 보이다 generosity 관대함 vivid 생생한

출제포인트 45 · 비교급/최상급 강조

• 비교급과 최상급을 강조하는 부사를 구분하여 사용한다. so와 very는 원급을 강조한다.

> ¹ It will make our apartment complex look so / **much** *more* pleasant. 학평기출응용
>
> ² Far / **By far** *the most* important thing in my life is achieving my dream.

풀이 1 뒤에 비교급이 있으므로 비교급을 강조하는 부사 much를 써야 한다. so는 비교급을 강조할 수 없다.
  2 뒤에 최상급이 있으므로 최상급을 강조하는 By far를 써야 한다.

Tip · 비교급 강조 부사: much, still, (by) far, even, a lot 등
  · 최상급 강조 부사: much, only, the very, ever, quite, by far 등

출제포인트 46 · 비교 구문을 이용한 관용 표현

• 원급, 비교급, 최상급 관련 주요 관용 표현을 문맥에 맞게 사용한다.

> ¹ We need to get to the station *as* fast *as* **possible** / possibly .
>
> ² Henry's salary may be two / **twice** *as* high *as* that of Judy.
>
> ³ *The more* I talked with him, **the more** / most I trusted him.
>
> ⁴ This airport is ø / **the** *busier of the two* airports in this city.
>
> ⁵ We are *the second* larger / **largest** exporter of clothing products in the world. 학평기출응용
>
> ⁶ Winter holidays bring **more** / most pleasure *than any other* time of year.

풀이 1 「as + 원급 + as possible」은 '가능한 한 ~한[하게]'이라는 의미의 표현이다.
  2 '~보다 …배만큼 -한'이라는 의미를 나타낼 때는 원급 앞에 배수사를 써야 한다.
  3 「the + 비교급 ~, the + 비교급 …」 구문이므로, the more를 써야 한다.
  4 of the two의 수식을 받는 비교급 앞에는 the를 써야 한다.
  5 '세계에서 두 번째로 큰'이라는 의미가 되어야 하므로 「the + 서수 + 최상급」의 형태를 쓴다.
  6 「비교급 + than any other ~」 구문은 '다른 어떤 ~보다 더 …한'의 최상급 의미를 나타낸다.

Tip · 비교 관용 표현 정리

as + 원급 + as possible (= as + 원급 + as one can)	가능한 한 ~한[하게]
배수사 + as + 원급 + as / 배수사 + 비교급 + than	~보다 … 배만큼 -한[하게] / ~보다 …배 더 -한[하게]
the + 비교급 ~, the + 비교급 …	~하면 할수록 더 …하다
the + 비교급 + of the two	둘 중 더 ~한
the + 서수 + 최상급	~ 번째로 가장 …한
비교급 + than any other + 단수명사	다른 어떤 ~보다 더 …한

· 원급과 비교급으로 최상급의 의미를 나타내는 표현
  7 Henry is the smartest boy in our class. = **No other** boy is **as** smart **as** Henry in our class.
  = **No other** boy is **smarter than** Henry in our class. = Henry is **smarter than any other boy** in our class.

Basic Practice

정답 및 해설 p.39

A 네모 안에서 어법상 알맞은 것을 고르시오.

1 The hotel offered ⬚ much / more ⬚ better service than it did a year ago.

2 Be as specific as ⬚ possible / possibly ⬚ when you make a plan.

3 She drank twice ⬚ much as / as much ⬚ coffee as she usually does.

4 Havana is ⬚ very / by far ⬚ the most populated city in Cuba.

B 밑줄 친 부분이 어법상 맞으면 O표 하고, 틀리면 바르게 고쳐 쓰시오.

1 The second one is <u>better</u> of the two options they proposed.

2 Liam had the <u>second highest</u> score in the final test among his classmates.

3 People think that motorcycle drivers are a lot <u>much</u> reckless than other drivers.

4 No other game is <u>best</u> than the newly released game right now.

C 다음 글의 밑줄 친 부분을 모두 어법에 맞게 고쳐 쓰시오.

1
> No wonder elephants have some of the (1)<u>more</u> expressive trunks and ears on the planet. Elephants have more facial neurons than any other land (2)<u>mammals</u>. African elephants and Asian elephants have about 63,000 and 54,000 facial neurons. Even taking into account the elephant's large size, that's about (3)<u>five</u> more than any other mammal, except for dolphins.

(1) _____ (2) _____ (3) _____

2
> Business leaders and marketers want to do everything they can to create (1)<u>very</u> best customer experience. It's no wonder why. The (2)<u>most</u> satisfied customers you have on your side, the more opportunities you get to increase sales. The first thing you should do is to spend more time learning about your customers. The more you know about your intended audience's needs, the more (3)<u>easy</u> you can make new marketing strategies.

(1) _____ (2) _____ (3) _____

Words populated 인구가 많은 reckless 무모한 expressive 표정이 풍부한 trunk (코끼리의) 코 neuron 뉴런(신경 세포)

내신 기본

[1-5] 다음을 읽고, 네모 안에서 어법상 알맞은 것을 고르시오.

1 The music filled the room, making us feel alive / live and energetic.

2 If you have seen him late / lately , you'll notice that he seems happier than he was.

3 The two cars are almost like / alike in terms of their designs and performance.

4 Anything / Nothing is more heartfelt than a handmade gift. It is one of more / the most sincere ways to express your love.

heartfelt 진심 어린

5 Maintaining your success is twice as / as twice difficult as reaching it. It may take less time to lose your achievement as / than to gain it.

6 다음 중 밑줄 친 부분이 어법상 **틀린** 것을 고르시오.

① He spoke more <u>confident</u> than usual during the presentation.

② The concert was advertised <u>well enough</u>, but ticket sales were poor.

③ He suffered a series of tragedies that <u>nearly</u> drove him to madness.

④ The woman tried to be brave and take the bad news <u>calmly</u>.

⑤ Many of us have experienced an interview that didn't go <u>as well as</u> we had hoped.

7 다음 중 어법상 **틀린** 문장끼리 짝지어진 것을 고르시오.

ⓐ We can never know how nearly the record was to reality.

ⓑ I chose the least expensive airlines for my journey across South America.

ⓒ We are trying to provide as new a customer service as possible.

ⓓ Very oldest church in the city dates back to the 19th century.

ⓔ The few buildings that were almost finished still had numerous problems.

numerous 많은

① ⓐ, ⓒ   ② ⓐ, ⓓ   ③ ⓑ, ⓓ   ④ ⓐ, ⓒ, ⓓ   ⑤ ⓑ, ⓒ, ⓔ

[8-9] 다음 글의 밑줄 친 부분 중 어법상 <u>틀린</u> 것을 <u>두 개</u> 찾아 바르게 고치시오.

8 The surest way to feel unhappy is to compare yourself to other people. No matter how ⓐ<u>successfully</u> you are, someone is more successful. Focus on what they have — or what they seem to have — and your life will get ⓑ<u>worse and worse</u>. Instead, focus on what you have. You may find that your life is ⓒ<u>very</u> better than you think. Comparison has never made man happy, nor will it ever.

comparison 비교

9 Though beauty pays in ⓐ<u>mostly</u> circumstances, there are still situations where it can backfire. Both men and women who look good might run into jealousy when they seek job opportunities. One study found that if you are interviewed by someone of the same sex, you may have a ⓑ<u>lower</u> chance of being recruited if they judge that you are more attractive than ⓒ<u>they do</u>.   *backfire 역효과를 낳다

pay 이익이 되다
jealousy 질투

🔥 **내신 서술형**

[10-12] 우리말과 같은 뜻이 되도록 괄호 안의 말을 바르게 배열하여 문장을 완성하시오.

조건 1. 주어진 단어를 모두 사용할 것   2. 필요시 어형을 바꿀 것

10 목성은 태양계의 다른 어느 행성보다 더 많은 위성을 가지고 있다.

(moons / many / any / planet / solar system / than / the / other / in)

→ Jupiter has _____.

11 그 반려견 주인은 자신의 잃어버린 개가 살아 있는 것을 발견해서 안도했다.

(relieved / find / lost / her / was / to / dog / live)

→ The pet owner _____.

12 그것은 그가 자신의 일생에서 지금까지 한 결정 중에서 가장 중요한 결정이었다.

(it / much / decision / ever / has / he / important / made / was / that)

→ _____ in his life.

13 Jan과 Barbara는 둘 다 키가 크지만, Jan이 둘 중에 키가 더 크다.

> both, tall, of, two, the / 총 10단어, 비교급 표현을 사용할 것

→ Jan and Barbara are _____.

14 이 새 운동화의 질이 오래된 것보다 더 우수하다.

> quality, these, sneakers, superior, that, of / 총 11단어

→ _____ the old ones.

15 도쿄 스카이트리는 세계에서 세 번째로 높은 탑이며 2012년에 완공되었다.

> third, tall, tower, and, complete, in 2012 / 총 12단어, 최상급 표현을 사용할 것

→ The Tokyo Skytree is _____.

내신 고난도

16 다음 글의 밑줄 친 부분 중 어법상 알맞은 문장의 개수를 고르시오.

> Imagine that your friend is a wine expert. ⓐA neighbor drops by and starts telling you and your friend how terrific wines are being sold at the nearby liquor store. There are many terrific wines, so there's a lot of information to remember. ⓑHow hardly are you going to try to remember what the neighbor has to say? ⓒWhy bother when the information would be better remembered by the wine expert? If your friend wasn't around, you might try harder. ⓓAfter all, it would be good to know what a good wine would be for the evening's festivities. ⓔBut your friend, the wine expert, will remember the information better than you are. 학평기출 응용

① 1개　　　② 2개　　　③ 3개　　　④ 4개　　　⑤ 5개

drop by 들르다
liquor 주류
why bother 굳이 왜
festivity 축제

17 다음 글을 읽고, 괄호 안의 주어진 말을 알맞은 형태로 바꿔 쓰시오.

> Things can often be (1)_____(bad) than we think. Stay confident! Staying confident for us means responding (2)_____(positive) to challenges. In this world, nothing is more constant than change, so constant adaptation is the (3)_____(good) answer. We can adapt to a variety of environments as we try to learn new ways to survive. This doesn't mean changing directions like a flag in the wind. Instead, it means sailing the wind!

(1) _____ (2) _____ (3) _____

adaptation 적응

18 다음 글을 읽고, 각 물음에 답하시오.

> You may be aware that while hiking in the countryside, winds up a hill are usually found to be stronger than ⓐ<u>those</u> at lower elevations. If you're flying a kite, you may find that the kite may easily fall if it is close to the ground, while it will become steady if it is lifted ⓑ<u>high enough</u>. What makes the winds at high levels ⓒ<u>differently</u> from winds on the ground? "Winds" refers to the air flow from a region of higher pressure to a region of lower pressure. The air flow is slowed down by the friction between air and the adjacent objects. Obstacles near the ground disrupt air flow, ⓓ<u>causing</u> a larger frictional force; hence, air flow near the ground is slower. On the contrary, there is less friction at a higher place which is ⓔ<u>more exposed</u>. The air flows faster and hence stronger winds. So you can say; 높은 곳일수록, 바람은 더 강하다.
>
> *friction 마찰 **adjacent 인접한

elevation 고도
steady 안정된
refer to ~를 나타내다
obstacle 장애물
disrupt 방해하다

(1) 윗글의 밑줄 친 부분 중 어법상 <u>어색한</u> 것을 고르시오.

① ⓐ   ② ⓑ   ③ ⓒ   ④ ⓓ   ⑤ ⓔ

(2) 윗글의 밑줄 친 우리말과 일치하도록 조건에 맞게 영작하시오.

> 보기 the, high, the, strong, the place, the wind

> 조건 1. 보기에 주어진 단어를 모두 사용하되, 필요시 어형을 변화할 것
> 2. 필요한 경우 단어를 추가할 것

→ _____

19 다음 글의 밑줄 친 부분 중, 어법상 <u>틀린</u> 것은?

The law of diminishing marginal utility states that as more of a good is consumed, the additional satisfaction from another bite will ①eventually decline. The marginal utility is the satisfaction gained from each additional bite. The more of the good is consumed, ②less additional satisfaction we gain from consuming another unit. Thus even if a good were free and you could consume as ③much as you wanted, there would be a limit to the amount you would consume due to the law of diminishing marginal utility. Summing the marginal utilities ④gives us the total utility. For example, let's say the first chocolate had a marginal utility of 85 and the second chocolate had a marginal utility of 79. Then, the total utility from consuming two chocolates is 164. ⑤As long as our marginal utility is positive, our total utility increases.

*the law of diminishing marginal utility 한계 효용 감소의 법칙 **positive 양의, 플러스의

state 말하다
additional 추가의
satisfaction 만족

20 다음 글의 밑줄 친 부분 중, 어법상 <u>틀린</u> 것은?

Feedback is information ①provided to reduce the gap between what the other person now understands or is doing, and what we want them to understand and do. Giving feedback sometimes leads to difficult conversations, so it matters ②that you build great feedback skills. If your feedback is more detailed, it will be more actionable. Do not make vague statements. Instead, list out behavior changes you want to see in detail. This step makes it ③easier for the other person to address and solve the problems. The vague comment is very broad and confusing. In contrast, the detailed comment provides clarity and makes the task ④very more actionable because it is so precise. Using this approach provides employees and peers clarity. The better they understand the request, the less ⑤anxious they will feel about the job.

gap 차이
actionable
실행할 수 있는
vague 애매한, 모호한
address 접근하다,
다루다
clarity 명확성

Chapter 9

특수 구문

특수 구문

출제
포인트
47

병렬 구조

• 등위접속사와 상관접속사 앞뒤로 연결된 단어, 구, 절은 문법적으로 대등한 병렬 구조를 이루어야 한다.
    ▶Chapter 5 출제포인트 26 참조 (p.64)

• 비교 구문의 비교 대상은 문법적으로 대등한 병렬 구조를 이루어야 한다.

> [1] He asked me to **do the dishes** and cleaned / **to clean** the kitchen.
>
> [2] They will not only **succeed** but also have / having to make success happen. 학평기출응용
>
> [3] *Watching* a movie is more interesting than reading / to read a book.

(풀이) 1 「ask + 목적어 + to부정사」에서 to부정사구가 등위접속사 and에 연결되는 구조이므로, to clean을 써야 한다.
    2 not only 뒤에 동사원형이 왔으므로 but also 뒤에도 동사원형 have를 써서 병렬 구조를 이뤄야 한다.
    3 비교 대상의 형태가 동명사구이므로 than 뒤에도 동명사 reading이 와야 한다.

⊕Tip • 「from A to B」, 「between A and B」의 A, B도 병렬 구조를 이루어야 한다.
    4 We did lots of chores, **from doing** the dishes **to cleaning** up rooms.

출제
포인트
48

도치

• 부정어(구), **only**가 포함된 부사(구, 절), **so**, **neither** 등이 강조되어 문장 맨 앞으로 오면, 주어와 동사가 도치된다.

• 장소·방향을 나타내는 부사(구), 보어가 강조되어 문장 앞으로 올 수 있으며, 이때 주어와 동사가 도치된다.

• 가정법 구문에서 **if**가 생략되면 주어와 동사가 도치된다. ▶Chapter 5 출제포인트 22 참조 (p.54)

• 도치가 일어나더라도 동사의 수는 뒤에 오는 주어의 수에 일치시키는 것을 유의한다.

> [1] *Never* have I / I have heard such a touching story in my whole life.
>
> [2] He didn't believe her words and *neither* did / were I.
>
> [3] *On the platform* a woman was / **was a woman** carrying her baggage.
>
> [4] *Happy* is / does the man who finds wisdom.
>
> [5] If / Were it not for your help, I would not be able to complete it successfully.

(풀이) 1 부정어 Never가 강조되어 문장 앞으로 나왔으므로 주어와 동사가 도치되어야 한다.
    2 문맥상 I didn't believe her words either의 의미이므로, neither 다음에 일반동사를 대신하는 대동사 did가 와야 한다.
    3 장소를 나타내는 부사구 On the platform이 문장 앞으로 나왔으므로 주어와 동사가 도치되어야 한다.
    4 The man who finds wisdom is happy.에서 보어 happy가 강조되어 문장 앞으로 나온 형태로, 뒤에 동사 is가 와야 한다.
    5 If it were not for your help에서 If가 생략된 형태로 주어와 동사가 도치되어야 한다.

⊕Tip • 도치구문 형태

일반동사인 경우	be동사인 경우	조동사인 경우
do[does/did] + 주어 + 동사	be동사 + 주어	조동사 + 주어 + 동사

• 부정어구: no, little, never, nor, no longer, nowhere, hardly, rarely, scarcely, seldom 등

Basic Practice

정답 및 해설 p.42

A 네모 안에서 어법상 알맞은 것을 고르시오.

1 We could either hike up the mountain or swim / to swim in the lake.

2 Never she had / had she seen such an amazing sight before.

3 So delicious the food was / was the food that we ate every last bite.

4 Which do you prefer between working from home and working / to work from the office?

B 밑줄 친 부분이 어법상 맞으면 ○표 하고, **틀리면** 바르게 고쳐 쓰시오.

1 Watching a soccer game is not as fun as <u>to play</u> a game.

2 No sooner <u>my son had</u> seen me than he burst into tears.

3 <u>Were</u> I in your shoes, I would accept his apology and work together.

4 I like Susan not only for her intelligence but also for <u>her kindness</u>.

C 다음 글의 밑줄 친 부분을 모두 어법에 맞게 고쳐 쓰시오.

1

> In the downtown area, there (1)<u>were</u> a newly opened Thai restaurant. The menu featured dishes with names like nam kao tod and khao soi. Not only (2)<u>I had</u> never heard of these meals before, but I was also clueless about what they were made with. Were they beef, noodles, fish? I was overwhelmed. But there was no need to be: Thai food is a beloved cuisine with both rich history and delicious (3)<u>tasty</u>.

(1) _____ (2) _____ (3) _____

2

> Your music preference in the moment can depend on how you want to feel. You will pick specific types of music depending on whether you're going to exercise or (1)<u>relaxing</u>. The right music can boost your mood and your motivation to clean up, do homework, or (2)<u>working</u> out. In contrast, you will avoid music that makes you feel sad or bored.

(1) _____ (2) _____

Words sight 광경 burst into tears 갑자기 울음을 터뜨리다 clueless 단서가 없는; 무지한 cuisine 음식 preference 선호(도) mood 기분

Chapter 9 | 특수 구문 **117**

Chapter 9 | 특수 구문

출제포인트 49 강조 구문

- 「It is[was] ~ that」 구문을 이용하여 문장의 주어, 목적어, 부사(구)를 강조할 수 있다.
- 강조하는 대상에 따라 that 대신 관계사 who(m), which, when, where를 사용할 수 있다.
- 동사를 강조할 때는 동사 앞에 do[does / did]를 사용한다.

> ¹ *It was* just before midnight that / when / which the earthquake struck the region.
> ² It / That is collaboration *that* everybody wants from their relationships. 학평기출응용
> ³ People in the Middle Ages did / do *keep* pets such as cats and dogs.

풀이 1 주어 자리에 It이 있고, 시간을 나타내는 부사구를 강조한 구문이므로 that 또는 when을 쓸 수 있다.
  (→ The earthquake struck the region just before midnight.)
  2 목적어 collaboration이 강조된 구문으로 주어 자리에는 It을 써야 한다.
  (→ Everybody wants collaboration from their relationships.)
  3 문맥상 'kept pets ~'에서 동사를 강조한 형태이므로 did를 써야 한다.

Cf. 동사의 보어는 강조 구문에 사용할 수 없다.
  e.g. It was a cultural icon that she eventually became. (×)

출제포인트 50 어순

- 간접의문문은 의문사가 이끄는 명사절이 문장에서 주어, 목적어, 보어 역할을 하는 것을 말하며, 「의문사 + 주어 + 동사」의 어순을 취한다.
- 의문사가 없는 간접의문문의 경우 「whether/if + 주어 + 동사」의 어순을 취한다.
- 의문사 how 뒤에 형용사나 부사가 올 경우 「how + 형용사/부사 + 주어 + 동사」의 어순을 취한다.

> ¹ Can you tell me *what* have you / you have done this week?
> ² Mark is trying to determine *whether* is he / he is allergic to cats.
> ³ First, you should check *how long* it will take / will it take to get the visa.

풀이 1 의문사 what이 이끄는 간접의문문이므로, 의문사 뒤에 「주어 + 동사」의 어순으로 써야 한다.
  2 whether가 이끄는 간접의문문이므로, 의문사 뒤에 「주어 + 동사」의 어순으로 써야 한다.
  3 의문사 how가 이끄는 간접의문문이므로, 의문사 뒤에 「형용사 + 주어 + 동사」의 어순으로 써야 한다.

⊕Tip 기타 주요 어순 정리

how가 이끄는 감탄문	「How + 형용사/부사 + 주어 + 동사!」/「How + 형용사 + 부정관사 + 명사 + 주어 + 동사!」 *e.g.* How interesting the picture is!
what이 이끄는 감탄문	「What + 부정관사 + 형용사 + 명사 + 주어 + 동사!」 *e.g.* What a beautiful tulip she's growing in the garden!
「타동사+부사」의 목적어가 대명사인 경우	타동사와 부사 사이에 대명사가 위치한다. *e.g.* I'll pick him up at the airport.

Basic Practice

⊘ 정답 및 해설 p.43

A 네모 안에서 어법상 알맞은 것을 고르시오.

1 It was his first comedy movie ｜that / who｜ brought the director the most attention.

2 Could you tell me how ｜did you overcome / you overcame｜ your bad habit? (학평기출 응용)

3 ｜How / What｜ calm the students and staff were in the emergency!

4 It is important to know how much ｜is sleep / sleep is｜ necessary for your health.

B 밑줄 친 부분이 어법상 맞으면 ○표 하고, 틀리면 바르게 고쳐 쓰시오.

1 When he was a kid, he <u>did</u> enjoy playing on the beach and making sandcastles.

2 If you have something to do, never put <u>off it</u> until tomorrow.

3 I was wondering if <u>did you know</u> what it is like in the village in the valley. (학평기출 응용)

4 It was in her late 20s <u>who</u> the artist discovered her interest in photography.

C 다음 글의 밑줄 친 부분을 모두 어법에 맞게 고쳐 쓰시오.

1
> Are you a good partner? Most people are a little uncertain how to answer that question. We also often don't know for sure what (1)<u>is a good partner</u>. When our relationships are going well, we don't think about the reason. We don't have any interest in figuring (2)<u>out it</u>. It's only when our relationships break down (3)<u>who</u> we want to know where we went wrong.

(1) _____ (2) _____ (3) _____

2
> A good method for producing joy at any moment is to ask yourself when (1)<u>were you</u> very happy. Remember a situation of the past that brought happiness into your life. It could be the day of your graduation, the birth of your child, etc. At this moment you say "(2)<u>What</u> nice my life was!" It is necessary to practice this frequently. You can always use the same mental picture to bring you joy.

(1) _____ (2) _____

Words put off 미루다 figure out 알아내다

Chapter Test

점수 / 20

🖥 내신 기본

[1-5] 다음을 읽고, 네모 안에서 어법상 알맞은 것을 고르시오.

1 So stressful his job was / was his job that he felt like quitting it as soon as possible.

2 What / How interesting the new movie is! I guarantee that it will be a hit.

3 Hardly we had / had we sat down when the first speaker began to talk, very fast and rather loudly.

4 The boy tried to get a lot of sleep, not eat too much, and follow / following his father's advice faithfully. What / How a nice boy he is!

5 It was Daniel who / which was a poor student. He waited until the last minute to study for the exam, completed his lab problems in a careless manner, and lack / lacked motivation.

6 다음 중 밑줄 친 부분이 어법상 **틀린** 것을 고르시오.

① Walking for a minute is much better for boosting your energy than <u>to sleep</u>.

② They <u>do</u> value their ancestors' wisdom and follow their teachings.

③ Not until the rain had stopped <u>could we</u> see the magnificent view of the ocean.

④ On the tiny table <u>was a black cat</u>, dozing off in the sunshine.

⑤ The question is <u>whether</u> emoticons help users to understand emotions in online communication. 학평기출응용

7 다음 중 어법상 **틀린** 문장끼리 짝지어진 것을 고르시오.

> ⓐ They didn't send us the data at the appointed time, nor they called us.
>
> ⓑ Were I in your shoes I would rethink his proposal instead of rejecting it.
>
> ⓒ The company considered either expanding the business or entering a new market.
>
> ⓓ It was deep in the forest where the explorers witnessed the rare bird.
>
> ⓔ Little was people prepared for the flood that devastated the town.

① ⓐ, ⓔ   ② ⓑ, ⓓ   ③ ⓒ, ⓔ   ④ ⓐ, ⓒ, ⓓ   ⑤ ⓑ, ⓒ, ⓔ

guarantee
보장하다, 장담하다
rather 상당히, 꽤

faithfully 충실히

magnificent 장엄한

appointed 정해진, 약속된

devastate
완전히 파괴하다

120 SOLID 어법 실력

[8-9] 다음 글의 밑줄 친 부분 중 어법상 틀린 곳을 **두 개** 찾아 바르게 고치시오.

8 Since the book was released, readers have said "ⓐWhat fantastic it was!" However, once I finished the book, I wondered what the fuss was all about. At first, I thought maybe I was mistaken, so I re-read the ending and still ⓑfeeling confused. I liked components of the plot, such as the ending with the link to the next book. My issue was that I found it predictable. I guessed who ⓒthe villain was and predicted most of the events. That's why I was left disappointed.

fuss 소동
component 구성 요소
villain 악당

9 Procrastination is the act of unnecessarily postponing decisions or actions. For example, if someone has an assignment and ⓐputs off it until right before the deadline for no reason, that person is procrastinating. Many procrastinators know that this behavior hurts them and ⓑthat it would be better for them to start earlier. If you're a procrastinator, you may have asked why ⓒdo you keep procrastinating even though you know that it's bad for you.

procrastination
미루기
postpone 연기하다
assignment 과제

🖐 **내신 서술형**

[10-12] 우리말과 같은 뜻이 되도록 괄호 안의 말을 바르게 배열하여 문장을 완성하시오.

> **조건** 1. 주어진 단어를 모두 사용할 것   2. 필요시 어형을 바꿀 것

10 내가 집에 가는 길에 우연히 Mattew를 본 것은 바로 지난주였다.
(that / I / it / is / happened to / last week / see / Mattew)

→ _____ on my way home.

happen to
우연히 ~하다

11 비 때문에 네 신발이 더러워졌으니, 그것들을 벗는 게 좋겠다.
(had / you / take / better / off / them / so)

→ Your shoes got dirty because of the rain, _____.

12 Sigmund Freud가 유명한 개 애호가였다는 사실은 그 당시에 덜 알려졌다.
(Sigmund Freud / was / that / renowned / the fact / was / a / dog lover) 학평기출응용

→ Less well known at the time _____.

renowned 유명한

[13-15] 우리말과 같은 뜻이 되도록 주어진 말을 이용하여 문장을 완성하시오.

13 노인이 길을 건너는 것을 도와드리는 그는 얼마나 친절한 아이인지!

> kind, boy, he, to, help, old man, cross, street / 총 14단어, what 감탄문을 사용할 것

→ _____

14 그제서야 나는 그녀가 나를 도울 의도였음을 깨달았다.

> (only, then, realize, intend to / 총 11단어, 도치 구문을 사용할 것

→ _____

15 그가 사실을 알았었더라면, 그는 지체 없이 내게 전화했을 텐데.

> known, truth, would, call, without delay / 총 12단어, 도치 구문을 사용할 것

→ _____

📖 내신 고난도

16 다음 글의 밑줄 친 부분 중 어법상 알맞은 것의 개수를 고르시오.

> Former President Obama shared a personal letter that he penned to Harry Reid ⓐshortly before the senator's death. "I got the news that your health situation has taken a rough turn, and ⓑthat it's hard to talk on the phone. Here's what I want you to know. You were a great leader in the Senate, and you were more generous to me than I had any right to expect. ⓒIf had it not been for your encouragement and support, I wouldn't have become president. And it was your skill and determination ⓓwhat helped me do most of what I have done. Most of all, you've been a good friend. ⓔThough we are different, I think we both saw something of ourselves in each other. Enjoy your family, and know you are loved by a lot of people, including me."

① 1개   ② 2개   ③ 3개   ④ 4개   ⑤ 5개

pen (글 등을) 쓰다
senator 상원 의원
Senate 상원
determination 결단력

17 다음 글을 읽고, 괄호 안의 주어진 말을 알맞은 형태로 바꿔 쓰시오.

> Golf is a sport, a game that can be played in groups, in teams, or alone. In fact, it can be argued that golf, like running, swimming, skiing, and (1)_____ (skate), is one of those sports in which you are basically competing against yourself even when you are playing with others. So dependent on the skill of the individual player (2)_____(golf is) that it is considered as a solitary sport. In essence, each player's chief rivals are his or her best and worst rounds of golf.

(1) _____ (2) _____

dependent
~에 좌우되는
solitary 혼자 하는
in essence 본질적으로

18 다음 글을 읽고, 각 물음에 답하시오.

> Mahatma Gandhi was a remarkable man. He led a mass movement of Indians to freedom and ⓐhelped bring down a mighty empire. Not for a moment ⓑdid Gandhi let go his control over the Indians. It is difficult to imagine what would have happened, 그의 현명한 리더십이 없었다면. Gandhi led the Indians in the right direction and obtained freedom. It was with the weapon of non-violence ⓒwhich Gandhi brought about remarkable change in the country and history. President Barack Obama said, "Throughout my life, I have always looked upon Mahatma Gandhi as an inspiration. ⓓIt was his leadership which led to the invaluable change. This kind of change can be made ⓔwhen ordinary people come together to do extraordinary things."

remarkable
놀라운, 주목할 만한
mass movement
대중 운동
mighty 강력한
empire 제국
let go 놓다, 버리다
inspiration 영감

(1) 윗글의 밑줄 친 부분 중 어법상 어색한 것을 고르시오.

① ⓐ   ② ⓑ   ③ ⓒ   ④ ⓓ   ⑤ ⓔ

(2) 윗글의 밑줄 친 우리말을 조건에 맞게 영작하시오.

> 보기 for, it, not, been, his, wise, had, leadership

> 조건 1. 보기에 주어진 단어를 한 번씩만 사용할 것
>   2. 어형 변화 불필요

→ _____

19 다음 글의 밑줄 친 부분 중, 어법상 **틀린** 것은?

Do rewards work? The answer depends on ①what we mean by "work." Research suggests that, by and large, rewards succeed at securing one thing only: temporary compliance. When it comes to ②producing lasting change in attitudes and behavior, however, rewards, like punishment, are strikingly ineffective. Once the rewards run out, people ③do return to their old behaviors. Studies show that offering rewards for losing weight, quitting smoking, using seat belts, or (in the case of children) acting generously is not only less effective than other strategies but often ④proves worse than doing nothing at all. Rewards do not alter the attitudes that underlie our behaviors. Never ⑤they create an enduring commitment to any value or action. Rather, they merely— and temporarily—change what we do.

*compliance 순응

by and large
대체적으로
secure 확보하다
temporary 일시적인
strikingly 눈에 띄게
ineffective 비효율적인
generously 관대하게
alter 바꾸다
underlie
~의 기저가 되다
enduring 지속되는
commitment 헌신

20 다음 글의 밑줄 친 부분 중, 어법상 **틀린** 것은?

When it comes to cars, many people think of them simply as a means of getting from point A to point B. However, there are many different types of cars on the market. One type of car ①that is becoming increasingly popular is the hybrid car. Basically, a hybrid car is one that uses two or more engines, i.e., an electric motor and a conventional engine (either gasoline or diesel). The electric engine powers the car at lower speeds, ②while the gasoline engine powers it at higher speeds. Hybrid cars are now growing in popularity, and many people are actually using them. There ③are a number of advantages to owning a hybrid car. Not only ④does hybrids run cleaner than gasoline, but they also have better gas mileage. And those are just the environmental benefits. Other benefits, such as a higher resale value, ⑤are financial advantages.

conventional
전통적인, 종래의
gas mileage 연비

누적
TEST

Chapters
7-9

누적 TEST 수능·내신 실전 유형

정답 및 해설 p.46

1 다음 글의 밑줄 친 부분 중, 어법상 틀린 것은?

It is difficult to put an exact date on when gymnastics started, but many experts think that it originated in ancient Greece. ①It is thought that the purpose for gymnastics training during this time was to prepare young men for war. At the time, the gyms that the Greeks trained in were not only for physical education, but also for ②training their brains. In ancient gymnastics, the sport looked a lot ③differently than it does today. Modern gymnastics, as we know it today, was invented by a German doctor ④called Friedrich Ludwig Jahn in the 1800s. Jahn believed that physical education was important for our health and our national identity, ⑤which is why he created modern gymnastics. He invented much of the equipment we use today. This has led to him being thought of as the "father of gymnastics."

2 다음 글의 밑줄 친 부분 중, 어법상 틀린 것은?

Have you ever heard a harpist play? ①What a lovely sound a harp makes! Music experts consider the harp ②to be one of the oldest instruments. A harp typically has seven pedals on the bottom back, though these pedals are usually not visible to the audience. Many people are surprised to learn about these pedals, which are connected to the strings. By stepping on a particular pedal, a harpist can cause certain strings to tighten or loosen, ③producing different sounds. So ④do the way the strings are plucked with the hands. Although harps may appear simple at first glance, they are actually ⑤quite complicated and require skill to keep in tune. Prior to a performance, a harpist often spends as long as half an hour tuning the harp's strings so that it can produce the correct sounds.

Words **1** gymnastics 체조 originate 유래하다 **2** harpist 하프 연주자 string 줄, 현 tighten 조이다 loosen 풀다
keep ~ in tune 음을 맞추다

3 다음 글의 밑줄 친 부분 중, 어법상 틀린 것은?

Have you ever heard the sound of an owl in the night? It's more likely that you have heard an owl in the wild rather than seen ①one. Owls are nocturnal, which means that they are active mostly at night. The darkness makes ②it harder for them to be seen by the small animals they hunt. There are more than 175 species of owls, but they are generally divided into two categories—common owls and barn owls. Common owls are a diverse group with many different patterns and colorings, but all ③have a round face. By contrast, it is a light-colored, heart-shaped face ④that barn owls have. The size of the largest owl is as big as ⑤those of an eagle. The smallest is the elf owl, which lives in Mexico and the southwestern United States. It measures only five inches and makes its home in the holes woodpeckers create in large cacti.

*cacti 선인장

4 다음 글의 밑줄 친 부분 중, 어법상 틀린 것은?

Near the coast or shore ①stands a lighthouse with a flashing light at the top. Originally, lighthouses were constructed with living quarters for the lighthouse keeper. It was the job of the keeper to maintain the lighthouse and ②made sure that it was always working properly. Although it could be lonely at times, it was an important job. Today, almost all lighthouses are automated, which means that there is no longer a need for lighthouse keepers. We don't know when lighthouses first ③came into existence. ④What we know is that the concept of lighthouses is more than 3,000 years old. An ancient Greek epic poem titled *The Iliad* was written by a man named Homer around 1200 B.C. In the poem, Homer refers to a lighthouse, ⑤giving modern scholars an idea of how long lighthouses have been a part of human life.

*living quarters (*pl.*) 숙소 **epic poem 서사시

Words 3 nocturnal 야행성의 barn 외양간; 헛간 measure (길이, 치수 등이) ~이다 4 flash 번쩍이다 automated 자동화된
come into existence 생기다, 나타나다

Chapters 7-9 | 누적 TEST **127**

5 다음 글의 밑줄 친 ⓐ~ⓔ 중 어법상 알맞은 문장의 개수는?

Roller coasters are quick trips into total feeling of fear. ⓐDo you know where did roller coasters come from? Russia. A country of many weather extremes found ice sledding a popular sport. ⓑIn the 1400s, hills were built from wood frames and to be covered with hard-packed snow. Water was sprayed onto the snow to create a frozen downward pathway of increased speed. ⓒSome hills reached 70 feet high and were as steeply as today's coasters. After a walk to the top, the customer rode down on a two-foot-long sled sitting on a guide's lap. ⓓAccidents did happen but the sport continued. In the 1700s, colorful lanterns allowed for night sledding in busy Saint Petersburg. ⓔPeople thought that they could not enjoy this sport enough, so wheels were added to the sleds to allow warm-weather riding.

① 1개   ② 2개   ③ 3개   ④ 4개   ⑤ 5개

6 다음 글의 밑줄 친 ⓐ~ⓔ를 어법상 맞게 고친 것은?

In the first few years of the 20th century, the majority of people strongly believed that man could not and would not ever be able to fly. There were ⓐa little individuals who worked to prove the public wrong. On December 8, 1903, Samuel Langley attempted to fly his version of an airplane, but his attempt was not successful. Langley was the secretary of the Smithsonian Institution, so his flight was covered not only by news reporters ⓑand also by government officials. Nine days ⓒlatter, brothers Orville and Wilbur Wright attempted flight. The Wright brothers made several flights, the ⓓlong one lasting an incredible 59 seconds. Since they had kept their flight attempts ⓔsecretly, their miraculous flight was only reported by two newspapers in the United States.

① ⓐ → little   ② ⓑ → or   ③ ⓒ → late

④ ⓓ → longer   ⑤ ⓔ → secret

Words   **5** extreme 극단, 극단적인 상태   **sledding** 썰매 타기   **hard-packed** 단단하게 다져진   **steeply** 가파르게   **6** incredible 믿을 수 없을 정도의   **miraculous** 기적적인

7 다음 글을 읽고, (A), (B)를 어법에 맞게 고쳐 쓰시오.

For many years, China was governed by a series of dynasties, or rulers from the same family. The Tang Dynasty, which ruled from about AD 618 to 907, is considered China's Golden Age. Dancing, sculpting, and (A)to paint were all very popular during this time. The capital city, Chang'an, had over one million people. Farmers were allowed to own land, although this later changed. People who wanted to work in the government had to pass a difficult exam. Only the smartest and most educated people could serve as government officials. The (B)more easily traveling became thanks to new roads and waterways, the more trade inside China and to other countries flourished. Today, the Tang Dynasty is seen as a time of great cultural achievement.

(A) _____   (B) _____

8 다음 (1), (2)의 밑줄 친 우리말과 같은 뜻이 되도록 괄호 안의 말을 알맞게 배열하시오.

Historians say (1)<u>가장 최초의 음악은 아마도 종교와 관련이 있었을 것이다</u>. Long ago, people believed that the world was controlled by a variety of gods and that they had to do something to show respect to the gods. Singing was among the activities that humans engaged in. Singing is still an important part of most religions. If you have ever sung a song—religious or otherwise—you know that singing is fun. The feeling of joy that comes from singing must have made ancient people feel happy. Another time people sang was when they worked. Egyptian slaves sang as they carried the heavy stones to build the pyramids. Soldiers sang as they marched into battle. Farmers sang one song as they planted and another when they harvested. (2)<u>노래를 부르는 것은 그 일을 덜 힘들게 했다</u>.

(1) (probably / religion / music / connected / earliest / to / the / was)

→ _____

(2) (work / less / made / the / burdensome / singing)

→ _____

Words **7** govern 통치하다 dynasty 왕조 sculpt 조각하다 educated 교육 받은; 학식 있는 waterway 수로 flourish 번성하다
8 march 행진하다 burdensome 부담스러운, 힘든

The Pueblo tribe consists of twenty-one separate Native American groups that lived in the southwestern area of the United States, primarily in Arizona and New Mexico. The peaceful Pueblo people loved nature, and 그들은 전쟁에서 거의 싸우지 않았다. When they ⓐdid fight, it was to protect their people or their land. In 1539, the Spanish took over much of the Pueblo land. They forced the people to become Catholic and ⓑwork in the fields for them. The Pueblo people began to feel like they were being treated little better than slaves. When the Spanish arrested ⓒa number of the traditional Indian medicine men, the Pueblo decided to revolt. It was under the leadership of a medicine man named Pope ⓓwhich the Pueblo planned their attack in 1680. About 8,000 Pueblo warriors attacked the Spanish and kicked ⓔthem out of their land.

*medicine man 치료 주술사

9 윗글의 밑줄 친 부분 중 어법상 어색한 것을 고르시오.

① ⓐ   ② ⓑ   ③ ⓒ   ④ ⓓ   ⑤ ⓔ

10 윗글의 밑줄 친 우리말을 조건에 맞게 영작하시오.

보기	fight / seldom / in / they / wars

조건	1. 보기에 주어진 단어를 한 번씩만 사용할 것
	2. seldom을 맨 앞에 위치시킬 것
	3. 필요시 한 단어를 추가할 것

→ _____

Words   **separate** 독립된   **little better than** ~이나 다름없는   **revolt** 반란을 일으키다   **warrior** 전사

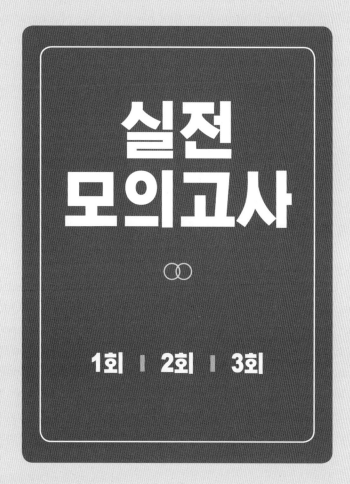

실전
모의고사

1회 | 2회 | 3회

1 다음 글의 밑줄 친 부분 중, 어법상 틀린 것은?

Ansel Adams was born in 1902 near San Francisco, California. When he was 14 years old, he went on a trip to Yosemite National Park. Not until then ①did Adams's interest in photography begin. His parents had given him a camera as a gift. Adams found that he was fascinated by the scenery at Yosemite and ②decided to capture it on film. Although Adams had already shown ③much promise as a pianist, photography became a hobby that was also fulfilling for him. It turned out that his talent for photography was perhaps even greater than ④those for music. The photographs ⑤for which Adams is best known are those that depict the beauty of wild areas. A lot of his photos were taken in Yosemite National Park, the site of his first experience with a camera.

2 다음 글의 밑줄 친 부분 중, 어법상 틀린 것은?

An example of an animal having profound musical ability may be ①surprising. Snowball, a white cockatoo, became a sensation when YouTube videos circulated in early 2009 showing him ②dancing (as a bird would with head and leg movement) to Queen's 'Another one bites the dust.' Snowball could speed up or slow down with the tempo of the music, leading researchers like Aniruddh Patel ③to suggest that a human nervous system was not necessary for developing movement that matches a musical rhythm. Adena Schachter of Harvard analysed thousands of YouTube videos and ④to find that 14 types of parrots and one type of elephant could keep rhythm. The study suggests that coordinated dance may have evolved along with the selection for vocal mimicry, ⑤at which parrots are also very good. Thus, dancing may be a side effect of being able to imitate sounds.

*white cockatoo (조류) 유황 앵무 **mimicry 흉내

3 다음 글의 밑줄 친 @~@ 중 어법상 알맞은 문장의 개수는?

My wife and I usually don't keep houseplants. @Anything in pots gets either overwatered or underwatered. After my diagnosis of brain cancer, I loved the idea of having something green and alive around us. ⓑThen my friend Mitch gave me that he said was a lucky bamboo plant. ⓒWe decided to place the plant in the living room where I spent much of each day. I told my wife I wanted to care for the plant myself. ⓓWhen it didn't immediately turn brown or losing all of its leaves, I was pleasantly surprised. Tending to the plant gave me a sense of accomplishment at a time when I sometimes felt useless. ⓔIf I refused to take the plant, my life would be miserable now.

① 1개   ② 2개   ③ 3개   ④ 4개   ⑤ 5개

4 다음 글의 밑줄 친 @~@를 어법상 맞게 고친 것은?

Have you ever wondered why @does pigs roll around in the mud? Contrary to the misconception that pigs are dirty animals, they have no sweat glands and cannot sweat. They roll in the mud to cool ⓑthem. The next time you hear anyone who's hot say, "I'm sweating ⓒalike a pig!" be sure to correct them. In fact, pigs are very particular about their pens, preferring to live and ⓓsleeping in clean, dry places. Another misconception about pigs is that they are smooth. Only cartoon pigs are pink, smooth, and shiny-looking. Real pigs have small, stiff hairs called bristles covering their skin. These bristles protect ⓔits tender skin and are sometimes made into hair brushes and clothes brushes.

*sweat gland 땀샘 **pen 우리

① @ → do   ② ⓑ → itself   ③ ⓒ → likely

④ ⓓ → slept   ⑤ ⓔ → their

[5-6] 다음 글을 읽고, 각 물음에 답하시오.

Have you ever tried to listen to someone while looking at something else and had your mental focus torn? It can be ⓐfrustrating, especially if our kids do it and ask us to repeat ourselves over and over. Children are even more likely to fall into this trap of losing focus. It 그들이 주의를 기울이는 것을 기억하기 어려울 수 있다 to one thing at a time and choose the right thing. I find myself constantly ⓑreminding my son to do one thing at a time. Helping your kids pay attention to where they are looking while they listen ⓒare very helpful. If it is too easy to get visually distracted, you can have them ⓓclose their eyes and think about what they are listening to. Closing our eyes helps close off one of our senses ⓔto help us remove visual distractions.

5 윗글의 밑줄 친 부분 중 어법상 어색한 것을 고르시오.

① ⓐ   ② ⓑ   ③ ⓒ   ④ ⓓ   ⑤ ⓔ

6 윗글의 밑줄 친 우리말을 조건에 맞게 영작하시오.

> 보기   pay / difficult / remember / for / be / them / attention / can

> 조건   1. 보기에 주어진 단어를 한 번씩만 사용할 것
>   2. 어형 변화 가능

→ It _____.

[7-8] 다음 글을 읽고, 각 물음에 답하시오.

For many years, the media, the government and diverse organizations 우리에게 폐품을 재활용하도록 동기를 부여해 오고 있다. In the 1990s', when only a small group of enthusiasts was sorting their home trash, the struggle for the best possible media image of recycling ⓐ<u>was</u> fully justified. At the same time, the common impression that recycling is the best thing we can do for the environment ⓑ<u>to have been instilled</u> into us. Till today, the vast part of the society still believes that if they sort out plastic waste, somebody will simply make a new product out of ⓒ<u>it</u>. Unfortunately, the reality is different. According to PlasticsEurope, the actual recycling rate for plastics sorted out in the EU rarely ⓓ<u>reaches</u> 40%. Most of it is being burned or landfilled. And from the global point of view, the numbers are ⓔ<u>even</u> worse. This is why waste prevention is better than recycling.

*instill (사상 등을) 주입하다

7 윗글의 밑줄 친 부분 중 어법상 어색한 것을 고르시오.

① ⓐ ② ⓑ ③ ⓒ ④ ⓓ ⑤ ⓔ

8 윗글의 밑줄 친 우리말을 조건에 맞게 영작하시오.

> 보기 waste / been / recycle / us / motivating / have

> 조건 1. 보기에 주어진 단어를 한 번씩만 사용할 것
> 2. 어형 변화 가능

→ _____

1 다음 글의 밑줄 친 부분 중, 어법상 틀린 것은?

The assumption ①that measurement is perfect can be wrong. For example, if a police officer stops you for speeding, the officer might say, "You were going 75." Or the officer might say, "I clocked you at 75." The officer's two statements are very different. You may ②be going 40 and the radar gun mistimed you (radar guns have clocked trees at over 100 mph), or it is possible you were going 95. In any event, you probably were not going at exactly the speed ③that the officer recorded. Even in this age of advanced technology, something as simple as measuring someone's height is likely ④to have measurement error. In fact, someone's height can change depending on the physician's office ⑤which he or she is measured at.

2 다음 글의 밑줄 친 부분 중, 어법상 틀린 것은?

If researchers ①mentioned only the average score, it would lead to many problems. One problem would be that descriptive research, rather than providing a deeper and richer appreciation of people, might lead to labeling, stereotyping, and other oversimplifications. Consider the problems caused by people ②knowing that the average age when infants begin talking is 12 months. The problem is that half of all infants are going to talk later than that. Many of those infants' parents, not understanding the wide range ③at which children begin to talk, needlessly worry that their child's development is delayed. Similarly, take the research suggesting that the average teenager today ④is as stressed as the average teenager in therapy in the 1950s. Without considering the variability, knowing this fact might cause some people to feel as if today's teenagers ⑤are all neurotic kids.

*neurotic 신경과민의

3 다음 글의 밑줄 친 ⓐ~ⓔ 중 어법상 알맞은 문장의 개수는?

When we refer to "age" we usually refer to "chronological age." Quite often, "chronological age" is not close to "biological age". ⓐBiological aging is characterized generally by a reduction in physiological activities and a reduced capacity to respond to environmental changes. ⓑWith aging, there being a general decline in physiological functions, but the rate of decline differs from person to person. This leads to a wide range of "biological ages" among individuals within the same "chronological age" group. ⓒIt recognizes that individual biological differences exist among people in the same age group. ⓓThe degree of these individual differences are much greater among the elderly than among the younger population. ⓔIn other words, the elderly is in many ways a more heterogeneous group than the young. *chronological age 실제 나이 **heterogeneous 이질적인

① 1개   ② 2개   ③ 3개   ④ 4개   ⑤ 5개

4 다음 글의 밑줄 친 ⓐ~ⓔ를 어법상 맞게 고친 것은?

If you've never gardened before, it can be not only exciting but also intimidating to grow your own food. Sowing seeds ⓐdo require some knowledge, some time and heaps of patience. But here's the good news: ⓑThat you have a spacious backyard or a tiny balcony, you can grow your own fruits and vegetables. (You can even grow your own mushrooms!) The best way to start is by choosing vegetables and fruits you enjoy eating, then figuring out when their growing seasons are. Grow ⓒit you love to pick up at the grocery store. There is a world of plants out there, so start with what you love. If you're feeling overwhelmed or simply want to ease into gardening, you may as well ⓓlearning how to grow your own herbs. They're low maintenance and can be used ⓔto helping you start playing in the soil to get comfortable gardening.

① ⓐ → are   ② ⓑ → Which   ③ ⓒ → that
④ ⓓ → to learn   ⑤ ⓔ → to help

[5-6] 다음 글을 읽고, 각 물음에 답하시오.

There is more to survey research than <u>누구든 당신이 원하는 사람에게 당신이 원하는 어떤 질문이든 묻는 것</u>. Survey research, like all research, requires careful planning. You must determine ⓐ<u>whether</u> the survey design is appropriate for your research problem. Then, you must decide what questions you are going to ask, why you are going to ask those questions, and ⓑ<u>who</u> you are going to ask those questions. You also need to think of how you are going to ask those questions, and the way ⓒ<u>that</u> you are going to analyze the answers to those questions. Unfortunately, few people are used to the careful planning necessary to conduct sound survey research. Consequently, even though the survey ⓓ<u>to be</u> by far the most commonly used research method, it is also the most commonly abused. It is essential that a researcher ⓔ<u>understand</u> how to conduct sound and ethical survey research.

5 윗글의 밑줄 친 부분 중 어법상 어색한 것을 고르시오.

① ⓐ   ② ⓑ   ③ ⓒ   ④ ⓓ   ⑤ ⓔ

6 윗글의 밑줄 친 우리말을 조건에 맞게 영작하시오.

> 보기   asking / questions / whatever / whomever / you / you / want / want /

> 조건   1. 보기에 주어진 단어를 한 번씩만 사용하되, 어형을 바꾸지 말 것
>   2. 필요시 한 단어를 추가할 것

→ _____

[7-8] 다음 글을 읽고, 각 물음에 답하시오.

실크로드는 실제로 도로도 아니었고 비단으로 만들어진 것도 아니었다. The Silk Road is the name ⓐ<u>used</u> to refer to the route leading from Asia to the West. People traveled along this route to trade goods, including silk and spices from China and gold and silver from Rome, Italy. ⓑ<u>Few</u> people traveled the entire distance of the Silk Road because it was several thousand miles long and very dangerous. The route included deserts and mountains, and there ⓒ<u>was</u> always the danger of meeting robbers. Goods, ideas, and inventions were traded along the Silk Road. Some technological innovations that travelers brought from Asia to the West ⓓ<u>included</u> the magnetic compass and the printing press. Among the travelers along the Silk Road ⓔ<u>were</u> the Italian adventurer Marco Polo.

7 윗글의 밑줄 친 부분 중 어법상 <u>어색한</u> 것을 고르시오.

① ⓐ   ② ⓑ   ③ ⓒ   ④ ⓓ   ⑤ ⓔ

8 윗글의 밑줄 친 우리말을 조건에 맞게 영작하시오.

> 보기   nor / was / it / not / the Silk Road / was / made / really a road / out of silk

> 조건   1. 보기에 주어진 단어를 한 번씩만 사용할 것
>   2. 도치 구문을 사용할 것

→ _____

1 다음 글의 밑줄 친 부분 중, 어법상 틀린 것은?

What is the difference between the Arctic and the Antarctic? The primary difference is a geological ①one. The Arctic is not a continent but a sea of ice. It is surrounded by land and located at the highest latitudes of the northern hemisphere. It extends over six countries ②that border the Arctic Ocean: Canada, the USA, Denmark, Russia, Norway and Iceland. The Arctic is the point ③farthest north on the Earth, the place where Santa Claus lives: the North Pole. By contrast, it is the Antarctic where you would reach if you ④continue walking south until you began walking north. Antarctica is a continent located in the southern hemisphere and ⑤covered by an ice cap. The Arctic and the Antarctic are frigid worlds at the two extremities of the Earth.

2 다음 글의 밑줄 친 부분 중, 어법상 틀린 것은?

Someone is exploring the site ①where Marie Curie or Albert Einstein died and discovers a mosquito frozen in amber. Sure enough, it is determined that this mosquito stung the scientist while ②alive and it is possible to extract the DNA and clone it. A healthy, lively infant results and is given to a loving pair of gorillas to raise. Obviously, the known genetic potential will never ③be realized in this environment. The reverse is also true. We could provide a loving pair of human parents with a chimpanzee to raise (chimpanzees share 98% of their DNA with humans). This, in fact, was done with the famous chimp Washoe, the hero of a wonderful book *Next of Kin*. This book will make you ④laugh and cry, and you will never think of chimpanzees in the same way. Still, by human standards, Washoe does not attain many of the complex abilities that the great majority of us ⑤are as adults.

*amber (보석류) 호박

3 다음 글의 밑줄 친 ⓐ~ⓔ 중 어법상 알맞은 문장의 개수는?

On July 4, 1997, space exploration took a huge step. ⓐOn that day, a spacecraft called *Pathfinder* landed on Mars. After landing, *Pathfinder* sent a small rover, *Sojourner*, onto the planet's surface. *Sojourner* explored more than 250 square meters of Mars. ⓑTogether, *Pathfinder* and *Sojourner* took more than 16,000 photos of the rocky landscape. ⓒEngineers designed *Sojourner* to last for only seven days, but the little vehicle ran very longer! *Pathfinder* surprised scientists as well, as it sent back information for almost three months. ⓓThat was three times long than it was built to last. Because *Pathfinder* and *Sojourner* operated for such an extended period, scientists obtained more information than they ever dreamed of getting. ⓔFor one thing, they discovered that Mars is very sandy.

*rover 탐사선

① 1개   ② 2개   ③ 3개   ④ 4개   ⑤ 5개

4 다음 글의 밑줄 친 ⓐ~ⓔ를 어법상 맞게 고친 것은?

On her birthday morning, the house was decorated with balloons. When Josie came down for breakfast, she found her parents ⓐwaited for her. On the table was her birthday cake. It was a chocolate cake ⓑdecorating on the edges with pink roses and laced with white icing. Her parents sang the birthday song and then they hugged and kissed Josie. They ⓒwas joined with her to blow the candles. Dad took two parcels and handed them to her. "Your birthday present from me," he said. "What is it?" Josie was ⓓexciting for she loved presents. "Open them." Mom invited her. Josie unwrapped the large one with her parents ⓔwatch her. Her eyes opened wide when she saw what was inside. The latest smartphone in pale gold lied on a dark blue velvet cloth!

① ⓐ → to wait   ② ⓑ → was decorated   ③ ⓒ → joined with
④ ⓓ → excited   ⑤ ⓔ → watched

[5-6] 다음 글을 읽고, 각 물음에 답하시오.

Sparta began as a city-state of farmers. 인구가 많아질수록 스파르타인은 더 많은 땅을 필요로 했다. To get more, they invaded their neighbors, the Messenians. After a long war, the Spartans finally conquered the rich land of Messenia in 715 B.C. and made the Messenians their slaves. Treated ⓐbrutally, the Messenians rose in revolt in 650 B.C., which changed Sparta forever. It took almost 30 years for the Spartans to ⓑput down it. The Spartans felt that they had to control the Messenians. They saw only one way to do this. They established a strong army, which every male Spartan had to join. The training lasted almost a lifetime. At birth, unfit babies were left ⓒto die. At age 7, boys left home and underwent training to make them ⓓstrong and fearless. The Spartan army was ⓔthe fiercest in Greece.

5 윗글의 밑줄 친 부분 중 어법상 어색한 것을 고르시오.

① ⓐ   ② ⓑ   ③ ⓒ   ④ ⓓ   ⑤ ⓔ

6 윗글의 밑줄 친 우리말을 조건에 맞게 영작하시오.

> 보기   the / the / the population / more / large / needed / land / Spartans / got

> 조건   1. 보기에 주어진 단어를 한 번씩만 사용할 것
>   2. 어형 변화 가능

→ _____

Maybe experts and the media ⓐ<u>should</u> have done more to warn about coronavirus. For months, faster than people expected, the coronavirus has crawled across the globe. Local governments are now on the front line in fighting the pandemic. Everything from organizing local testing to treatment is ⓑ<u>what</u> they are responsible for. But they cannot ignore the signs ⓒ<u>which</u> their revenues have collapsed. Many revenue-producing activities—such as tourism, international airports, conventions, and sporting events—ⓓ<u>are</u> unlikely to return to pre-pandemic levels for years. States ⓔ<u>that</u> entered the pandemic in a poor fiscal position are especially vulnerable, and they are regretting their initial response to the pandemic. Last night, in one interview, a local governor said that <u>그가 자신이 더 빨리 행동했더라면 하고 바랐다</u> in responding to the spread of the virus.

7 윗글의 밑줄 친 부분 중 어법상 어색한 것을 고르시오.

① ⓐ   ② ⓑ   ③ ⓒ   ④ ⓓ   ⑤ ⓔ

8 윗글의 밑줄 친 우리말을 조건에 맞게 영작하시오.

> 보기 he / he / wish / act / soon

> 조건 1. 보기에 주어진 단어를 한 번씩만 사용할 것
> 2. 어형 및 시제 변화 가능

→ _____

SOLID

한발 빠르게 시작하는 **내신 · 수능 대비**

정답 및 해설

어법
실력

DARAKWON

SOLID 어법 실력

정답 및 해설

Chapter 1

동사

예문 해석

1 여러분이 인생에서 만나는 모든 사람이 여러분에게 무언가를 가르쳐 준다.
2 학생들은 인터넷에서 정보를 찾아서 그것을 자기 학습을 위해 이용한다.
3 정원에 피는 꽃들이 나비와 벌을 끌어들였다.
4 인내가 항상 절대적으로 필요하다는 것을 기억하라.
cf. 5 여러분이 안전하다는 것을 확실히 하는 것이 이 과정 내내 저희의 우선 사항입니다.

출제 포인트 2

예문 해석

1 오늘날의 고양이는 인간이 자기 조상과 달라 보이듯이 자기 조상과 달라 보인다.
2 유리와 강철은 플라스틱보다 운송하기에 더 무겁다.
3 그 누구도 우리의 전문가들보다 부동산 시장을 더 잘 알지 못한다.
4 그녀는 몇 년 전에 그랬던 그 어린 소녀와 같지 않다.

of the essence 절대적으로 필요한 priority 우선 사항 real estate 부동산

Basic Practice   p. 11

A 1 is 2 are 3 Taking 4 does
B 1 was 2 is 3 ○ 4 Encourage
C 1 (1) influence (2) are (3) does
    2 (1) tend (2) do (3) appears

A

1 그 강 위에 지어진 다리는 차량에게는 더는 안전하지 않다.
▶ 분사구 built over the river의 수식을 받는 The bridge가 주어이므로 동사 is가 와야 한다.

2 아이들은 어른들보다 범죄의 희생자가 될 가능성이 더 크다.
▶ 앞 절에 be동사가 쓰였으므로 대동사로 be동사를 써야 한다.

3 여러분 자신을 돌보는 것은 그것 자체로 유효한 목표이다.
▶ be동사 is가 있으므로 동명사가 주어를 이끌어야 한다.

4 그녀는 집에서 하듯 직장에서 행동해서는 안 된다.
▶ 앞 절에 일반동사 behave가 쓰였고, 문맥상 '집에서 행동하듯'의 의미이므로 대동사로 does를 써야 한다.

B

1 검토자로서, 나는 과거에 그런 것보다 요즘 훨씬 더 비판적이다.
▶ 앞 절에 be동사가 쓰였고, than 뒤에 in the past가 있으므로 be동사를 과거시제로 고쳐야 한다.

2 여러분의 재능을 활용하는 것이 이 분야에서는 매우 중요하다.

▶ 문장에 동사가 없고, 주어가 동명사구이므로 단수동사 is로 고쳐야 한다.

3 내 발은 최고 상태로 느껴지고, 여러 해 동안 그래 왔던 것보다 더 좋아 보인다.
▶ 앞 절에 일반동사 look이 쓰였고, than 뒤에 기간을 나타내는 for years가 있으므로 have looked의 의미를 나타내도록 대동사 have를 쓴 것은 적절하다.

4 자신이 무엇에 열정적인가를 발견하도록 여러분의 학생들을 격려하라.
▶ 목적어(your students), 목적격보어(to discover ~)가 이어지는 구조이므로 명령문을 구성하도록 동사원형으로 고쳐야 한다. what이 이끄는 명사절은 discover의 목적어이다.

C

1 **해석** 개인들의 사회 경제적 상황과 그들이 살고 일하는 장소가 그들의 건강에 강력하게 영향을 미친다. 부유하고 교육을 잘 받은 사람들과 보수가 높은 직업을 가진 사람들은 가난한 사람들이 그런 것보다 건강할 가능성이 훨씬 더 크다. 사람들의 경제적 지위가 높아짐에 따라 그들의 건강 상태 또한 그렇다.
▶ (1) 주어의 핵심 명사구가 전치사구(of persons), 관계사절(where ~ work)의 수식을 받는 The socioeconomic circumstances and the places이므로 뒤에는 동사의 복수형이 와야 한다.
    (2) 앞 절에 be동사 are가 쓰였으므로 대동사를 be동사로 고쳐야 한다.
    (3) 앞 절에 일반동사 increases가 쓰였으므로 대동사를 does로 고쳐야 한다.

2 **해석** 어른들은 일반적으로 아이의 개인 공간에 들어가는 것을 주저하지 않는다. 마찬가지로 어른의 개인 공간을 침입하는 어린아이들은 더 나이가 많은 불청객들보다 더 호의적인 반응을 얻는 경향이 있다. 개인 공간의 필요성은 나이를 먹어 가면서 증가하는 듯 보이지만 40세 정도에 줄어들기 시작할지도 모른다.
▶ (1) 관계사절 who ~ an adult의 수식을 받는 young children이 주어의 핵심이 되는 명사로, 뒤에 동사가 와야 하므로 복수형 tend로 고쳐야 한다.
    (2) 앞 절에 일반동사 have가 쓰였으므로 대동사를 do로 고쳐야 한다.
    (3) 주어는 The need for personal space로 단수이므로, 동사도 단수동사로 고쳐야 한다. to increase 이하는 동사 appear의 주격보어 역할을 한다.

예문 해석

1 마이크에 대고 말하는 동안에는 목소리를 높이지 마시오.
2 이 풍자만화는 현실과 닮지 않았다.
3 그녀는 그 더러운 침대에 정말 눕고 싶지 않았다.

출제 포인트 4

예문 해석

1 그 행사에 참여하고 싶은 어린이들은 5월 21일 전에 등록해야 한다.
2 사람을 존경한다는 것은 여러분이 그들을 있는 그대로의 모습으로 받아들인다는 것을 의미한다.
3 병원에서의 소다수 판매량이 11.4퍼센트 떨어졌다.

caricature 풍자만화 register 등록하다

Basic Practice

p. 13

A 1 discuss 2 is 3 awaiting 4 affect

B 1 approaching (to 삭제) 2 ○
　3 need 4 be seated 또는 sit

C 1 (1) think (2) is (3) raising
　2 (1) resembles (with 삭제) (2) are
　　(3) was married to 또는 married

A

1 너무 늦기 전에 그 문제를 그와 논의하자.
▶ discuss는 목적어를 취하는 타동사이므로 뒤에 전치사가 오지 않는다.

2 직업으로서 저널리즘의 독특한 점은 그것의 독립성 결여이다.
▶ 주어가 관계대명사 What이 이끄는 명사절이므로 단수 취급한다.

3 저희는 그 프로젝트를 위한 자금 마련과 관련하여 그 회사로부터 응답을 기다리고 있습니다.
▶ 뒤에 목적어가 있으므로 타동사 await를 써야 한다.

4 많은 요인이 우리가 사는 실내 환경에 영향을 미친다.
▶ 「a number of+복수명사」 주어는 복수 취급한다.

B

1 그 당시 그 픽업트럭이 응급 상황 현장에 접근하고 있었다.
▶ approach는 목적어를 취하는 타동사이므로 전치사 to는 삭제해야 한다.

2 그 과학자와 도전자 모두 같은 신뢰를 받았다.
▶ 상관접속사 「both A and B」가 쓰인 주어는 복수 취급하므로 복수동사가 온 것은 적절하다.

3 노숙자들은 우선 생활에 안정이 필요하다.
▶ 복수 보통명사로 쓰인 「the+형용사」 주어는 복수 취급하므로 복수동사로 고쳐야 한다.

4 여러분의 어린 자녀는 차로 이동할 때 안전장치에 앉혀야[앉아야] 한다.
▶ seat은 '앉히다'라는 뜻을 나타내는 타동사이고, 주어 Your little children은 앉히는 대상이므로 동사는 수동태가 되어야 한다. 또는 자동사 sit을 써서 '앉다'라는 의미의 능동태 문장으로 쓸 수 있다.

C

1 [해석] 우리 중 대부분은 세계 빈곤과 같은 문제에 관해 생각할 때, 우리 자신을 그렇게 거대한 문제에 변화를 가져오기에는 무력한 것으로 여기는 경향이 있다. 하지만 사회 활동가들과 종교 지도자들에게서 나오는 반복되는 메시지는 각자가 다른 사람들과 때로는 세계 전체의 수준을 높이는 것에 기여할 수 있다는 것이다.
▶ (1) many of ~로 시작하는 주어는 복수 취급하므로 복수형으로 고쳐야 한다.
　(2) a message가 주어의 핵심이 되는 명사이므로 단수동사로 고쳐야 한다.
　(3) the standard ~가 목적어이므로 타동사로 고쳐야 한다.
　　cf. contribute to+동명사: ~에 기여하다

2 [해석] Marc는 아버지와 닮았지만, 그 두 사람은 머리카락과 눈 색깔이 다르다. Marc와 그의 아버지 사이의 차이점은 유전자 재조합 때문일 것이다. 다시 말해, 그의 아버지가 결혼한 여성, 즉 그의 어머니는 그가 지닌 것과 다른 머리카락과 눈 색깔 유전자를 가지고 있다.
▶ (1) resemble은 목적어를 취하는 타동사이므로 뒤에 전치사를 삭제해야 한다.
　(2) The dissimilarities가 주어의 핵심이 되는 명사이므로 복수동사로 고쳐야 한다.
　(3) marry는 목적어를 취하는 타동사이므로 전치사를 삭제하거나 수동태인 was married to로 고쳐야 한다.

출제 포인트 5

p. 14

[예문 해석]

1 의사들은 단 몇 세기 전만 하더라도 사람을 수술하지 않았다.

2 네가 내일 그녀를 방문할 때 그녀에게 이 책을 줄 수 있다.

[cf] 3 우리는 언제 이 전쟁이 끝날지 모른다.

4 엄마는 그에게 친구들에게 작별 인사를 해야 할 것이라고 말했다.

5 고대 그리스인들은 달이 태양 빛을 반사한다는 것을 알았다.

출제 포인트 6

[예문 해석]

1 직원들은 회사에게 선물과 혜택을 받았다.

2 소금을 쏟는 것은 수천 년간 불운으로 여겨져 왔다.

3 최근에 네 관심이 필요한 문제 하나가 발생했다.

operate on ~을 수술하다　spill 쏟다, 엎지르다

Basic Practice

p. 15

A 1 have 2 were given 3 was 4 vary

B 1 entered 2 ○ 3 belong 4 ○

C 1 (1) has been reported (2) seem (3) replace
　2 (1) do not respond (2) rise (3) cools down

A

1 질문이 있으시면 www.rocky4.info를 방문해 주십시오.
▶ If가 이끄는 조건절이므로 미래의 일도 현재시제로 나타내야 한다.

2 티셔츠와 머그잔이 이 행사에 참석한 사람들에게 제공되었다.
▶ T-shirts and mugs가 주어지는 대상이므로 수동태가 적절하다.

3 그는 2002년 월드컵이 아시아에서 개최된 것을 몰랐다.
▶ that절의 내용이 과거의 사실에 해당하므로 과거시제를 써야 한다.

4 토양 상태는 단 몇 야드 안에서도 크게 다를 수 있다.
▶ vary는 자동사이므로 수동태로 쓸 수 없다.

B

1 Margaret Knight는 2006년에 국립 발명가 명예의 전당에 들어갔다.
▶ in 2006라는 과거를 나타내는 부사구가 있으므로 과거시제로 고쳐야 한다.

2 우리는 그들이 직원들에 의해 돌봄을 받는 것을 받아들일지 궁금하다.
▶ if가 이끄는 절은 동사 wonder의 목적어로 쓰인 명사절이므로 미래의 일을 미래시제로 쓴 것은 적절하다.

3 호랑이, 치타, 표범과 같은 야생 동물은 고양잇과에 속한다.
  ▶ belong은 자동사이므로 수동태로 쓸 수 없다.

4 시는 감정을 표현하는 쉬우면서도 유용한 수단이라고 여겨진다.
  ▶ Poetry는 여겨지는 대상이므로 수동태가 쓰인 것은 적절하다. to be ~는 보어이다.

C

1 ｜해석｜ 상황이 변하고 있다. 미국에 있는 일자리의 62퍼센트가 자동화의 발전으로 인해 위험에 처할 것이라고 보고되었다. 여러분은 그 숫자가 다소 비현실적인 것 같다고 말할 수도 있겠지만, 그 위협은 진짜다. 한 패스트푸드 가맹점에는 10초 만에 버거를 뒤집을 수 있는 로봇이 있다. 그것은 그저 단순한 과업이지만 로봇은 전체 직원을 대체할 수 있다.
  ▶ (1) It은 가주어이고 that절이 진주어인 구조로, that절의 내용이 보고되는 대상이므로 수동태로 고쳐야 한다.
    (2) seem은 자동사이므로 수동태로 쓸 수 없다.
    (3) an entire crew가 목적어에 해당하고, the robot이 직원을 대체할 수 있는 주체이므로 동사를 능동태로 고쳐야 한다.

2 ｜해석｜ 국가들이 기후 변화에 대응하지 않으면 그 결과는 심각할 것이다. 이산화탄소 배출량이 5천 기가 톤에 이를 것이고, 이산화탄소 농도가 1900에서 2000ppm이 넘는 유독한 수준으로 뛰어오를 것이다. 기온이 섭씨 6도에서 9도 오를 것이고, 해수면은 70미터 상승할 것이다. 이러한 변화들은 계속될 것인데, 지구가 냉각되어 오늘날의 수준까지 이르는 데 지금으로부터 50만년이 걸릴 것이다.
  ▶ (1) respond는 '대응하다'라는 뜻의 자동사이므로 수동태로 쓸 수 없다.
    (2) rise는 '상승하다'라는 뜻의 자동사이므로 수동태로 쓸 수 없다.
    (3) until이 이끄는 시간의 부사절이므로 미래의 일도 현재시제로 나타내야 한다.

Chapter Test
p. 16

1 lay **2** saw **3** does **4** consists, share **5** join, raise
6 ③ **7** ② **8** ⓑ → is, ⓒ → wrote
9 ⓐ → delete, ⓒ → Deleting 또는 To delete
10 a number of scientists were expressing concern about the extinction
11 is believed that dolphins use whistles to identify
12 releases the same amount of energy today as it did
13 Maps have existed since the times of cave paintings.
14 Fungi do not make food from sunlight as plants do.
15 The number of wild animal species has declined by half.
16 ③ **17** (1) be ignored (2) leads (3) are
18 (1) ③ (2) 95 percent of which has never been seen before
19 ③ **20** ⑤

---

1 여왕개미는 알을 낳고, 일개미는 여왕을 보살피며, 병정개미는 침입자로부터 군집을 방어한다.

▶ eggs가 목적어이므로 '(알을) 낳다'라는 뜻의 타동사 lay를 써야 한다.

2 19세기와 20세기 초에 유럽의 도시들에서 콜레라, 장티푸스와 독감의 파괴적인 발생을 겪었다.
  ▶ 과거에 있었던 일을 기술하는 내용이므로 과거시제를 써야 한다.

3 새로운 언어를 배우는 것은 새로운 기술을 배우는 것보다 더 많은 시간과 노력이 필요하다.
  ▶ 주절의 동사가 일반동사 takes이므로 대동사로 does를 써야 한다.

4 사회 집단은 자주 상호작용하고 공통의 정체성과 상호의존감을 나누는 두 명 또는 그 이상의 사람들로 구성된다.
  ▶ (1) consist는 자동사이므로 능동태로 써야 한다.
    (2) who가 이끄는 관계사절에서 and로 두 동사가 연결되도록 interact와 마찬가지로 동사를 써야 한다.

5 숫자에는 힘이 있으니, 파킨슨병에 맞서는 싸움에 우리와 함께 해주십시오. 우리가 더 많은 기금을 모을 수 있으면 있을수록, 우리는 지역 사회의 파킨슨병 공동체의 더 많은 사람을 도울 수 있습니다.
  ▶ (1) join은 타동사이므로 바로 뒤에 목적어를 취해야 한다.
    (2) The more funds가 목적어이므로 '(더 많은 기금을) 모으다'라는 뜻을 나타내는 타동사 raise를 써야 한다.

6 ③ 부패는 국민의 힘을 제한하는 불공정한 선거를 낳는다.
  ▶ result는 자동사로 수동태로 쓸 수 없으므로 능동태 results로 고쳐야 한다.
① 지구상에서 하루에 대략 10에서 20건의 화산 분출이 있다.
  ▶ 유도부사 There로 시작하는 문장의 동사로서, 주어의 핵심 명사가 eruptions이므로 복수동사가 온 것은 적절하다.
② 개는 암과 다른 질환들을 감지하도록 훈련될 수 있다고 한다.
  ▶ that절의 주어 dogs는 훈련을 받는 대상이므로 수동태를 쓴 것은 적절하다.
④ 우리 몸의 약 60퍼센트는 수분으로 구성되어 있다.
  ▶ 주어 Around ~ body는 수분으로 구성되는 대상이고, 「~ percent of+단수명사」는 단수 취급하므로 수동태 is made up of는 적절하다.
⑤ 경제가 계속 둔화되면서 사람들은 상황이 전환될지를 궁금해 하고 있다.
  ▶ 동사 are wondering의 목적어로 if절이 쓰였으므로 미래의 일을 미래시제로 쓴 것은 적절하다.

7 ⓐ 그 법은 모든 시민들은 투표할 권리를 가지고 있다는 것을 확언한다.
  ▶ that절의 내용은 일반적 사실을 나타내므로 현재시제를 쓴 것은 적절하다.
ⓒ 민주주의는 가장 공정한 형태의 정부 중 하나라고 여겨진다.
  ▶ 주어 Democracy는 여겨지는 대상이므로 수동태로 쓴 것은 적절하다.
ⓔ 사회 구조는 최근 수십 년간에 급속하게 변화하고 있다.
  ▶ 수십 년간 진행되고 있는 상황을 나타내도록 현재완료진행형을 쓴 것은 적절하다. change는 자동사와 타동사로 모두 쓰인다.
ⓑ 공룡이 지구상에 살 때, 하루는 단 23시간 정도만 지속되었다.
  ▶ last는 '지속되다'라는 뜻의 자동사로 수동태로 쓸 수 없으므로 was lasted를 lasted로 고쳐야 한다.

ⓓ 그 압력은 구성원들이 할 의사가 없는 일을 하도록 하게 했다.

▶ 문맥상 앞에 쓰인 do를 대신해야 하므로 대동사 be를 do로 고쳐야 한다.

8 해석 자이가닉 효과는 완료되지 않은 과제를 그 과제가 완료될 때까지 당신에게 상기시켜 주는 잠재의식적 정신 경향으로 일컬어진다. Bluma Zeigarnik은 1920년대에 과제를 미완결 상태로 남겨두는 것의 효과에 관한 글을 쓴 리투아니아 심리학자였다.

▶ ⓑ until이 이끄는 시간의 부사절은 미래의 일도 현재시제로 나타내므로 is로 고쳐야 한다.

ⓒ '1920년대'라는 과거를 나타내는 부사구가 있으므로 과거시제가 되도록 wrote로 고쳐야 한다.

ⓐ The Zeigarnik effect는 일컬어지는 대상이므로 수동태를 쓴 것은 적절하다. 이 문장은 「refer to A as B(A를 B라고 일컫다)」가 수동태로 전환된 형태이다.

9 해석 "한 대학생의 사생활은 학교 소유의 컴퓨터에서 자신이 작업했던 문서를 삭제하는 한 보호된다. 이것은 다른 사람이 그런 문서들을 검토하는 것을 막는다." 이 진술은 참인가 거짓인가? 그것은 절대적으로 틀리다. 컴퓨터에서 이메일이나 다른 문서를 삭제하는 것은 그것을 컴퓨터의 메모리에서 실제로는 제거하지 않는다.

▶ ⓐ as long as가 이끄는 조건의 부사절이므로 미래의 일도 현재시제로 나타내야 한다.

ⓒ does not remove가 문장의 동사이므로 주어 역할을 하도록 동명사 또는 to부정사로 고쳐야 한다.

ⓑ 학교 컴퓨터에서 작업을 시작하여 지우려는 순간 전까지의 파일을 나타내도록 현재완료를 쓴 것은 적절하다.

10 ▶ 문장의 주어는 「a number of+복수명사」로 구성하고, 20세기라는 과거 시점에 우려를 표현하고 있었다는 내용이므로 동사는 과거진행형으로 구성한다.

11 ▶ 가주어 It과 진주어 that절로 구성한다. that절의 내용은 여겨지는 대상이므로 believe는 수동태로 쓰고, identify는 목적을 나타내는 to부정사로 쓴다.

12 ▶ that절의 동사는 releases, 목적어는 the same amount of energy로 구성한다. as가 이끄는 부사절에서는 releases를 고려하여 대동사로 do를 사용하되 100,000 years ago가 있으므로 과거시제로 쓴다.

13 ▶ since가 있으므로 동사는 현재완료로 쓰고, exist는 자동사이므로 수동태로 쓰지 않는다.

14 ▶ 주절 뒤에 이어지는 종속절은 '~이듯이'라는 뜻의 접속사 as를 쓴다. 앞 절에 일반동사 make가 쓰였으므로 종속절의 주어 plants 다음에는 대동사로 do를 쓴다.

15 ▶ 문장의 주어는 「The number of+복수명사」로 구성하고, 동사는 단수형의 현재완료로 쓴다.

16 해석 20세기 이전에, 여성들은 임신과 출산 동안의 높은 사망률로 인해 남성들보다 기대 수명이 낮았다. 예방 조치가 이러한 여성 사망의 원인을 크게 감소시켰고, 여성들은 이제 남성들보다 더 오래 산다. 예를 들어 2020년대에 미국에서 태어난 아기들의 경우 기대 수명이 78.3세로 추정되는데, 남성이 75.7세이고 여성이 80.8세이다. 여성들은 이 점에 있어서 생의 시작부터 남성보다 약간의 생물학적

유리함을 가지고 있다. 여성들이 태아기 단계와 생애 첫 달 둘 다에서 사망률이 더 낮다는 것이 발견되었다.

▶ ⓐ 과거를 나타내는 어구(Prior ~ century)가 있으므로 과거시제가 쓰인 것은 적절하다.

ⓓ 일반적 사실에 관한 내용으로 볼 수 있으므로 동사 have를 현재시제로 쓴 것은 적절하다.

ⓔ It(가주어), that절(진주어)의 구조에서 that절의 내용이 발견된 대상이므로 find를 수동태로 쓴 것은 적절하다. that절의 내용이 그동안 진행되어 온 여러 연구 결과를 종합한 것이므로 현재완료로 쓴 것도 적절하다.

ⓑ Preventive measures는 사망률의 원인을 줄인 주체이므로 능동태인 have greatly reduced로 고쳐야 한다.

ⓒ life expectancy는 추정되는 대상이므로 수동태인 is estimated로 고쳐야 한다.

17 해석 꿀벌이 농업에서 하는 역할을 고려하면, 과일, 채소, 씨앗, 그리고 견과류 작물에 대한 벌집 소실의 영향은 무시될 수 없다. 벌의 수의 감소는 수분 감소로 이어지는데, 그것은 결과적으로 수확량 감소와 식품 가격 상승이라는 결과를 낳는다. 일부 농부들은 비용이 많이 드는 사람 작업자들의 수작업 수분에 대한 의존을 늘렸다. 다른 농부들은 자신들의 작물을 수분하기 위해 양봉업자들에게서 벌집을 대여하는 것에 의존하게 되었다. 꿀벌이 부족할 때 이 모두는 값비싼 선택지이다.

▶ (1) 주어 the impact ~는 무시될 수 없는 대상이므로 수동태로 써야 한다.

(2) A reduction이 주어의 핵심이 되는 명사이므로 단수동사를 써야 한다.

(3) both가 주어를 이끌면 복수로 취급하여 동사를 복수형으로 써야 한다.

18 해석 최초의 수중 사진은 William Thompson이라는 이름의 영국인에 의해 촬영되었다. 1856년에, 간단한 상자형 카메라를 방수 처리한 후, 그는 그것을 막대에 부착하여 남부 잉글랜드 연안의 바닷속으로 내려보냈다. 10분간의 노출 동안 카메라가 서서히 바닷물에 잠겼으나 사진은 온전했다. 수중 사진술이 탄생한 것이다. 수면 근처에서는 물이 맑고 충분한 빛이 있는데, 아마추어 사진작가가 저렴한 수중 카메라로 멋진 사진을 찍을 가능성이 상당히 크다. 더 깊은 곳에서, 그곳은 어둡고 차가운데, 사진술이 신비로운 심해의 세계를 탐험하는 주요한 방법이며, 그것의 95퍼센트는 예전에는 전혀 드러난 적이 없었다.

(1) ▶ ⓒ 뒤에 목적어가 없고, survive는 '살아남다'라는 뜻의 자동사로 쓰였으므로 능동태 survived로 고쳐야 한다.

ⓐ 주어 The first underwater photographs는 촬영된 대상이고, 과거의 일이므로 과거시제의 수동태를 쓴 것은 적절하다.

ⓑ 전치사 after 뒤에 동명사 waterproofing을 쓴 것은 적절하다.

ⓓ 장소를 나타내는 the surface를 관계부사 where가 이끄는 절이 부연 설명하는 것은 적절하다.

ⓔ 가주어 it이 이끄는 문장에서 진주어 역할을 하는 to부정사이므로 적절하다. for an amateur photographer는 to부정사의 의미상 주어이다.

(2) ▶ 95 percent of which로 주어를 쓴 후, 주어가 드러나는 대상이라는 점을 고려하여 수동태를 쓰되, '~한 적이 없다'라는

경험의 뜻을 나타내도록 현재완료로 구성한다.

19 해석 화석 증거는 네안데르탈인과 동시에 존재했던 또 다른 인간 집단이 있었다는 것을 보여 준다. 그들은 명백히 네안데르탈인이 아니었으며 그들과 관련이 있지도 않았다. 네안데르탈인과 매우 다른 많은 화석이 유럽과 서아시아의 다양한 지역에서 발견되었다. 이 선행 인류는 현대 인간처럼 수직 이마와 평평한 얼굴을 갖고 있다. 그들은 아프리카에서 진화했다고 여겨지지만, 언제 그들이 그 대륙을 점유했는지는 알려지지 않았다. 그들은 10만 년에서 15만 년 전에 아프리카에서 이동해 나온 것으로 알려져 있다. 이 원시 인류는 그들의 화석이 발견된 프랑스의 장소 이름을 따서 크로마뇽인이라고 이름 지어졌다.

▶③ 문장의 주어 A number of fossils는 발견된 대상이므로 수동태 have been found로 고쳐야 한다.

① that절의 내용은 과거의 사실을 나타내고, 유도부사 there는 동사 뒤의 주어의 수에 일치시키므로 was를 쓴 것은 적절하다.

② 부정의 의미를 나타내는 접속사 nor가 쓰여 they were related to ~에서 were가 주어 they 앞으로 도치된 형태이므로 적절하다.

④ that절이 진주어인 문장에서 that절의 내용이 여겨지는 대상이므로 수동태는 적절하다.

⑤ 장소를 나타내는 the site in France를 수식하고, 관계사절 뒤에 완전한 절이 이어지므로 관계부사는 적절하다.

20 해석 사람들이 다른 이들에 대한 인상을 형성하는 방식에 관한 연구는 부정적인 정보가 긍정적인 정보보다 더 주목 받고, 더 철저하게 처리되며, 인상에 더 강하게 기여한다는 것을 발견했다. 마찬가지로, 감정의 언어 및 감정과 관련된 말에서, 인간은 긍정적인 감정에 관한 것보다 부정적인 감정에 관해서 더 많은 (1.5배 더 많은) 단어를 가지고 있다는 일관된 증거가 있다. 자존감에 관해서라면, 거절의 인식이 수락의 인식보다 사람들의 자존감과 가치 의식에 훨씬 더 중요해 보인다. 정서 예측에 관한 연구는 사람들이 긍정적인 사건의 영향을 과대평가하는 것보다 부정적인 사건의 지속적인 영향을 훨씬 더 과대평가한다는 것을 보여 준다. 마지막 사례로, 군중 속의 위협적인 얼굴은 미소 짓는 얼굴보다 더 신속하게 감지된다.

▶⑤ 앞 절의 동사의 반복을 피하기 위해 사용된 대동사로서, 앞에 수동태(are detected)가 사용되었으므로 be동사 are로 고쳐야 한다.

① that절의 동사로서, 주어 negative information이 처리되는 대상이므로 수동태는 적절하다.

② there로 시작하는 문장의 동사로서, 주어의 핵심이 되는 명사가 evidence이므로 단수형은 적절하다.

③ 앞에 사용된 perceptions를 대신하는 대명사로서, 복수형은 적절하다.

④ shows의 목적어 역할을 하는 명사절을 이끄는 접속사로, 뒤에 완전한 절이 이어지므로 적절하다.

Chapter 2
to부정사 / 동명사

출제 포인트 7   p. 22

예문 해석

1 상대방의 관점을 고려하는 것은 이로울 수 있다.

2 좋은 친구를 둔다는 것은 당신 또한 좋은 친구여야 한다는 것을 의미한다.

3 스트레스를 다루는 한 가지 방법은 긍정적인 습관을 개발하는 방법을 배우는 것이다.

4 적당한 시기에 식물에 물을 주는 것은 중요하다.

5 내 부모님은 함께 저녁 식사를 하는 것을 중요하게 여긴다.

출제 포인트 8

예문 해석

1 수많은 동물종이 언어를 사용하지 않고도 용케 문제를 해결한다.

2 나는 내 서류 가방을 저 선반에 올려놓은 것을 분명히 기억하는데, 그것이 사라져 버렸다.

point of view 관점 beneficial 유익한, 이로운 countless 수많은, 무수한
briefcase 서류 가방

Basic Practice   p. 23

A 1 To believe 2 finding 3 to pack 4 traveling
B 1 ○ 2 to accept 3 Find out 4 ○
C 1 (1) learning 또는 to learn (2) Choose
    (3) Having 또는 To have
  2 (1) to finish (2) writing (3) to publish

A

1 당신이 보는 것을 믿는다는 것은 여전히 진실을 믿는 것이 아니다.
  ▶ is가 문장의 동사이므로 to부정사가 주어를 이끌어야 한다.

2 어려움에도 불구하고, 나는 그것에 대한 해결책을 찾는 것을 포기하지 않을 것이다.
  ▶ give up은 동명사를 목적어로 취하는 동사구이다.

3 가기 전에 동절기 차량용 구급함을 챙기는 것을 잊지 마시오.
  ▶ 문맥상 앞으로 해야 할 일을 잊지 않는다는 의미가 적절하므로, forget의 목적어로 to부정사를 써야 한다.

4 내 인생의 즐거움 중 하나는 내가 사랑하는 사람들과 새로운 곳에 여행하는 것이다.
  ▶ 문장의 동사는 is이고, 동명사가 보어를 이끌어야 한다.

B

1 상황을 말로 표현하는 것이 상황을 더 명료하게 한다.
  ▶ makes가 문장의 동사이므로 주어를 이끌도록 동명사를 쓴 것은 적절하다.

2 너무 늦었으므로 그 고객은 배달물을 받는 것을 거절했다.

▶ refuse는 to부정사를 목적어로 취하므로 **to accept**로 고쳐야 한다.

3 다른 사람들이 과거에 비슷한 상황을 어떻게 처리했는지 찾아라.
▶ 뒤에 how가 이끄는 명사절이 있으므로 동사원형이 이끄는 명령문이 되도록 고쳐야 한다.

4 귀하의 세금 환급에 대한 요청이 거절되었다는 것을 귀하에게 말씀드리게 되어 유감입니다.
▶ 문맥상 '~하게 되어 유감이다'라는 뜻이 자연스러우므로 regret의 목적어로 to부정사를 쓴 것은 적절하다.

C

1 해석 여러분이 학교의 밴드에 들어가고 싶든, 전문 음악가가 되는 꿈을 갖고 있든, 단지 새로운 취미를 원하든, 악기 연주를 배우는 것은 보람 있는 활동이다. 여러분이 연주하고 싶은 악기를 골라서 여러분이 즐기는 음악을 배워라. 여러분의 기술을 향상하려는 강한 열망을 갖는 것은 여러분이 계속 동기가 부여되도록 할 수 있다.
▶ (1) is가 문장의 동사에 해당하므로 to부정사 또는 동명사가 주어를 이끌어야 한다.
　(2) 뒤에 목적어 an instrument이 오고, and 뒤에 명령문이 이어지므로 동사원형이 명령문을 이끌어야 한다.
　(3) can keep이 문장의 동사이므로 to부정사 또는 동명사가 주어를 이끌어야 한다.

2 해석 나는 책 쓰는 방법을 배우는 장학금을 받았고, 3개월 만에 용케도 소설을 한 편 끝냈다. 첫 번째 소설을 쓰는 것을 마쳤을 때, 나는 작문 선생님의 추천서를 요청했고 그 원고를 국내 대형 출판사 중 한 곳에 보냈다. 그들은 그것을 마음에 들어 했고 그것을 출간하기로 결정했다.
▶ (1) manage는 to부정사를 목적어로 취하므로 to finish로 고쳐야 한다.
　(2) finish는 동명사를 목적어로 취하므로 writing으로 고쳐야 한다.
　(3) decide는 to부정사를 목적어로 취하므로 to decide로 고쳐야 한다.

출제 포인트 9　　　　　　　　　　p. 24

예문 해석

1 저희는 여러분께 기금 모금 콘서트에 오셔서 저희를 지지해주시기를 친절히 요청합니다.

2 기업들이 더 많이 투자하고 더 많이 고용하도록 장려되어야 한다.

출제 포인트 10

예문 해석

1 사람들이 미소 짓고 있고 다정해 보여서 그것이 그를 다소 기분이 나아지게 했다.

2 잠시 동안 우리는 가까운 거리에서 늑대 한 마리가 울부짖는 것을 들었다.

3 학생들은 엄격한 복장 규정을 따르게 되었다.

4 공부하는 동안 깨어 있는 데 도움이 되도록 커피 한 잔을 마셔 본 적이 없는 사람이 누가 있겠는가?

5 그 버스 운전기사는 모든 승객이 버스에서 내리도록 했다.

employ 고용하다 **dress code** 복장 규정 **vacate** 비우다, 떠나다

A **1** to migrate **2** is required **3** come **4** to listen
B **1** to get 또는 getting **2** are allowed **3** ○ **4** stand
C **1** (1) feel (2) to smile (3) reduce 또는 to reduce
　 2 (1) work (2) have not been encouraged (3) to return

A

1 기후 변화는 많은 동식물이 북쪽으로 이주하게 하도록 한다.
▶ cause는 목적격보어로 to부정사를 취한다.

2 보안을 위해, 처음으로 로그인할 때 모든 사용자는 암호를 만들도록 요구된다.
▶ 주어 every user는 요구되는 대상이므로 수동태를 써야 한다. to create는 능동태의 목적격보어가 남겨진 것이다.

3 그는 누군가가 자신의 방으로 들어오는 소리를 들었다는 것을 기억했다.
▶ 지각동사 hear의 목적격보어이므로 원형부정사를 취해야 한다.

4 선생님은 학생들이 서로의 관점을 들어 보도록 했다.
▶ get의 목적어와 목적격보어가 능동 관계이므로 목적격보어로 to부정사를 써야 한다.
　cf. The students listened to each other's point of view.

B

1 그 여성이 운전석에서 나오는 것이 목격되었다.
▶ 지각동사 see가 수동태로 사용되었으므로, 목적격보어로 to부정사 또는 현재분사를 써야 한다.

2 참가자들은 외부의 도움을 받는 것이 허용된다.
▶ 주어 Participants는 허용되는 대상이므로 수동태를 써야 한다. to receive는 능동태의 목적격보어가 남겨진 것이다.

3 야생종의 수가 빠르게 감소할 것으로 예상된다.
▶ 동사 expect가 수동태로 사용되었고, 목적격보어인 to부정사가 뒤에 남겨진 형태로 적절하다.

4 선생님은 일부 학생들을 지각한 이유로 복도에서 10분간 서 있게 했다.
▶ 사역동사 make의 목적격보어이므로 원형부정사로 고쳐야 한다.

C

1 해석 여러분을 웃게 하는 모든 일은 여러분을 행복하게 느끼게 만들고 여러분의 뇌에 기분 좋게 해 주는 화학물질을 만들어낸다. 여러분이 스트레스를 받거나 기분이 언짢을 때도 여러분의 얼굴이 억지로 웃게 하라. 연구는 스트레스를 주는 일 동안, 강제로든 진짜든, 웃는 것이 몸의 스트레스 반응 강도를 줄이는 데 도움이 된다는 것을 보여 주었다.
▶ (1) 사역동사 make의 목적격보어이므로 원형부정사를 써야 한다.
　(2) 동사 force는 목적격보어로 to부정사를 취해야 한다.
　(3) 동사 help는 목적격보어로 원형부정사 또는 to부정사를 취해야 한다.

2 해석 1년 넘게 대부분의 기업은 직원들이 재택근무를 하게 했고 사회적 접촉을 최소한으로 유지하도록 했다. 이 기간에 그들은 서로와, 자신들의 고용주와, 그리고 고객들과 상호작용하는 것이 장려되지 않았다. 그들은 함께 일하고 어울리는 것이 어떤 느낌인지에 대한 현실 감각을 잃었다. 이제 그들을 직장으로 복귀시켜야 할 때이다.
▶ (1) 사역동사 have의 목적격보어이므로 원형부정사를 써야 한다.

(2) they(직원들)는 장려되는 대상이므로 수동태를 써야 한다. to interact는 능동태의 목적격보어가 남겨진 것이다.
cf. Employers have not encouraged employees to interact ~.

(3) get의 목적어와 목적격보어가 능동 관계이므로 목적격보어로 to부정사를 써야 한다.
cf. They(Employees) will return to work.

출제 포인트 11 p. 26

예문 해석

1 그 노인은 "내가 이기는 것이 불가능하다는 것을 알아요."라고 James에게 말했다.
2 그가 그 비디오를 개인 계정에조차 올리다니 어리석다.
3 제가 개인적인 질문을 몇 개 여쭤 봐도 괜찮을까요?

출제 포인트 12

예문 해석

1 여러분이 그저 방해 받고 싶지 않은 다른 때가 있다.
2 우리 모두는 친구들에게 겁쟁이라고 불리는 것을 피하고 싶다.
3 그 회사는 과거에 자신의 산업에서 선두주자였던 것으로 여겨진다.
4 그는 그녀에게 거절 당했다는 수치심을 다스릴 수가 없었다.

account 계정   coward 겁쟁이   shame 수치심, 창피   reject 거부[거절]하다

Basic Practice p. 27

A 1 of 2 be done 3 him 4 being watched
B 1 ○ 2 for 3 ○ 4 having been invited
C 1 (1) to have been built
   (2) being expelled 또는 having been expelled
   (3) to have destroyed
 2 (1) for (2) to understand (3) us 또는 our

A

1 정확히 어떤 일이 벌어졌는지를 내게 알려 주다니 그녀는 사려 깊었다.
 ▶ 형용사 thoughtful이 사람의 성격, 태도를 나타내므로 의미상 주어는 「of+목적격」으로 써야 한다.

2 학생들은 기후 변화를 해결하기 위해서 무엇을 해야 할지를 토론했다.
 ▶ 문맥상 기후 변화 해결을 위해 무언가가 이루어져야 한다는 수동의 의미이므로 to부정사의 수동태로 써야 한다.

3 그가 지시 사항을 따른다면, 그는 감염될 가능성이 더 적다.
 ▶ 동명사의 의미상 주어이므로 목적격을 써야 한다.

4 협동의 심리학은 관찰되는 신호에 매우 민감하다.
 ▶ 의미상 주어(일반인, 우리)는 관찰되는 대상이므로 동명사의 수동태를 써야 한다. watch는 타동사이므로 이 문장의 경우 목적어가 있어야만 능동태 동명사가 가능하다.

B

1 바빌로니아인들이 최초로 전기를 발견한 것으로 여겨진다.
 ▶ to부정사가 나타내는 일은 동사(are thought)가 나타내는 일보다 더

먼저 일어난 일이므로 완료형 to부정사를 쓴 것은 적절하다.

2 십대들이 어른들이 하는 말에 이의를 제기하는 것은 당연하다.
 ▶ 형용사 natural은 이성적 판단을 나타내므로 to부정사의 의미상 주어는 「for+목적격」으로 써야 한다.

3 이모티콘은 서로 다른 사용자에 의해 결국 매우 다르게 해석될지도 모른다.
 ▶ 주어 Emoticons는 해석되는 대상이고 end up은 동명사를 목적어로 취하므로, 동명사의 수동태를 쓴 것은 적절하다.

4 저는 그 회의에 손님으로 초대 받았다는 것을 진정한 영광으로 생각합니다.
 ▶ 주어 I는 초대되는 대상이고, 초대된 것은 동사(have)보다 앞서 일어난 일이므로 동명사의 완료형 수동태를 써야 한다.

C

1 **해석** Pylus는 고대 그리스의 소도시였다. 그리스 신화에 따르면 Pylus는 Pylon에 의해 건설된 것으로 여겨지는데, 그는 또한 Messenian Pylus를 건설했다. Pylon은 펠레우스에 의해 Messenian Pylus로부터 추방되자 이 마을에 정착했다. 헤라클레스가 그 소도시를 파괴했다고 하지만, 엘레아인들이 후에 그것을 복원했다고 한다.
 ▶ (1) to부정사가 나타내는 일은 동사(is believed)가 나타내는 일보다 더 먼저 일어난 일이므로 완료형 to부정사를 쓰되, 수동 관계이므로 완료형 수동태로 고쳐야 한다.
  (2) Pylon는 추방되는 대상이므로 동명사의 수동태로 고쳐야 한다. 또한 정착한 것보다 먼저 일어난 일이므로 완료형 수동태로도 쓸 수 있다. (단순형, 완료형 모두 가능)
  (3) to부정사가 나타내는 일은 동사(is said)가 나타내는 일보다 더 먼저 일어난 일이므로 완료형 to부정사로 고쳐야 한다.

2 **해석** 어떤 이들은 다양한 언어가 서로 다른 나라 출신의 사람들이 서로를 이해하는 것을 어렵게 하며 우리 모두 세계적으로 단일 언어를 공유한다면 이상적일 것이라고 믿는다. 나는 우리가 시도한다면 장점보다는 단점이 더 많이 있을 것으로 생각한다. 그것은 우리가 전 세계적으로 많은 문화를 잃게 할 것이고 세계를 여행하고 탐험하는 것이 단조로워지게 할 것이다.
 ▶ (1) 앞에 사람의 성격, 태도를 나타내는 형용사가 있는 것이 아니므로 to부정사의 의미상 주어를 「for+목적격」으로 고쳐야 한다.
  (2) 가목적어 it이 있으므로 진목적어는 to부정사로 고쳐야 한다.
  (3) 전치사 to의 목적어로 쓰인 동명사 losing의 의미상 주어에 해당하므로 목적격 또는 소유격으로 고쳐야 한다.

Chapter Test p. 28

1 be sold out 2 to eat 3 her 4 Read, are required
5 being, overcoming 6 ④ 7 ③
8 ⓑ → watch, ⓒ → ignite
9 ⓐ → being tested, ⓑ → to do
10 allows us to prevent the same mistakes from happening again
11 The Internet helps people (to) communicate with individuals
12 Some people really enjoy being surrounded

13 Dolphins were seen to wait for fishing boats to leave port.

14 The participants are made to perform various tasks and activities.

15 Rats are believed to have originated in Asia and Australia.

16 ② **17** (1) being detected (2) singing (3) to find

18 (1) ③ (2) that it enables machines to learn new things

19 ⑤ **20** ④

---

1 비행기표가 빨리 매진될 가능성이 있으니 미리 예약해야 한다.
  ▶ 주어 flight tickets는 매진되는 대상이므로 to부정사의 수동태로 써야 한다.

2 그는 자기 일에 너무 몰두한 나머지 먹는 것을 잊었고 때로는 하루 종일 굶곤 했다.
  ▶ 할 일을 잊고 하지 않았다는 의미를 나타내려면 forget의 목적어로 to부정사를 써야 한다.

3 나는 그녀가 내 물건을 사용하는 것은 괜찮지만, 그녀가 내게 허락을 구하지 않는 것이 화가 난다.
  ▶ 동명사 using의 의미상 주어에 해당하므로 목적격을 써야 한다.

4 질문에 답하려고 시도하기 전에 이 설명을 주의 깊게 읽으십시오. 이 페이지에는 40개의 질문이 있습니다. 모든 질문에 답해야 합니다.
  ▶ (1) before가 이끄는 부사절 앞의 주절에 동사가 없으므로 동사원형이 명령문을 이끌어야 한다.
    (2) 주어 You는 요구되는 대상이므로 수동태를 써야 한다.

5 당신은 불편한 것을 피하고 싶어 하기 때문에 적극적으로 성공을 차단하고 있다. 따라서 불편한 것을 피하려는 당신의 본능을 극복하는 것이 필수적이다.
  ▶ (1) avoid는 동명사를 목적어로 취한다.
    (2) is가 문장의 동사이므로 동명사가 주어를 이끌어야 한다.

6 ④ 일부 고객은 무언가에 대해 추가 비용을 내도록 설득 당할지도 모른다.
  ▶ persuade는 목적격보어로 to부정사를 취하므로 to pay로 고쳐야 한다.
  ① 팀 관리자는 팀이 좀 더 효과적으로 함께 일하도록 할 필요가 있다.
  ▶ 동사 get은 목적어와 목적격보어가 능동 관계일 때 목적격보어로 to부정사를 취하므로 to work는 적절하다.
  ② 내일 본인 컴퓨터에 쓸 전력 케이블을 가져올 것을 기억해 주세요.
  ▶ 문맥상 '(미래에) ~할 것을 기억하다'라는 의미가 자연스러우므로 remember의 목적어로 to부정사를 쓴 것은 적절하다.
  ③ 이 고대 종의 마지막은 3만 7천 년 전에 사멸한 것으로 여겨진다.
  ▶ to부정사가 나타내는 일은 동사(is believed)가 나타내는 일보다 더 먼저 일어난 일이므로 완료형 to부정사를 쓴 것은 적절하다.
  ⑤ 나는 네가 올해에도 똑같은 문제들이 있을 거라고 예상하는 것이 현명하다고 생각한다.
  ▶ 형용사 wise가 사람의 성격, 성질 태도를 나타내므로 to부정사의 의미상 주어 「of+목적격」은 적절하다.

7 ⓐ 네가 그렇게 무례한 말을 했으니 미움을 받을 만하다.
  ▶ 주어 You는 미움 받는 대상이므로 to부정사의 수동태를 쓴 것과 동명사가 나타내는 일은 동사(deserve)가 나타내는 일보다 더 먼저 일어난 일이므로 완료형 동명사를 쓴 것은 적절하다.
  ⓑ 많은 기업은 직원들이 재택근무를 하도록 해 왔다.
  ▶ 사역동사 have의 목적어(their employees)와 목적격보어(work)가 능동 관계이므로 목적격보어로 원형부정사를 쓴 것은 적절하다.
  ⓒ 운전자들이 운전을 하면서 문자 메시지를 보내거나 통화를 하는 것은 불법이다.
  ▶ 가주어 It이 이끄는 문장에서 for drivers가 의미상 주어이고, to부정사가 진주어로 쓰인 것은 적절하다.
  ⓓ 오염과 지구 온난화는 빙하를 녹게 하고 해수면을 상승시키는 원인이 되고 있다.
  ▶ 동사 cause는 목적격보어로 to부정사를 취하므로 melt는 to melt로 고쳐야 한다.
  ⓔ 모든 알고리즘이 갑자기 작동하는 것을 멈춘다면, 우리가 알고 있는 대로의 세상은 종말을 맞을 것이다.
  ▶ 문맥상 '작동하는 것을 멈추다'라는 의미를 나타내야 하므로 stop의 목적어 to work를 동명사 working으로 고쳐야 한다.

8 [해석] 너무 많은 사람이 자기 외부에서 뭔가가 자신의 동기를 유발하기를 기다린다. 우리는 그것을 외적 동기 요인이라 부른다. 문제는 그것에 부정적인 결과가 따라오는 경향이 있다는 것이다. 사람들이 체육관으로 들어가 운동을 하거나 자신들이 먹는 것을 살피고 몸무게를 줄이기 전에 기다리는 것은 바로 심장 마비이다. 그러므로 여러분 자신 외부의 뭔가가 그 동기를 불붙이기 전에, 여러분 자신 내부의 동기 요인을 찾으려고 노력하라.
  ▶ ⓑ 접속사 before가 이끄는 부사절의 동사가 and와 or로 이어지는 형태이므로 앞의 get, exercise와 같이 동사원형 watch로 고쳐야 한다.
  ⓒ 사역동사 let이 있으므로 목적어 something outside of yourself 다음에 오는 목적격보어는 원형부정사로 고쳐야 한다.
  ⓐ for something outside of themselves가 의미상 주어에 해당하므로 to부정사가 이어지는 것은 적절하다.

9 [해석] 우리는 결국 우리가 하는 말이 절대로 검사 받지 않을 것이라고 생각하기 때문에 약속을 깰지도 모른다. 우리는 그것을 하는 것(자선 단체에 기부하는 것)을 잊기 때문에 자선 단체에 기부하지 않을지도 모른다. 따라서 우리가 인식 수준에서 인정하는 도덕 기준에 우리가 얼마나 자주 부합하지 못하는지 알고 있다. 따라서 우리는 인식 수준에서는 특정한 일반적 도덕 기준을 인정하지만, 행동 수준에서는 빈번히 그것을 따르지 못하는 듯 보인다.
  ▶ ⓐ end up with의 목적어 역할을 하는 동명사와 의미상 주어(our words)가 수동 관계이므로 동명사의 수동태로 고쳐야 한다.
  ⓑ 문맥상 해야 할 일을 잊는 것이 적절하므로, forget의 목적어로 to부정사를 써야 한다.
  ⓒ fail은 to부정사를 목적어로 취하므로 적절하다.

10 ▶ 「allow+목적어+to부정사(목적격보어)」의 형태로 문장을 완성한다.

11 ▶ 「help+목적어+(to) 동사원형」의 형태로 문장을 완성한다.

12 ▶ enjoy는 목적어로 동명사를 취하고, 주어 Some people은 둘러싸이는 대상이므로 동명사의 수동태 형태로 문장을 완성한다.

13 ▶ 지각동사 see의 수동태인 「be seen+to부정사」의 형태를 이용하여 쓰고, 의미상 주어를 「for+목적격」으로 나타낸다.

14 ▶ 사역동사 make의 수동태인 「be made+to부정사」의 형태를 이용하여 완성한다.

15 ▶ '여겨진다'라는 의미를 나타내도록 「be believed+to부정사」의 형태를 이용하여 쓴다. to부정사는 과거에 일어난 일을 나타내도록 완료형을 쓴다. *cf.* It is believed that rats originated in Asia and Australia.

16 해석 어느 나이의 사람도 뇌막염에 걸릴 수 있다. 하지만 그것은 협소한 숙소에 사는 사람들 사이에서 쉽게 퍼질 수 있으므로, 십 대, 대학생, 그리고 기숙학교 학생들이 감염 위험이 더 크다. 신속하게 처리되면, 뇌막염은 성공적으로 치료될 수 있다. 따라서 통상적인 예방 접종을 하고, 뇌막염의 증상을 알며, 뇌막염에 걸렸다고 생각하면 즉시 치료를 받는 것이 중요하다. 대부분의 바이러스성 뇌막염의 경우는 7일에서 10일 이내에 낫는다. 어떤 이들은 병원에서 치료 받는 것이 필요할 수 있지만, 아이들은 너무 심하게 아프지 않으면 보통 가정에서 회복할 수 있다. 증상을 완화하는 치료에는 휴식, 수분, 그리고 처방 없이 살 수 있는 진통제가 포함된다.

▶ⓐ 전치사 among의 목적어로 쓰인 those를 현재분사 living이 이끄는 분사구가 수식하는 구조이므로 적절하다.

ⓒ 주어의 핵심이 되는 명사가 cases이므로 복수형 동사 end를 쓴 것은 적절하다.

ⓑ 가주어 it이 이끄는 문장에서 진주어 역할을 하는 세 개의 to부정사가 and로 연결되는 구조이므로 getting을 to부정사로 고쳐야 하는데, to는 생략하고 get으로 고친다.

ⓓ 주어 Some people은 치료되는 대상이므로 to부정사의 수동태인 to be treated로 고쳐야 한다.

ⓔ to ease symptoms는 문장의 주어인 Treatment를 수식하는 형용사적 용법의 to부정사이므로 동명사 including을 동사 includes로 고쳐야 한다.

17 해석 대부분의 종은 최소한 일생 중 언젠가 다른 동물의 잠재적 먹잇감이므로, 그것들은 포식자에 대비한 여러 방어선을 가지고 있다. 흔히 첫 번째 방어선은 포식자에 의해 탐지되는 것을 피하는 것이다. 이것을 하는 한 가지 방법은 포식자가 먹잇감의 위치를 찾아내는 데 사용할 수 있을 소음을 일으키는 것과 어떠한 시각적 단서도 최소화하는 것이다. 개구리와 귀뚜라미는 다른 동물이 접근할 때 보통 우는 것을 멈춘다. 결과로 초래된 고요함은 포식자가 그것을 발견하는 것을 더 어렵게 만든다.

▶(1) 의미상 주어(잠재적 먹잇감)는 포식자에 감지되는 대상이고, avoid는 동명사를 목적어로 취하므로 동명사의 수동태로 써야 한다.

(2) 문맥상 '우는 것을 멈추다'라는 뜻을 나타내야 하므로 stop의 목적어로 동명사를 써야 한다.

(3) 앞에 가목적어 it이 있고, for the predator가 의미상 주어에 해당하므로 진목적어로 to부정사를 써야 한다.

18 해석 여러분은 인공 지능으로 구동되는 기계가 할 수 있는 몇 가지 일에 관한 헤드라인을 뉴스에서 본 적이 있을 것이다. 하지만, 인공 지능으로 구동되는 기계가 실제로 수행할 수 있는 모든 작업을 고려하게 된다면, 그것은 꽤 놀라울 것이다! 인공 지능의 핵심 특징 중 하나는 그것이 기계가 새로운 것을 학습하는 것을 가능하게

한다는 것이며 새로운 작업에 특화된 프로그래밍을 필요로 하는 것이 아니라는 점이다. 그러므로, 미래의 컴퓨터가 학습하고 스스로 개선할 수 있을 것이라는 것이 미래의 컴퓨터와 과거의 컴퓨터 사이의 핵심적인 차이점이다. 가까운 미래에, 스마트 가상 조수는 여러분에 대해 여러분의 가장 가까운 친구들과 가족들이 아는 것보다 더 많이 알게 될 것이다. 그것이 우리의 삶을 어떻게 변화시킬지 상상할 수 있는가?

(1) ▶ⓒ 명사절 that future computers will be able to learn and self-improve가 문장의 주어이고 the core ~는 보어에 해당하므로 to부정사 to be를 동사 is로 고쳐야 한다.

ⓐ 관계사절의 주어 machines는 인공 지능에 의해 구동되는 대상이므로 과거분사가 수식하는 것은 적절하다. 관계사절의 동사는 can do이다.

ⓑ all the tasks를 수식하는 관계사절을 이끄는 목적격 관계대명사이므로 적절하다.

ⓓ 앞 절에 일반동사 know가 쓰였으므로 대동사로 do를 쓴 것은 적절하다.

ⓔ 의문사 how 뒤에 완전한 절이 와서 동사 imagine의 목적어 역할을 하므로 적절하다.

(2) ▶동사 is 뒤의 보어 역할을 하도록 that절을 구성한다. 접속사 that 뒤에 「enable+목적어+to부정사(목적격보어)」의 형태를 이용하여 완성한다.

19 해석 대부분의 보충제는 식사와 함께 또는 식후에 바로 먹는 것이 가장 잘 흡수된다. 이것은 비타민 A, D, E 같이 다소의 지방을 함유한 식사와 함께 더 잘 흡수되는 보충제에 특히 해당한다. 그리고 식사와 더불어 보충제를 먹는 것은 공복에 보충제를 먹으면 때때로 발생할 수 있는 소화불량을 방지하는 데 도움이 된다. 하지만 액상 약초 보충제를 먹을 것이라면, 그것은 공복에 가장 잘 흡수되는 듯하다. 식사 몇 분 전에 그것을 먹되, 더 입에 맞게 만들기 위해 그것을 소량의 물이나 주스에 희석하라. 그렇게 하는 것을 기억할 수 있다면, 한꺼번에 모두 먹는 것 대신에 하루에 두세 번 먹도록 보충제 복용을 나누는 것 또한 가장 좋다.

▶⑤ 문맥상 '앞으로 할 일을 기억하다'라는 의미가 적절하므로 remember의 목적어로 to부정사 to do를 써야 한다.

① 명사 a meal을 현재분사 containing이 수식하는 구조로 적절하다. meal은 포함하는(contain) 주체이므로 현재분사를 쓴다.

② the digestive upset을 수식하는 관계사절을 이끄는 주격 관계대명사이므로 적절하다.

③ to부정사의 의미상 주어 liquid herbal supplements는 흡수되는 대상이므로 to부정사의 수동태를 쓴 것은 적절하다.

④ 동사원형 dilute가 이끄는 명령문이므로 '~하기 위해'라는 목적을 나타내는 부사적 용법의 to부정사를 쓴 것은 적절하다.

20 해석 빌 게이츠는 개인용 컴퓨터의 초기 버전을 위한 프로그래밍을 해 나가기 위해 2학년 때 하버드를 중퇴하고, 또 다른 똑같이 재능 있는 컴퓨터 (밖에 모르는) 바보 폴 앨런과 함께 힘을 합쳤다. 함께 그들은 Microsoft를 설립했다. 게이츠는 2007년에 하버드에 돌아와 명예 학위를 받았다. 이 회고적 지식으로는 게이츠가 하버드에 머물러 동기들과 함께 졸업하여 IBM이나 Digital Equipment Corporation(DEC) 같은 대기업에서 안락한 일자리를 얻는 것이 큰 실수였을 것이라고 단언하기 충분히 쉽다. 하지만 어떤 부모가 미래가 여전히 불확실성 속에 가려져 있는데도 자녀가

하버드를 중퇴하는 것에 대해 기뻐할 수 있었겠는가? 우리는 흔히 어떤 결정이 영리했는지, 아둔했는지, 다행이었는지, 또는 그 중간 어디쯤이었는지를 진정으로 판단할 수 있기까지 오랜 시간을 기다려야 한다.

▶④ 전치사 about의 목적어에 해당하므로 동명사 dropping으로 고쳐야 한다. his or her child는 동명사의 의미상 주어이다.

① 주절 다음에 일어나는 일을 나타내는 분사구문을 이끄는 현재분사이므로 적절하다.

② returned가 문장의 동사이고, 동사가 나타내는 동작의 결과를 나타내는 부사적 용법의 to부정사로 쓰였으므로 적절하다.

③ that절에 가주어 it과 진주어 to부정사가 쓰인 구조이므로 to부정사의 의미상 주어를 「for+목적격」으로 나타낸 것은 적절하다.

⑤ 문맥상 judge의 목적어가 '~인지 아닌지'라는 의미를 나타내는 것이 자연스러우므로, 접속사 if가 목적어 역할을 하는 명사절을 이끄는 것은 적절하다.

● Chapter 3
분사

출제 포인트 13   p. 34

예문 해석

1 마찰은 항상 움직이는 물체의 속도를 늦춘다.
2 Shane Lowry는 더블린 공항 측에 자신의 분실된 골프채들을 찾아 달라고 요청했다.
3 차에 연료를 넣는 동안에는 엔진을 작동 상태로 두어서는 안 된다.
4 많은 주민이 자신의 집이 지진 동안 파괴된 것을 발견했다.

출제 포인트 14

예문 해석

1 한 고객은 그 두 형제가 가게의 앞 쪽에서 싸우고 있는 것을 보았다.
2 Amy는 자기 이름이 불리는 것을 듣자, 자리에서 일어났다.
3 그들은 겨울이 오기 전에 집이 지어지게 해야 했다.
4 서류 작업이 가능한 한 빨리 이루어지도록 하자.
cf. 5 기업들은 직원들이 최대 생산성으로 일하게 하기를 원한다.

friction 마찰 run 작동하다 paperwork 서류 작업 maximum 최대
productivity 생산성

Basic Practice   p. 35

A 1 manufactured 2 cleaned 3 closed 4 moving
B 1 to respect 2 ○ 3 speaking 또는 speak 4 ○
C 1 (1) flying 또는 fly (2) Migrating (3) preferred
     2 (1) holding (2) broken

A

1 많은 제조된 제품에 많은 화학물질이 들어 있다.
▶ products는 제조되는 대상이므로 과거분사를 써야 한다.

2 여러분은 여러분의 사무실이 얼마나 자주 전문적으로 청소되도록 해야 할까요?
▶ 동사 get의 목적어 your office는 청소되는 대상이므로, 목적격보어로 과거분사를 써야 한다.

3 차량 운전자들은 주도로가 침수로 인해 폐쇄된 것을 발견했다.
▶ 동사 found의 목적어 the main road는 폐쇄되는 대상이므로 목적격보어로 과거분사를 써야 한다.

4 우리는 더 많은 사람들이 더 나은 삶의 방식을 위해서 시골 지역으로 이주하는 것을 목격하고 있다.
▶ 지각동사 are witnessing의 목적어 more people이 시골 지역으로 이주하는 주체이므로 목적격보어로 현재분사를 써야 한다.

B

1 당신의 개가 자신의 리더로서 당신을 존중하도록 해야 한다.
▶ 동사 get의 목적어 your dog는 존중하는 주체이므로 능동 관계를 나타내도록 to부정사로 고쳐야 한다.

2 과학자들은 해안 도시들이 높아지는 해수면에 대해 준비해야 한다고 주장한다.
▶ sea levels는 올라가는 행위의 주체이므로 현재분사를 쓴 것은 적절하다. *cf.* Sea levels are rising.

3 우리는 누군가가 말하는 것을 들을 때, 우리의 뇌는 그 정보를 분석하기 시작한다.
▶ 지각동사 hear의 목적어 someone은 말하는 행위의 주체이므로, (진행 중인) 능동의 의미를 나타내도록 현재분사로 고쳐야 한다. 또한 목적어와 목적격보어가 능동 관계일 때 원형부정사로도 쓸 수 있다.

4 여러분 모두가 이미 알고 있듯이, 포장된 식품은 전반적인 건강에 실제로 해롭다.
▶ foods는 포장되는 대상이므로 과거분사를 쓴 것은 적절하다.

C

1 해석 가을에 우리는 하늘을 가로질러 날아가는 V자 대형의 새 떼를 보는데, 그것이 우리에게 계절의 변화를 일깨운다. 이동하는 새들은 자신들의 연례 여행에서 수천 마일을 이동할 수 있는데, 흔히 해마다 거의 이탈하지 않고 같은 경로를 여행한다. 서로 다른 종의 조류가 연례적인 이동에 자신들 나름의 선호되는 경로를 갖고 있다.
▶ (1) 지각동사 see의 목적어 V-shaped flocks of birds는 나는 행위의 주체이므로, (진행 중인) 능동의 의미를 나타내도록 현재분사로 고쳐야 한다. 또한 목적어와 목적격보어가 능동 관계일 때 원형부정사로도 쓸 수 있다.

(2) birds는 이동하는 행위의 주체이므로, 현재분사로 고쳐야 한다.

(3) pathways는 선호되는 대상이므로 과거분사로 고쳐야 한다.

2 해석 내 딸 Marie의 여덟 번째 생일날에, 우리는 축하하러 음식점에 갔다. Marie는 자기가 제일 좋아하는 선물인 곰 인형을 팔에 안고 있었다. 점원은 친절한 여성이었는데, Marie가 곰 인형을 안고 있는 것을 알아차리고 말했다. "제 딸아이도 곰 인형을 좋아해요." 우리는 그녀의 가족에 관해 담소를 나누기 시작했다. 그 점원은 대화 중에 자기 딸이 다리 골절로 입원해 있다고 언급했다.
▶ (1) 지각동사 notice의 목적어 Marie는 곰 인형을 안고 있는 행위의 주체이므로, 인형을 '안고 있는' 진행 중인 능동의 의미를 나타내도록 현재분사로 고쳐야 한다.

(2) legs는 부러진 대상이므로 과거분사로 고쳐야 한다.

출제 포인트 **15**　　　　　　　　p. 36

예문 해석

1 그 후보자는 지지 부족으로 실망했다.

2 그 비디오 게임은 너무 지루해서 나는 계속할 이유가 없었다.

3 당황한 강연자는 자신의 말을 다시 시작할 수 없었다.

4 놀라운 결과는 폭력이 끝났다는 것이었다.

출제 포인트 **16**

예문 해석

1 자연 세계는 예술과 문학에서 사용되는 상징의 풍부한 원천을 제공한다.

2 동물은 위로 먹고, 인간은 뇌로 먹는 경향이 있다.

3 이 사진은 하늘에서 구름 사이로 비추는 태양을 묘사한다.

4 UCLA에 다니는 Rhonda라고 불리는 한 여성이 문제를 겪게 되었다.

candidate 후보자 literature 문학 depict 묘사하다

Basic Practice　　　　　　　　p. 37

A 1 depressed 2 working
  3 disappointing 4 constructed

B 1 ○ 2 exciting 3 ○ 4 makes

C 1 (1) called (2) produced (3) facing
  2 (1) located (2) relieved (3) amazing

A

1 뉴스 기사가 침울할 때, 사람들은 우울해 한다.
  ▶주어 people이 우울한 감정을 느끼는 대상이므로 과거분사를 써야 한다.

2 그곳에서 일하는 사람들은 자기 일에 대해 매우 열정적이었다.
  ▶주어 People은 일하는 행위의 주체이므로 현재분사를 써야 한다. were가 문장의 동사이므로 분사가 와야 하는 것에 유의한다.

3 그 서비스는 극히 느린 속도 때문에 실망스러웠다.
  ▶주어 The service가 실망스러운 감정을 일으키는 주체이므로 현재분사를 써야 한다.

4 미국에서 건설된 최초의 콘크리트 고속도로는 길이가 24마일이었다.
  ▶주어 The first concrete highway는 건설된 대상이므로 과거분사를 써야 한다. was가 문장의 동사이므로 분사가 와야 하는 것에 유의한다.

B

1 여름에는 면으로 만든 옷을 입는 것이 좋다.
  ▶clothes는 만들어지는 대상이므로 과거분사가 분사구를 이끄는 것은 적절하다.

2 당신 아기의 탄생은 당신의 인생에서 가장 흥미진진한 일 중 하나다.
  ▶events는 흥미로운 감정을 일으키는 주체이므로 현재분사로 고쳐야 한다.

3 그 놀란 동물은 탈출할 방도를 찾으면서 이리저리 뛰어다녔다.
  ▶The animal은 놀란 감정을 느끼는 대상이므로 과거분사를 쓴 것은 적절하다.

4 뇌는 체중의 단 2퍼센트를 구성하지만, 우리 에너지의 20퍼센트를 사용한다.
  ▶앞 절에 동사가 없으므로 현재분사를 동사로 고쳐야 한다.

C

1 해석 식물 성장은 식물의 줄기와 뿌리 끝에서 발견되는 옥신이라 불리는 호르몬 군에 의해 제어된다. 줄기 끝에서 만들어지는 옥신은 그늘에 있는 줄기 쪽에 쌓이는 경향이 있다. 따라서 옥신은 식물의 그늘진 쪽 성장을 자극한다. 그러므로 그늘진 쪽은 햇빛을 향한 쪽보다 더 빨리 자란다.
  ▶(1) a group of hormones는 옥신이라고 불리는 대상이므로 과거분사로 고쳐야 한다.
     cf. A group of hormones are called auxins.

  (2) Auxins는 만들어지는 대상이므로 과거분사로 고쳐야 한다.
     cf. Auxins are produced at the tips of the stems.

  (3) the side는 햇빛을 향하는 주체이므로 현재분사로 고쳐야 한다.
     cf. The side faces the sunlight.

2 해석 구조대가 차량으로부터 약 20피트 거리에서 Danny를 찾아냈는데, 의식은 있었으나 다리가 부러진 상태였다. 그 아이에게 상황이 얼마나 나쁘게 흘러갈 수 있었는지를 생각하면서, 모든 사람은 구조대가 그를 데려왔을 때 안도했다. 그것은 끔찍한 사고여서 그 아이가 살아남은 것이 놀라웠다. 나는 그 아이가 괜찮기를 바란다.
  ▶(1) 문장의 동사가 없으므로 현재분사를 동사로 고쳐야 하는데, 과거의 일이므로 과거시제로 고쳐야 한다.

  (2) everyone이 안도감을 느끼는 대상이므로 과거분사로 고쳐야 한다.

  (3) it은 가주어, that절은 진주어인 문장으로, that절이 기술하는 내용(그가 살아남았다는 것)이 놀라운 감정을 일으킨 주체이므로 현재분사로 고쳐야 한다.

출제 포인트 **17**　　　　　　　　p. 38

예문 해석

1 이러한 변화들이 그 유기체들이 생존하는 데 도움을 주며, 그것들이 적들에게 기민해지도록 만든다.

2 차를 운전하는 동안에는 도로의 다른 모든 운전자들을 존중하라.

3 일주일 내내 비가 내리고 있고, 내 휴가를 완전히 망치고 있다.

4 중국어는 세계적으로 가장 많이 사용되는 언어이고, 힌두어가 그 뒤를 따른다.

출제 포인트 **18**

예문 해석

1 날씨가 좋아서 우리는 보트 여행을 하러 가기로 했다.

2 그는 "모든 것을 고려해 보면 나는 꽤 훌륭한 삶을 살았어요."라고 말했다.

3 이것은 뿌리가 아래쪽으로 구부러지게 하여, 뿌리의 끝이 그 방향으로 성장하게 한다.

4 그 농부는 옷이 먼지로 뒤덮여진 채로 집에 돌아왔다.

organism 유기체 alert 기민한; 경계하는 downwards 아래쪽으로

Basic Practice
p. 39

A **1** thinking **2** living **3** being **4** Located
B **1** completed **2** ○ **3** earning **4** having
C **1** (1) filled (2) creating (3) Seeing
    2 (1) planted (2) turning (3) admiring

A

1 사람들은 문제가 되지 않을 것으로 생각하며 잠을 줄인다.
▶ 문장의 두 동사는 접속어구로 연결되어야 하므로 두 번째 동사는 분사를 써야 한다.

2 캐나다는 주로 추워서 많은 동물이 눈 덮인 환경에서 산다.
▶ 「with+(대)명사+분사」에서 명사 many animals는 살고 있는 주체이므로 현재분사를 써야 한다.

3 다른 방도가 없었으므로, 나는 그 제안을 받아들여야 했다.
▶ 문장의 두 절은 접속어구로 연결되어야 하므로, 첫 번째 동사를 분사로 전환하여 분사구문을 이끌도록 해야 한다. 두 절의 주어가 다르므로 분사구문 앞에 의미상 주어(There)가 있는 독립분사구문이다. (= As there was no other choice, ~)

4 라파스의 한복판에 위치하여 그 건물은 이전에는 그 도시의 법원이었다.
▶ 주어 the building은 위치된 대상이므로 과거분사가 분사구문을 이끌어야 한다. *cf.* The building is located in the heart ~.

B

1 그 다리가 완공되어서, 건너편에 도착하는 데 차로 10분 걸린다.
▶ 「with+(대)명사+분사」에서 명사 the bridge는 완공되는 대상이므로 과거분사로 고쳐야 한다.

2 올바르게 사용되면, 인터넷은 여러분의 삶에 좋은 영향을 줄 수 있다.
▶ 주어 the Internet은 사용되는 대상이므로 과거분사를 써야 한다. 원래 If the Internet is used correctly ~에서 부사절과 주절의 주어가 일치하여 주어가 생략되고, If가 남겨진 형태이다.

3 그녀는 세탁부로 일했는데, 하루에 기껏해야 1달러 남짓 벌었다.
▶ 주어 She는 돈을 버는 행위의 주체이므로 현재분사로 고쳐야 한다.

4 아무도 더는 할 말이 없었으므로 그 회의는 예정된 것보다 일찍 끝났다.
▶ 두 개의 절이 접속어구 없이 연결되므로 첫 번째 동사를 분사로 전환하여 분사구문을 이끌도록 하되, Nobody와 분사가 능동 관계이므로 현재분사로 고쳐야 한다. 두 절의 주어가 달라 분사구문 앞에 의미상 주어(Nobody)가 있는 독립분사구문이다.

C

1 해석 그 도둑은 초조해져서 그 보자기를 재빨리 들어 올렸다. 그가 깜짝 놀라게도, 그 얇은 보자기는 훔친 물건들로 가득했는데, 찢어져 버렸다. 훔친 모든 물건들이 매우 요란하고 듣기 싫은 소리를 내며, 바닥으로 떨어졌다. 많은 사람이 자신을 향해 달려오는 것을 보자, 그 도둑은 훔친 모든 물건을 포기해야만 했다.
▶ (1) the thin sheet는 채워지는 대상이므로 과거분사가 분사구를 이끌어야 한다.
cf. The thin sheet was filled with stolen goods.
(2) 주어 All the stolen goods는 소리를 내는 행위의 주체이므로 현재분사가 분사구문을 이끌어야 한다.
cf. All the stolen goods created a very ~.
(3) 문장의 두 절이 접속어구 없이 연결되므로 첫 번째 동사를 분사로

전환하되, the thief가 보는 행위의 주체이므로 현재분사로 고쳐야 한다. (= When he saw many people running towards him, ~)

2 해석 지금 여러분은 느릅나무 한 그루를 보고 계시는데, 공원에서 가장 키가 큰 나무 중 하나입니다. 원래는 1893년 즈음에 씨앗으로 심어져, 이 위엄 있는 나무는 잎의 무성함으로 유명한데, 가을이면 잎이 아름다운 밝은 황금색으로 변합니다. 봄과 여름에, 레드우드 공원의 아름다움을 감상하면서 그것의 밝은 초록 잎 아래에서 쉬세요.
▶ (1) 주어 this majestic tree는 심어지는 대상이므로 과거분사로 고쳐 분사구문을 이끌어야 한다.
cf. This majestic tree was planted as seed.
(2) 「with+(대)명사+분사」에서 명사 its leaves는 변하는 행위의 주체이므로 현재분사로 고쳐야 한다.
cf. Its leaves turn a beautiful golden-yellow color in the fall.
(3) 접속사 while이 남아 있는 분사구문에서 주어(일반인)는 공원의 아름다움을 감상하는 행위의 주체이므로 현재분사로 고쳐 분사구문을 이끌어야 한다. (= while you admire the beauty ~)

Chapter Test
p. 40

1 created **2** limiting **3** following **4** looking, tired
5 to replace, using **6** ③ **7** ④
8 ⓐ → found, ⓒ → reconsider
9 ⓐ → getting, ⓑ → resulting
10 We were frightened by his threatening voice
11 One of the most extreme forms of violence found in society
12 Walking into the café, a cute cat sitting[sit]
13 Rejection can come unexpectedly, causing us to feel disappointed.
14 This program helps me get my task done on time.
15 Look at that mountain with its top covered with snow.
16 ③ **17** (1) found (2) making (3) caused
18 (1) ② (2) to pass through the nets typically used to collect them
19 ② **20** ③

1 고대에 그리스인들과 로마인들은 무지개가 무지개의 여신 아이리스에 의해 만들어진 길이라고 믿었다.
▶ that절의 동사가 were이므로 분사가 paths를 수식하는 구조가 되어야 한다. 따라서 paths와 수동 관계인 과거분사를 써야 한다.

2 공직에 출마하는 것은 엄청나게 비용이 많이 들어서, 보통 권력의 지위를 부유층에 국한한다.
▶ 앞에 절이 있고 접속어구가 없으므로, 뒤에 오는 것은 분사구문이 이끌어야 한다. 따라서 현재분사를 써야 한다.

3 한 해의 이맘때는 어미 오리가 새끼들이 뒤따르는 가운데 숲길을 따라 서서히 가는 것을 보는 일이 흔하다.

▶「with+(대)명사+분사」의 형태로 쓰되, her chicks는 따라가는 행위의 주체이므로 현재분사를 써야 한다.
cf. Her chicks are following along.

4 시계를 찾는 아이들의 수가 서서히 줄어들었고 단 몇 명의 지친 아이만 남게 되었다.
▶(1) 문장의 동사가 decreased이므로 분사가 children을 수식하는 구조가 되어야 한다.
(2) children은 피곤함을 느끼는 대상이므로 과거분사를 써야 한다.

5 유전자 치료법은 여전히 실험 단계에 있는 새로운 과정이다. 그것은 의료 전문가들이 손상된 유전자를 좋은 것으로 대체하도록 하게 할 수도 있다. 이런 식으로 그들은 유전공학을 이용하여 유전자에 의해 초래되는 질병을 치료할 수 있다.
▶(1) 동사 allow의 목적격보어 자리이므로 현재분사는 적절치 않으며, to부정사를 써야 한다.
(2) 주어 they는 사용하는 행위의 주체이므로 현재분사를 써야 한다.
cf. They use genetic engineering.

6 ③ 많은 사람이 곤충을 성가실 수 있는 해충으로 여긴다.
▶선행사 pests가 성가시게 하는 주체이므로 현재분사 annoying으로 고쳐야 한다.
① 무엇을 해야 할지를 몰라, 그녀는 그것을 처리하도록 점포 관리자를 불렀다.
▶주절의 주어 she가 무엇을 해야 할지 모르는 주체이므로, 현재분사가 분사구문을 이끄는 것은 적절하다. (= As she did not know what to do, ~)
② 하이힐은 원래 말을 탈 때 남성들을 위해 고안되었다.
▶when they rode horses가 분사구문으로 전환된 형태로, they(men)는 타는 행위의 주체이므로 현재분사를 쓴 것은 적절하다.
④ 기후 변화는 각 개인의 행동의 합쳐진 산물이다.
▶product는 합쳐진 대상이므로 과거분사를 쓴 것은 적절하다.
⑤ 인간의 체세포는 기능을 수행하기 위해서 유전자에 담겨 있는 지시를 사용한다.
▶문장의 동사가 use이므로 분사구가 instructions를 수식하는 구조는 적절하다. instructions는 유전자 안에 담겨진 대상이므로 과거분사를 쓴 것도 적절하다.

7 ⓑ 그 프로젝트 관리자는 그 프로젝트가 2주 일찍 완료되도록 하라는 말을 들었다.
▶동사 get의 목적어 the project는 완료되는 대상이므로 과거분사 completed를 목적격보어로 쓴 것은 적절하다.
ⓒ 사람은 특히 무서운 사건 후에 공포증이 생길 수 있다.
▶event가 무서운 감정을 일으키는 주체이므로 현재분사를 쓴 것은 적절하다.
ⓓ 폭풍이 지나가자, 마을 사람들은 밖으로 나와서 어떤 피해가 없는지 자신들의 집을 확인했다.
▶분사구문의 의미상 주어가 주절의 주어와 일치하지 않으므로, 분사구문의 주어 The storm이 분사 앞에 남겨진 형태는 적절하다. 또한 분사구문의 일은 주절의 일보다 먼저 일어난 일이므로 완료형 having passed가 쓰인 것도 적절하다.
ⓐ 달은 항상 인간을 매료해 왔고, 과학자나 예술가들에게 똑같이 영감을 주어 왔다.

▶주어 The moon은 영감을 준 행위의 주체이므로, inspired를 현재분사 inspiring으로 고쳐야 한다. *cf.* The moon has inspired scientists and artists alike.
ⓔ 대부분의 운동선수는 스포츠 지지자들에 의해 고취되는 긍정적인 성격 특성을 보인다.
▶the positive character traits는 고취되는 대상이므로 promoting을 과거분사 promoted로 고쳐야 한다.

8 해석 시를 쓰는 것은 신체적, 정신적 이점을 지닌 것으로 드러났는데, 표현적인 글쓰기가 면역 체계를 개선하고, 심리적 고통을 줄이며, 관계를 향상시킨다는 것이 발견되었다. 시는 오랫동안 여러 정신 건강에 필요한 것들을 지원하고, 공감 능력을 개발하며, 자연환경과 만들어진 환경 둘 다와의 관계를 재고하기 위해 사용되어 왔다.
▶ⓐ「with+(대)명사+분사」의 형태에서 expressive writing은 발견된 대상이므로 과거분사 found로 고쳐야 한다.
ⓒ 세 개의 to부정사구 to aid ~, (to) develop ~, (to) reconsider ~가 and로 연결된 구조가 되어야 한다. 따라서 현재분사는 to가 생략된 reconsider로 고쳐야 한다.
ⓑ 주어 Poetry는 사용되어 온 대상이므로 현재완료 수동태를 쓴 것은 적절하다.

9 해석 미국 근로자들 중 30퍼센트가 밤에 충분한 잠을 자지 못하는 상태에서, 월 스트리트 저널지에 따르면, 미국 기업들이 해마다 수면 부족으로 생기는 직원 생산성 저하로 인해 연간 총 632억 달러의 손실을 보고 있다고 한다. 잠이 부족한 근로자들은 푹 쉰 동료보다 일반적으로 근로 의욕이 떨어지고 정보를 더 적게 보유할 수 있다.
▶ⓐ「with+(대)명사+분사」의 형태에서 명사 30 percent of United States workers는 충분한 잠을 못 자는 주체이므로 현재분사로 고쳐야 한다.
ⓑ 수면 부족이 생산성 저하를 일으키는 주체이므로 현재분사를 써야 한다. *cf.* The drop in employee productivity results from sleep deprivation.
ⓒ workers는 잠을 빼앗기는 대상이므로 과거분사를 쓴 것은 적절하다.

10 ▶'겁을 먹다'라는 뜻을 나타내도록 were frightened를 쓰고, 「by+행위자」를 쓴다. his voice가 위협을 하는 주체이므로 threaten의 현재분사로 고쳐서 완성한다.

11 ▶'~ 중 하나'는 「one of the+복수명사」로 쓴다. '발견되는'이라는 수동의 의미를 나타내도록 find를 과거분사로 고쳐서 주어를 수식하는 분사구를 쓴다.

12 ▶첫 번째 동작을 분사구문으로 쓰되, 주어가 걸어가는 행위의 주체이므로 현재분사 Walking을 사용한다. 지각동사 saw의 목적어 a cute cat이 앉아 있으므로 목적격보어로는 진행 중인 능동적 동작을 나타내도록 현재분사로 완성한다. 또한 원형부사로도 쓸 수 있다.

13 ▶Rejection은 원인이 되는 주체이므로 cause를 현재분사로 바꿔서 분사구문을 이끌도록 쓰고, 뒤에 실망한 감정을 느끼는 대상인 us를 쓴 후 disappoint를 과거분사로 바꿔 쓴다.

14 ▶「help+목적어+(to+) 동사원형」의 형태를 이용하여 쓴 후, get의 목적어 my task는 완수되는 대상이므로 과거분사 done으로 바꿔 문장을 완성한다.

15 ▶「with+(대)명사+분사」의 형태를 이용하여 쓰고, 명사 its top은 덮여 있는 대상이므로 과거분사로 바꿔 문장을 완성한다.

16 해석 감각은 가공하지 않은 데이터에 대한 즉각적인 지도 작성이고, 지각은 그 가공되지 않은 데이터 모두가 더 복잡한 지도로 결합되는 과정에서의 다음 단계이다. 이 지도들은 그런 다음 기억을 통해 과거의 경험으로부터 도출된 비슷한 지도에 연결된다. 이것은 우리로 하여금 알려진 범주로 이미지를 분류하도록 해 준다. 지각은 최초의 감각 정보가 그것이 하나의 사물로서 인식될 수 있도록 충분히 완성된 전체로 체계화될 때 발생한다. 이 시점에서 우리는 우리의 망막에 부딪히는 빛의 파장 패턴이 예컨대 실제로 의자라는 것을 인식한다. 이와 같이 감각은 분석에 의해, 즉 정보를 그것의 가장 작은 부분들로 분해함으로써 작동한다. 지각은 종합에 의해, 즉 그 부분들을 하나의 전체로 다시 통합함으로써 작동한다.

▶ⓑ 명사 categories가 알려진 대상이므로 과거분사 known을 쓴 것은 적절하다.

ⓒ 부사절에서 주어 the initial sensory information이 체계화되는 대상이므로 수동태를 쓴 것은 적절하다.

ⓔ 수단을 나타내는 전치사구에서 전치사 by의 목적어로 동명사를 쓴 것은 적절하다.

ⓐ 문장의 동사가 are이므로 분사구가 전치사 to의 목적어인 similar maps를 수식하는 구조가 되어야 한다. 따라서 과거분사 drawn으로 고쳐야 한다.

ⓓ that절에서 동사가 is이므로 분사구가 light waves를 수식하는 구조가 되어야 한다. 그리고 light waves는 부딪히는 행위의 주체이므로 현재분사 hitting으로 고쳐야 한다.

17 해석 펭귄은 오직 남반구에서만 발견되는데, 남극에 가장 많이 집중되어 있다. 10개의 펭귄 종이 국제자연보호연맹 적색 목록에 취약하거나 멸종 위기에 처한 것으로 등재되어 있는데, 이는 펭귄을 신천옹에 이어 세계에서 두 번째로 가장 위험 받는 조류 무리가 되게 한다. 펭귄에 가장 급박한 위협은 기후 변화에 의해 초래되는 급속하게 변화하는 해양 환경이다. 공장식 축산이 기후 변화의 가장 큰 원인 중 하나이다. 여러분은 고기를 덜 먹겠다고 서약함으로써 멸종 위기에 처하고 취약한 펭귄을 도울 수 있다.

▶(1) 문장의 동사가 are이고 접속어구가 없는 것을 고려하여 분사구문을 구성하되, Penguins은 발견되는 대상이므로 과거분사를 써야 한다.

(2) 문장의 동사가 are listed이고 접속어구가 없는 것을 고려하여 분사구문을 구성하되, 주절의 내용이 종속절을 이끄는 make의 주체이므로 현재분사를 써야 한다.

(3) 문장의 동사가 is이므로 분사구가 the rapidly changing oceanic conditions를 수식하는 구조가 되어야 한다. 문맥상 기후 변화에 의해 '초래되는'이 적절하므로 과거분사 caused로 써야 한다.

18 해석 플라스틱은 매우 느리게 분해되고 물에 떠다니는 경향이 있는데, 이는 플라스틱을 해류를 따라 수천 마일을 돌아다니게 한다. 대부분의 플라스틱은 자외선에 노출될 때 점점 더 작은 조각으로 분해되어 미세 플라스틱을 형성한다. 이러한 미세 플라스틱은 일단 그것들을 수거하기 위해 일반적으로 사용되는 그물망을 통과할 만큼 충분히 작아지면 측정하기가 매우 어렵다. 미세 플라스틱이 해양 환경과 먹이 그물에 미치는 영향은 아직 이해도가 저조하다. 이 작은 조각들은 다양한 동물에게 먹혀 먹이 사슬 속으로 들어간다고 알려져 있다. 바닷속에 있는 대부분의 플라스틱 조각들은 매우 작으므로

바다를 청소할 실질적인 방법은 없다.

(1) ▶ⓑ 접속사 when이 남겨진 분사구문은 when they are exposed to의 부사절이 전환된 것이므로 과거분사로 고쳐야 한다. *cf.* Most plastics are exposed to ~

ⓐ allow의 목적격보어로 to부정사를 쓴 것은 적절하다.

ⓒ 수동태로 쓰인 동사를 수식하는 부사에 해당하므로 적절하다.

ⓓ 문장의 주어 These tiny particles는 먹히는 대상이므로 to부정사의 수동태를 쓴 것은 적절하다.

ⓔ 주어의 핵심이 되는 명사가 복수형 particles이므로 동사를 복수형으로 쓴 것은 적절하다.

(2) ▶small enough 다음에 to부정사구가 이어지도록 구성한다. '~하기 위해 사용되는'의 의미는 분사구로 구성하되 the nets는 사용되는 대상이므로 use를 과거분사로 바꿔 쓴다. 부사 typically는 분사 앞에 쓴다.

19 해석 Will West는 1903년에 체포된 범죄자였다. 그는 캔자스주에 있는 한 교도소에서 형을 살도록 선고 받았다. 그가 교도소로 이송된 직후에, 당국은 그 같은 교도소에서 복역하고 있는 William West라는 이름의 한 남자가 이미 있다는 것을 발견했다. 이름이 같을 뿐만 아니라, 그 두 흉악범은 친척이 아닌데도 거의 똑같아 보였다. 이로 인해 교도소 당국은 그들에 대한 정확한 신원 확인에 문제를 겪게 되었다. 사용하고 있는 시스템보다 더 정확한 신원 확인 수단에 대한 필요성에 의해 추진되어, 그들은 범죄자들의 신원을 확인하기 위한 지문 인식 시스템을 구축했다. 이렇게 해서 유죄 판결을 받은 두 흉악범이 지문 신원 확인의 발명을 촉발했다.

▶② that절에서 was가 문장의 동사이므로 분사구가 William West를 수식하는 구조가 되어야 하는데, 둘 사이가 능동 관계이므로 현재분사를 써야 한다.
cf. William West resided in the same prison.

① was가 문장의 동사이므로 분사구가 a criminal을 수식하는 구조가 되어야 하는데, 둘 사이가 수동 관계이므로 과거분사를 써야 한다. *cf.* A criminal was arrested in 1903.

③ 동사 look의 보어로 쓰인 형용사이므로 적절하다.

④ 선행사 the system을 수식하는 관계사절을 이끄는 목적격 관계대명사이므로 적절하다.

⑤ felons는 유죄 판결을 선고 받은 대상이므로 과거분사를 쓴 것은 적절하다.

20 해석 여러분이 교차로에서 차를 세우고 한 사람이 손 글씨로 된 표시가 있는 찢어진 판지 조각을 들고 있는 것을 볼 때, 어떻게 반응하는가? 우리 중 많은 이는 이런 우연한 만남을 피하는데, 실제로 보지 않고도 우리는 그 표시가 "노숙자, 도와주세요." 같은 말이라는 것을 알기 때문이다. 거리의 모퉁이에 있는 그 사람과 눈이 마주치는 것을 피하려는 시도로, 우리는 갑자기 우리의 차 좌석에 놓여 있는 뭔가를 새삼스러운 관심을 가지고 본다. 우리는 백미러를 보며 우리의 용모를 점검하거나 먼지를 치운다. 사실, 우리는 우리의 관심을 돌리는 데 필요한 일은 무엇이든지 하며, 교통 신호등이 바뀌어 우리가 갈 길을 갈 수 있게 될 때까지 이 사람과 눈이 마주치는 것을 불가능하게 만든다. 우리 중 많은 이는 노숙자들을 거리 모퉁이나 다른 장소에서 보고 그들의 존재에 불편해 하는데, 우리가 그들을 돕기 위해 무엇을 할 수 있는지 또는 도와야 하는 건지조차 모르기 때문이다.

▶③ look이 문장의 동사이므로 분사구가 something을 수식하는 구조가 되어야 하는데, something은 놓여 있는 주체이므로 현재분사 lying으로 고쳐야 한다.

cf. Something lies on our car seat.

① 지각동사 see의 목적어 a person이 판지를 들고 있는 행위의 주체이므로 현재분사를 쓴 것은 적절하다.

② 동사 know의 목적어 역할을 하는 명사절을 이끄는 접속사 that으로 뒤에 완전한 절이 오므로 적절하다.

④ 앞에 완전한 절이 오고 뒤에 분사구문이 연결된 구조는 적절하며, 주어 we가 눈을 맞추는 행위를 하는 주체이므로 현재분사가 분사구문을 이끄는 것도 적절하다.

⑤ 동사 know의 목적어 역할을 하는 명사절을 이끌고 있는데, 이어지는 절에 do의 목적어가 없으므로 선행사를 포함한 관계대명사 what을 쓴 것은 적절하다.

누적 TEST Chapters 1-3 p. 46

1 ③ **2** ② **3** ③ **4** ⑤ **5** ② **6** ④

7 (A) do (B) working (C) experiencing

8 (1) to make them taste much better
   (2) makes it easier to avoid preservatives

9 ⑤

10 children should be encouraged to engage in physical activities

1 해석 '모나리자'가 19세기의 전환기에 루브르 박물관에 비치되었다. 1911년에 그 그림이 도난 당해, 즉각 대서특필 되었다. 사람들은 한때 그 그림이 걸려 있던 비어 있는 공간을 보고자 루브르로 몰려들었다. 2년 후에 한 플로렌스의 미술상이 지방 정부 당국에 한 남자가 자신에게 그 그림을 팔려고 했다고 알렸다. 경찰은 그 초상화가 Vincenzo Peruggia가 소유한 트렁크의 가짜 바닥에 은닉된 것을 발견했는데, 그는 이탈리아 이민자로 루브르에서 정선된 그림들에 유리를 끼우는 일을 잠시 했고 '모나리자'도 포함되어 있었다. 그는 밤새 한 벽장에 숨어 있다가 벽에서 그 초상화를 떼어내어, 의심 받지 않고 달아났던 것이었다. Peruggia는 체포되어 재판을 받고 수감되었고, 한편 '모나리자'는 프랑스로의 의기양양한 귀환을 하기 전에 이탈리아를 순회했다.

▶③ that절의 동사가 was stashed이므로 분사구가 a trunk를 수식하는 구조가 되어야 하는데, belong은 자동사이므로 현재분사 belonging으로 고쳐야 한다. *cf.* The trunk belongs to him.

① 문장의 두 동사는 접속어구로 연결되어야 하므로 두 번째 동사가 분사로 전환되어 분사구문을 이끄는 것은 적절하다.

② 장소를 나타내는 선행사 the empty space를 수식하는 관계부사로 뒤에 완전한 절이 이어지므로 적절하다.

④ 세 개의 동사가 접속사 and로 연결된 구조이므로 had hidden, (had) taken, (had) run이 되도록 과거분사를 쓴 것은 적절하다.

⑤ 접속사 before가 남겨진 분사구문으로 주어 the *Mona Lisa*는 귀환을 하는 주체이므로 현재분사를 쓴 것은 적절하다.

2 해석 상당수의 행동-유전 연구는 한 사람의 행복 수준을 영구적으로 바꾸는 것이 불가능하지는 않지만 매우 어렵다는 것을 보여 준다. 예를 들면 쌍둥이 표본으로부터의 증거는 행복의 유전 가능성이 더 널리 받아들여지는 수치는 50퍼센트이지만, 무려 80퍼센트만큼이나 높을 수 있다는 것을 시사한다. 이것은 사람들 각자가 타고난 행복 '끌개'를

가지고 있다는 것을 보여 주는데, 그것은 그 사람이 그 주위를 맴돌 수 있지만 벗어날 수는 없는 것이다. 다시 말해, 한 사람은 일생에 걸친 행복의 시간적 분포에 있어서 가장 가능성 있는 또는 예상되는 값을 포함하는 '정해진 범위'를 가지고 있을 것이다. 이 생각과 일치하게, Headey와 Wearing은 자신들의 연구에서 참가자들이 시간이 흐르면서 자기 자신의 기준치로 계속 회귀하는 경향이 있다는 것을 발견했다.

▶② evidence from a sample of twins가 주어이고, that절은 목적어 역할을 하는 명사절이므로 동사 suggests로 고쳐야 한다.

① that절의 주어 역할을 하는 동명사에 해당하므로 적절하다.

③ which가 이끄는 관계사절의 두 동사구가 but으로 연결되는 형태이므로 orbit과 마찬가지로 동사원형 leave를 쓴 것은 적절하다.

④ value는 예상되는 대상이므로 과거분사를 쓴 것은 적절하다.

⑤ found의 목적어 역할을 하는 명사절을 이끄는 접속사로 뒤에 완전한 절이 이어지므로 적절하다.

3 해석 모든 의사소통은 다른 누군가에게 의미를 전달할 잠재 가능성이 있다. 실제로 우리는 의사소통하지 '않을 수' 없다. 우리가 의사소통하고 있지 않다고 생각할 때조차 우리는 그렇게 하고 있다. 우리는 끊임없이 다른 사람들의 행동을 지각하고 해석하고 있다. 잠시 여러분이 친구와 차를 타고 가고 있었을 때를 생각해 보라. 아마도 여러분의 친구는 수 마일을 가는 동안 이야기를 하다가 말하는 것을 멈추었을 것이다. 잠시 후에 여러분은 그 이유를 확신할 수 없어 불편함을 느끼기 시작했을 수 있을 것이다. 여러분은 친구에게 고개를 돌려 "무슨 일이야?"라고 물었을 수 있다. 놀라서, 여러분의 친구는 "아무것도 아니야."라고 대답했을 수 있다. 친구는 그저 도로에 신경쓰고 있었을 수 있지만, 여러분은 그 침묵이 뭔가 다른 것을 의미하는 것으로 해석했다. 이것은 한 사람의 침묵이 의사소통을 의도한 것이 아니더라도 의미를 전달할 수 있는 하나의 사례이다.

▶③ 문맥상 '말하는 것을 멈추다'라는 뜻이 자연스러우므로 stop의 목적어로 동명사 talking을 써야 한다.

① 앞 절에 현재진행형이 쓰였으므로 대동사로 are를 쓴 것은 적절하다.

② 선행사 a time을 수식하는 관계부사로 뒤에 완전한 절이 이어지므로 적절하다.

④ 주어 your friend가 놀란 감정을 느낀 대상이므로 과거분사를 쓴 것은 적절하다.

⑤ of의 목적어로 쓰인 명사절을 이끄는 의문사로 뒤에 완전한 절이 이어지므로 how를 쓴 것은 적절하다.

4 해석 사고 실험으로, 잠, 음식 또는 물 같은 기본 욕구 없이 계속 일하거나 공부하는 것이 얼마나 어려울지를 상상해 보라. 이러한 박탈은 아주 흔히 발생하며 예측 가능한 결과를 낳는다. 더욱이 우리 대부분은 우리의 이용 가능한 시간과 에너지를 직간접적으로 우리의 기본적인 욕구를 충족하는 것과 관련된 활동에 쓴다. 노동통계국에 의해 시행된 한 조사에 따르면 선진국에서의 양상이, 비록 우리가 여가 시간을 텔레비전을 보고 다양한 전자 기기를 사용하는 데 더 많이 쓰더라도, 덜 풍요로운 많은 사회와 일반적으로 여겨지는 것만큼은 다르지 않다는 것을 나타낸다. 우리의 일상적인 생활에서와 미래를 위한 우리의 우선순위를 형성하는 데 있어서 우리의 기본적인 생물학적 욕구의 타당성을 부인하는 것은 현실을 부인하는 것이다.

▶⑤ is가 문장의 동사이므로 주어 역할을 하도록 to부정사 To deny

또는 동명사 Denying으로 고쳐야 한다.

① imagine의 목적어로 쓰인 how가 이끄는 명사절을 가주어 it이
이끌고 있으므로, 진주어 역할을 하도록 to부정사를 쓴 것은
적절하다.

② most of us가 주어이고 문장의 동사 자리이므로 복수동사를 쓴
것은 적절하다.

③ indicates가 문장의 동사이고, 분사구가 주어 A survey를
수식하는 구조인데, 주어가 실시되는 대상이므로 과거분사를 쓴
것은 적절하다.

④ 「as ~ as ....」 원급 비교 구문과 더불어 사용된 문장의 형용사
보어에 해당하므로 적절하다.

5   해석   몸의 기본적인 살아 있는 단위는 세포이고, 각 기관은 세포
사이의 지지 구조에 의해 함께 고정된 서로 다른 많은 세포의
집합체이다. 각 유형의 세포는 하나의 특정한 기능을 수행하도록
특별히 적응되어 있다. 예를 들어, 적혈구는 폐에서 조직으로 산소를
운반한다. 이 세포들은 신체의 다른 무수한 세포들과 더불어 비슷한
특정한 기본 특성이 있다. 예를 들어, 모든 세포에서 산소는 탄수화물,
지방 또는 단백질과 결합하여 세포 기능에 필요한 에너지를 방출한다.
더욱이 영양소를 에너지로 바꾸기 위한 일반적인 기제는 기본적으로
모든 세포에서 같다. 모든 세포는 또한 자기의 화학 반응의 최종
산출물을 주위의 액체에 전달한다.

▶ⓐ and 뒤의 두 번째 절의 동사가 is이고, 분사 held가 이끄는
분사구가 many different cells를 수식하는 구조이다. many
different cells는 고정되는(hold) 대상이므로 과거분사 held를
쓴 것은 적절하다.

ⓔ 복수형 주어와 복수형 동사가 쓰였으므로 적절하다.

ⓑ 문장에 동사가 없으므로 transporting을 동사 transport로
고쳐야 한다.

ⓒ 주어에서 핵심이 되는 명사는 cells이므로 동사 has를 복수형
have로 고쳐야 한다.

ⓓ 문장의 동사는 combines로, 분사구가 the energy를 수식하는
구조가 되어야 하는데 the energy는 필요한 대상이므로 현재분사
requiring을 과거분사 required로 고쳐야 한다.

6   해석   인간 발달 과정에서, 인간은 많은 과업을 위한 손의 사용을
얻었고 문제를 해결하도록 해 주는 창의력이 풍부한 뇌를 발달시켰다.
이 시기 동안 인간은 거의 모든 체모와 혹여 있었다면 꼬리를 잃었고,
치아의 크기가 작아진 것으로 여겨진다. 인간의 진화는, 우리 대부분이
그것에 대해 전혀 생각하지 않더라도, 여전히 진행 중이다. 예를
들어 인간의 충수는 크기와 유용성에서 축소되었고, 거의 사용되지
않는 사랑니는 보통 제거되고, 두개골 뼈들의 두께는 줄어들었다.
이런 일들은 자연 선택이 더 짧은 꼬리, 더 얇은 두개골 또는 더 작은
치아를 가진 개체를 선호했기 때문에 일어났다. 사용되지 않는 특성을
유지하는 것은 많은 에너지를 필요로 하고, 에너지는 다른 용도를 위해
필요했던 것이다.

▶ⓓ 주절에 동사가 없으므로 동사로 고쳐야 한다. 단, occur는
수동태로 쓸 수 없는 자동사이므로 능동태 occurred로 고쳐야
한다.

ⓐ allow의 목적격보어 자리이므로 to부정사로 고친 것은 적절하다.

ⓑ that절의 두 동사가 and로 연결된 구조이므로 to부정사를 과거형
동사로 고친 것은 적절하다.

ⓒ 문맥상 대명사가 가리키는 것은 Human evolution이므로
단수형으로 고친 것은 적절하다.

ⓔ 첫 번째 절의 동사 requires가 있으므로 주어 역할을 하도록
to부정사로 고친 것은 적절하다.

7   해석   원격 근무를 하는 것에는 많은 이점이 있다. 출퇴근이 없고,
동료 직원으로부터의 방해는 더 적으며, 유연한 시간 계획, 그
이외에도 많다. 하지만 일부 근로자들은 재택근무를 할 때, 업무와
생활의 원활한 균형을 유지하는 것이 어려울 수 있다. 근로자들은
흔히 사무실에서 하는 것보다 집에서 더 많이 일한다. 일과 가정생활의
경계가 희미해질 수 있고 결국 근로자들은 저녁 늦게까지 일하게
된다. 원격 근무를 하는 근로자들은 한 주의 근로에 흔히 50시간에서
70시간의 근무 시간을 투여한다. 이것은 직원들이 탈진을 경험하는
불행한 부작용을 낳을 수 있다.

▶(A) 앞 절에 일반동사 work가 쓰였으므로 대동사를 do로 고쳐야
한다.

(B) 문장의 동사 put이 있으므로 분사구가 주어 Employees를
수식하는 구조가 되어야 하는데, Employees는 일을 하는 행위의
주체이므로 현재분사로 고쳐야 한다.

(C) employees는 경험하는 행위의 주체이므로 현재분사로 고쳐야
한다.

8   해석   대부분의 사람들은 설탕이 빈 칼로리, 즉 그 안에 영양소가
없다는 것에 동의한다. 가공식품에는 그것이 훨씬 더 좋은 맛이 나도록
만들기 위해 그리고 상품 진열대에 훨씬 더 오래 있을 수 있게 하기
위해 설탕과 다른 방부제가 들어 있다. 더욱이 가공식품은 몸이 필요로
하는 모든 필수 영양소 및 미네랄이 들어 있지 않을 수 있다. 이런
이유로, 그것들은 건강에 대한 다른 간접적 영향 이외에도 체중 증가의
원인이 된다. 반면에, 미가공 식품은 인공 화학물질을 넣지 않았고
또한 방부제가 들어 있지도 않다. 미가공 식품의 예에는 덩이줄기,
곡물, 과일, 채소가 포함된다. 미가공 식품을 먹는 것은 방부제를
피하는 것을 더 쉽게 만든다. 그것은 가공식품만큼 좋은 맛이 나지는
않을 수 있지만 훨씬 더 건강에 좋다.

▶(1) 목적을 나타내도록 to부정사구로 구성한다. to make로 시작하여
목적어(them), 목적격보어 taste를 쓴다. taste의 보어로는
비교급 형용사 better를 쓰고 '훨씬'이라는 부사 much를 그 앞에
넣어 수식한다.

(2) 동명사가 주어이므로 단수동사 makes를 쓰고, 가목적어(it),
목적격보어(easier)를 쓴 다음 진목적어를 to부정사로 구성한다.

[9-10]   해석

취학 연령의 아이들은 끊임없이 움직이는 듯 보인다. 그들은 공예와 소근육
운동 활동뿐 아니라 활동적인 스포츠와 게임을 즐긴다. 자전거 타기, 나무
오르기, 스케이트 타기와 같이 균형과 힘이 필요한 활동은 취학 연령의
아이들에게 신나고 재미있다. 조정력과 운동 기능은 아이에게 연습할
기회가 주어질 때 향상한다. 따라서, 아이들은 신체 활동에 참여하도록
격려받아야 한다. 학교에 다니는 동안 아이들은 나머지 생애 동안에 자신의
건강에 기여할 신체 건강 기술을 배운다. 심혈관의 건강, 힘, 유연성이 신체
활동으로 향상된다. 술래잡기, 줄넘기, 숨바꼭질 같은 인기 있는 게임은
감정적 긴장의 분출구가 되고 지도자와 따르는 자의 기술 발달을 증진한다.

9   ▶ⓔ and로 문장의 두 동사가 연결된 구조인데 첫 번째 절에 동사가
없는 상태이므로, to부정사를 동사 provide로 고쳐야 한다.

ⓐ be동사를 수식하는 부사에 해당하므로 적절하다.

ⓑ are가 문장의 동사이므로 분사구가 Activities를 수식하는 구조가
되어야 하는데, Activities는 필요로 하는 행위의 주체이므로
현재분사를 쓴 것은 적절하다.

ⓒ the child는 주어지는 대상이므로 수동태를 쓴 것은 적절하다.

ⓓ physical fitness skills를 수식하는 관계사절의 동사로 선행사의 수에 맞게 복수형을 쓴 것은 적절하다.

10 ▶children을 주어로 하고 children은 격려 받는 대상이므로 수동태를 쓴다. 그다음에는 능동태 문장에서의 목적격보어 to부정사를 쓴다.

Chapter 4

조동사 / 가정법

출제 포인트 19   p. 52

예문해석

1 그 알약은 그 병을 치료할 수 있을 뿐만 아니라 예방에도 도움이 된다.

2 나는 그 말을 하지 말았어야 했지만, 엎질러진 우유를 보고 울어[지나간 일을 두고 후회해] 봐야 소용없다.

출제 포인트 20

예문해석

1 고대 그리스인들은 로고와 미소스라는 두 가지 사고방식을 묘사하곤 했다.

2 그는 장거리를 걷는 것에 익숙하지 않다.

3 음악은 고객의 경험과 행동을 형성하는 데 사용된다.

4 경찰은 온라인 뱅킹에 접속하기 위해 사용되는 컴퓨터를 조사했다.

5 궂은 날씨에 운전하는 것에 익숙한 사람들조차도 오늘은 운전해서는 안 된다.

mold 만들다, 주조하다 access 접속[접근]하다

Basic Practice   p. 53

A 1 be 2 get 3 should 4 must

B 1 are not used to 2 ○ 3 used 4 ○

C 1 (1) prepare (2) have used (3) been

  2 (1) to be (2) was used (3) happened

A

1 나는 그들이 대출을 갚지 못할까 봐 염려된다.

▶조동사 might가 쓰였고, 조동사 뒤에는 동사원형이 오므로 be를 써야 한다.

2 나는 주문을 취소할 수도 환불을 받을 수도 없다.

▶부정어 nor 뒤에 조동사 can과 주어 I가 도치되었고, 조동사 뒤에는 동사원형이 오므로 get을 써야 한다.

3 이 수프 맛이 끔찍하다. 너는 좋은 요리법을 따라야 했다.

▶과거 사실에 대한 후회를 나타내므로 should have p.p.(~했어야 했다)를 써야 한다.

4 그는 한 시간 전에 오기로 되어 있었다. 그에게 무슨 일이 생긴 것이 틀림없다.

▶과거 사실에 대한 강한 추측을 나타내는 맥락이므로 must have p.p. (~했음에 틀림없다)가 적절하다.

B

1 여러분이 익숙하지 않은 새롭고 불편한 행동을 소개하라.

▶'~에 익숙하다'라는 표현은 「be used to+(동)명사」를 쓴다. 따라서 are not used는 are not used to로 고쳐야 한다.

2 저 정직한 사람이 파티에서 그 돈을 훔쳤을 리가 없다.

▶과거 사실에 대한 부정적 추측을 나타내는 맥락이므로 cannot have p.p.(~했을 리가 없다)는 적절하다.

3 우리는 어렸을 때 여름마다 해변에 가곤 했다.

▶'~하곤 했다'라는 의미로 과거의 습관을 나타내는 표현은 「used to+동사원형」으로 쓴다. 따라서 were used는 used로 고쳐야 한다.

4 이상하게 들릴 수도 있지만, 더 많이 움직이는 것이 여러분에게 더 많은 에너지를 주는 데 도움을 줄 수 있다는 것은 사실이다.

▶조동사 might 뒤에 동사원형 sound가 쓰인 것은 적절하다.

C

1 해석 연구에 의하면 우리 조상들은 어떤 종류의 흙 오븐을 사용했다. 고대의 벽난로가 단지 따뜻함만을 위한 것이 아니라 음식을 준비하는 데 사용되었다는 것을 증명하는 것은 어렵다. 우리의 조상들은 따뜻하게 하기 위해 불을 사용했을지도 모른다. 그러고 나서 그들은 불 옆에 있는 물고기를 먹고 뼈를 불 속에 던졌을 수 있다. 그것이 잘 익은 생선의 시작이었을 수 있다.

▶(1) 문맥상 '~하는 데 사용되다'라는 의미이므로 「be used to+동사원형」이 적절하다. 따라서 preparing은 prepare로 고쳐야 한다.

(2) 과거 사실에 대한 추측을 나타내는 맥락이므로 might have p.p.가 적절하다. 따라서 동사원형 use는 have used로 고쳐야 한다.

(3) 과거 사실에 대한 추측이므로 could 뒤에 have p.p.가 쓰여야 한다. 따라서 being을 been으로 고쳐야 한다.

2 해석 온라인상에 위험한 도전들이 있었다. 미시간주 출신의 12세 소년이 '불의 도전'을 완수하는 과정에서 입은 2도 화상을 회복하며 병원에서 나흘을 보냈다. 기본적으로, 일종의 인화성 액체, 예를 들어 매니큐어 제거제가 그에게 몇 초 동안 불이 붙는데 사용되었다. 이 도전은 절대 일어나지 말았어야 했다.

▶(1) '~이었다'라는 의미로 과거의 지속된 상태를 나타내므로 「used to+동사원형」을 써야 한다. 따라서 to be로 고쳐야 한다.

(2) '~하는 데 사용되었다'라는 의미이므로 「be used to+동사원형」을 써야 한다. 따라서 was used로 고쳐야 한다.

(3) 과거 사실에 대한 유감을 나타내는 맥락으로 should have p.p.로 써야 하므로 happened로 고쳐야 한다.

출제 포인트 21   p. 54

예문해석

1 도로에 교통량이 많을 것이다. 우리는 지금 떠나는 것이 좋겠다.

2 나는 하루 종일 소파에 앉아 있느니 차라리 자전거를 타겠다.

출제 포인트 22

예문 해석

1 내가 너라면 나는 역사 공부에 집중할 텐데.

2 내가 그 장엄한 경치를 놓쳤더라면 후회했을 것이다.

3 그녀가 인터뷰에서 정직했더라면 지금 곤경에 처하지 않을 텐데.

4 내가 당신을 잃는다면, 내 인생은 비참할 것이다.

5 과학자들이 없었다면, 우리는 달에 가지 못했을 것이다.

magnificent 장엄한, 웅장한 make it to ～에 이르다, 도착하다

Basic Practice
p. 55

A 1 hurry 2 might 3 were 4 may well

B 1 ○ 2 would 3 wonder 4 ○

C 1 (1) If it were not for 또는 Without[But for]
　　(2) happen

　 2 (1) do (2) to learn

A

1 저는 기차를 놓치지 않도록 서둘러 떠나는 것이 낫겠어요.
　▶ '～하는 것이 낫다'라는 의미의 「had better＋동사원형」 구문이므로 동사원형 hurry를 써야 한다.

2 당신이 결국 아시게 될 테니까, 지금 말씀드리는 것이 더 낫겠어요.
　▶ 뒤에 as well이 있으므로 '～하는 것이 더 낫다'라는 의미의 「might as well＋동사원형」을 써야 한다.

3 만약 우리가 사자 한 쌍이라면, 우리는 세렝게티에 누워 있을 텐데.
　▶ 현재 사실에 대한 반대의 가정을 나타내므로 가정법 과거를 쓴다. 따라서 If절에 과거동사 were를 써야 한다.

4 은퇴 후 30년을 사는 것을 기준으로 한 예산은 여러분이 더 오래 살면 실패하는 것이 당연하다.
　▶ 문맥상 실패할 것이라는 의미가 자연스러우므로 '～하는 것이 당연하다'라는 의미의 「may well＋동사원형」을 써야 한다.

B

1 만약 그가 경영학 학위를 가지고 졸업했다면, 그는 지금 더 나은 직업을 가질 텐데.
　▶ 혼합 가정법 문장으로, If절은 과거 사실과 반대되는 가정을 나타내므로 가정법 과거완료를 쓴다. 따라서 had graduated는 적절하다.

2 당신이 작곡가라면, 당신의 노래는 무엇에 관한 것일까?
　▶ 현재 사실과 반대되는 가정으로 가정법 과거가 되어야 하므로, 주절의 조동사는 과거형 would로 고쳐야 한다. If절은 if가 생략되었으므로 주어와 동사가 도치된 형태이다.

3 그녀가 갑자기 그와 대화하기를 거부했을 때, 그는 그 이유들에 대해 궁금해 하지 않을 수 없었다.
　▶ '～하지 않을 수 없다'라는 표현은 「cannot but＋동사원형」을 쓰므로, 동사원형 wonder로 고쳐야 한다.

4 어제 그의 도움이 없었더라면, 나는 결코 내 차가 움직이게 할 수 없었을 것이다.
　▶ 과거 사실에 대한 반대의 가정으로 가정법 과거완료를 써야 하므로 주절의 would have never been은 적절하다.

C

1 **해석** 돈이 없다면 사람들은 물물교환만 할 수 있을 것이다. 우리 중 많은 사람들은 호의에 보답할 때 약간의 물물교환을 한다. 하지만, 만약 여러분이 빵 한 덩어리를 원하고 여러분이 교환해야 하는 것이 여러분의 새 차 뿐이라면 무슨 일이 일어날까? 이 모든 문제를 해결하기 위해 우리는 돈을 사용해야 한다.
　▶ (1) 현재 사실에 대한 반대의 가정이므로 가정법 과거를 사용한다. 따라서 If절에 과거동사를 써서 If it were not for를 쓰거나 Without[But for]을 쓴다.
　　(2) 가정법 과거 문장이므로 조동사 would 뒤에 동사원형을 써야 한다. 따라서 have happened를 happen으로 고쳐야 한다.

2 **해석** 여러분은 그 일을 수락했고, 여러분이 그것을 계속 할 것이라면 유능하게 하는 것이 좋겠다. 이 일에서 어떻게 해야 할지 모르는 것이 있다면, 하는 방법을 배울 수밖에 없고 최선을 다해 할 수밖에 없다. 그렇게 하지 않는다면, 여러분은 결코 평균 수준 이상에 도달하지 못할 것이다.
　▶ (1) '～하는 것이 더 좋겠다'라는 의미의 「might as well＋동사원형」이 쓰였으므로, 동사원형 do로 고쳐야 한다.
　　(2) '～할 수밖에 없다'라는 의미의 「have no choice but to＋동사원형」이 쓰였으므로 to learn으로 고쳐야 한다.

출제 포인트 23
p. 56

예문 해석

1 그 부자는 모든 물건이 녹색으로 칠해져야 한다고 명령했다.

2 그는 자신의 상대가 지난 토론에서 거짓말을 했다고 주장했다.

출제 포인트 24

예문 해석

1 해결책은 마치 당신이 엄격한 다이어트를 하는 것처럼 기기를 조절하는 것이다.

2 그는 마치 트럭에 치였던 것처럼 느꼈다.

3 그 드레스는 나에게 너무 길다. 내가 키가 더 크다면 좋을 텐데.

4 그는 이야기할 거리가 있도록 그 영화를 전에 봤더라면 하고 바랐다.

opponent 상대(편) regulate 조절하다; 규제하다

Basic Practice
p. 57

A 1 keep 2 were 3 be 4 had known

B 1 ○ 2 ○ 3 had not 4 realized

C 1 (1) had thrown (2) (should) be

　 2 (1) had pressed (2) had seen (3) were

A

1 그의 부모님은 그가 낯선 사람을 가까이 하지 말아야 한다고 충고했다.
　▶ 주절의 동사가 advised이고 that절에 당위성이 있으므로 that절의 should가 생략된 것으로 볼 수 있다. 따라서 동사원형 keep을 써야 한다.

2 그는 자기 고양이를 마치 자기 딸처럼 사랑한다.

  ▶ 주절의 시제와 같은 시점의 가정이므로 가정법 과거를 쓴다. 따라서 과거동사 were를 써야 한다.

3 많은 과학자들은 학문 연구가 모든 이들이 읽을 수 있게 무료가 되어야 한다고 주장한다.

  ▶ 주절의 동사로 argue가 쓰였고 that절에 당위성이 있으므로 that절의 should가 생략된 것으로 볼 수 있다. 따라서 동사원형 be를 써야 한다.

4 직장 생활을 시작하기 전에 당신이 알고 있었더라면 하고 바랐던 것들은 무엇이었는가?

  ▶ 바라는 시점보다 이전에 대한 소망을 나타내므로 가정법 과거완료인 had known을 써야 한다.

B

1 그 식당 주인은 마치 자신이 그저 서빙하는 사람인 것처럼 행동했다.

  ▶ 주절의 시제와 같은 시점의 가정을 나타내므로 가정법 과거를 쓴다. 따라서 과거동사 were는 적절하다.

2 게임의 각 선수들이 규칙을 이해하는 것은 필수적이다.

  ▶ 주절에 형용사 essential이 쓰였고 that절에 당위성이 있으므로 that절의 should가 생략된 것으로 볼 수 있다. 따라서 동사원형 understand는 적절하다.

3 그 죄수는 자신이 범죄를 저지르지 않았더라면 하고 바랐지만 너무 늦었다.

  ▶ 바라는 시점보다 더 먼저 일어난 일에 대한 가정이므로 가정법 과거완료를 쓴다. 따라서 had not으로 고쳐야 한다.

4 그 개들이 1~2초간 멈췄다는 것은 그것들이 무언가 잘못되었다는 것을 깨달았음을 시사한다.

  ▶ 주절에 동사 suggests가 쓰였으나, that절에 당위성이 없고 과거의 사실에 대한 진술이므로 시제에 맞춰 과거형 realized로 고쳐야 한다.

C

1 해석 당신이 미국 지도에 무작위로 다트를 던진다고 가정해 보라. 당신은 다트에 의해 남겨진 구멍들이 지도 전체에 걸쳐 거의 고르게 분포된 것을 보게 될 것이다. 하지만 어떤 특정 산업의 실제 지도는 전혀 그렇게 보이지 않는다. 그것은 마치 누군가가 모든 다트를 같은 지역에 던졌던 것처럼 보인다. 기업들은 모여 있도록 권고된다. 구매자들은 옥수수밭 한가운데에 있는 한 소프트웨어 회사를 수상하게 여길 수도 있다.

  ▶ (1) 주절의 시제보다 먼저 일어난 일에 대한 가정(마치 ~였던 것처럼)이 문맥상 적절하므로 가정법 과거완료를 써야 한다. 따라서 had thrown으로 고쳐야 한다.

  (2) 주절의 동사가 is advised이고 that절에 당위성이 있으므로 that절의 동사는 (should) be로 고쳐야 한다.

2 해석 누군가가 표면에 자신을 드러내는 방식과 그들이 정말로 내면 깊은 곳에서 느끼는 방식 사이에는 큰 단절이 있을 수 있다. 내가 그것을 더 빨리 알았더라면 좋을 텐데. 내 아들이 부정적인 감정을 표현할 때 내가 아들에게 도움을 청하라고 밀어붙였더라면 좋을 텐데. 나는 그렇게 하지 않은 것을 후회한다. 그날, 그는 전날 병원에 갔으며 모든 것이 괜찮았다고 주장했다. 그는 마치 괜찮은 것처럼 보였지만, 사실 그는 몹시 고통스러웠다.

  ▶ (1) 과거에 하지 않은 일을 후회하는 내용이므로, 바라는 시점보다 더 앞선 일에 대한 소망을 나타내는 가정법 과거완료를 써야 한다. 따라서 had pressed로 고쳐야 한다.

---

  (2) 주절의 동사가 insisted이지만 that절에 당위성이 없고 주절의 시제인 과거보다 더 먼저 일어난 일을 진술하고 있으므로, 과거완료시제 had seen으로 고쳐야 한다.

  (3) 주절의 시제와 같은 시점에 일어난 일에 대한 가정이므로 가정법 과거를 써야 한다. 따라서 동사의 과거형 were로 고쳐야 한다.

Chapter Test

1 living **2** better not **3** must **4** were, could live

5 do, as if **6** ③ **7** ③

8 ⓐ → were, ⓒ → had won

9 ⓑ → leave, ⓒ → have forgotten

10 as if they were taking place at a distance

11 If I had not broken the promise

12 requested that he appear in court and explain

13 You might as well go home now and get some rest.

14 The expert cannot have made such a serious mistake.

15 If I had followed his advice, things would have been different.

16 ② **17** (1) have installed (2) to damage (3) had been

18 (1) ② (2) If plastic materials were completely recyclable, it would be a big help

19 ⑤ **20** ④

---

1 그는 관리하기 쉬운 작은 방에서 사는 데 익숙하다.

  ▶ '~하는 데 익숙하다'라는 맥락이므로 「be used to+(동)명사」를 써야 한다. 따라서 동명사 living이 적절하다.

2 우리가 가졌던 창작상의 의견 차이 후에, Eddie와 나는 다음 영화에서 함께 일하지 않는 것이 낫다고 결정했다.

  ▶ '~하는 것이 낫다'라는 의미의 「had better+동사원형」의 부정형은 not을 동사원형 앞에 위치시킨다.

3 우리는 보고 또 보면서 숨겨진 의미에 대해 생각했지만 아무것도 생각해 내지 못했다. 우리가 그것을 놓쳤음에 틀림없다.

  ▶ 아무것도 생각해 내지 못했다고 했으므로 문맥상 놓쳤다는 의미가 자연스럽다. 따라서 과거 사실에 대한 강한 추측을 나타내는 must have p.p.를 써야 한다.

4 내가 좀 더 현명하다면 이 문제를 더 잘 다룰 수 있을 텐데. 나는 내가 지금 알고 있는 것을 알면서 내 인생을 다시 살 수 있으면 좋을 텐데.

  ▶ (1) 현재 사실에 대한 반대의 가정인 가정법 과거가 적절하므로 If절에 과거동사 were를 써야 한다.

  (2) 바라는 시점과 같은 시점에서의 소망이므로 가정법 과거 could live가 적절하다.

5 Tony는 Lisa에게 그녀가 슬프거나 통제할 수 없을 때마다 두 가지 일을 하라고 제안했다. 첫째로, 그녀는 자신을 괴롭히는 문제들을 마치 다른 사람의 문제인 것처럼 객관적으로 적을 필요가 있다. 둘째로, 그녀는 그것들이 정말 중요한지 스스로에게 물어봐야 한다.

  ▶ (1) 주절의 동사가 suggested이고 that절에 당위성이 있으므로

20 SOLID 어법 실력

조동사 should가 생략된 것으로 보아야 한다. 따라서 동사원형 do를 써야 한다.

(2) 맥락상 '마치 ~인 것처럼'이라는 의미가 자연스러우므로 as if를 써야 한다.

6 ③ 그 증거는 초기 인류가 사냥을 위해 도구를 사용했다는 것을 시사한다.
▶ 주절의 동사가 suggests이지만 that절이 과거의 사실을 설명하는 문장이므로 that절의 동사는 과거시제 used로 고쳐야 한다.

① Jay는 자신이 Sarah 같은 소녀를 더 빨리 만났더라면 하고 바랐다.
▶ 바라는 시점보다 더 먼저 일어난 일에 대한 소망을 나타내는 맥락이므로 과거완료시제는 적절하다.

② 여기에 몇 개의 제분소가 있었는데 모두 문을 닫았다.
▶ 과거의 지속된 상태를 나타내는 맥락이므로 「used to+동사원형」인 used to be는 적절하다.

④ 진심으로 사과드립니다. 저는 제 말에 더욱 신중했어야 했습니다.
▶ should have p.p.는 과거 사실에 대한 후회를 나타내는 표현이므로 have been은 적절하다.

⑤ 그녀는 마치 다이아몬드를 만지는 것처럼 사진을 가로질러 손가락을 움직였다.
▶ 「as if+가정법 과거」는 주절의 시제와 같은 시점에서의 가정(마치~인 것처럼)을 나타내는 표현이므로 적절하다.

7 ⓐ 만약 내게 그런 일이 일어났다면, 나는 즉각적인 조치를 취했을 텐데.
▶ 과거 사실과 반대되는 가정을 나타내므로 가정법 과거완료는 적절하다.

ⓑ 연구에 따르면 행복은 여러 가지 요인에 의해 좌우된다고 한다.
▶ 주절의 동사는 suggests이지만 that절에 당위성이 없고 연구 결과를 나타내는 문장이므로 동사를 현재시제 depends로 쓴 것은 적절하다.

ⓔ 논쟁 중에 내가 무슨 말을 했을 수도 있지만, 확실하지는 않다.
▶ may have p.p.는 과거에 대한 불확실한 추측을 나타내는 표현이므로 적절하다.

ⓒ 그 기술은 개인용 컴퓨터의 가상 환경을 관리하는 데 사용되었다.
▶ '~하는 데 사용되다'라는 표현은 「be used to+동사원형」이므로 managing은 동사원형 manage로 고쳐야 한다.

ⓓ 만약 그가 더 열심히 연습했더라면, 그는 지금 훌륭한 선수일 텐데.
▶ 과거의 일이 현재에 미치는 영향(단서: now)을 나타내는 혼합 가정법이므로, 주절에는 가정법 과거를 쓴다. 따라서 would have been은 would be로 고쳐야 한다.

8 해석 5대 3으로 뒤진 상태에서 코트로 다시 발걸음을 옮기면서 Stephanie는 마치 누군가나 무언가를 찾는 것처럼 군중을 올려다보았다. 관중들은 무슨 일이 일어나고 있는지 몰랐지만, 환호성으로 응할 수밖에 없었다. 상대편이 네트 위로 공을 쳐서 마지막 점수를 땄다. Stephanie가 공을 되받아치지 못해 결국 상대가 승리했다. Stephanie가 승리했더라면 그 경기는 그녀에게 큰 의미가 있었을 것이다.
▶ ⓐ 주절의 시제와 같은 시점에서의 가정을 나타내므로 as if 뒤에 가정법 과거를 써야 한다. 따라서 were로 고쳐야 한다.

ⓒ 과거 사실과 반대되는 가정을 나타내는 문장이므로 가정법 과거완료를 써야 한다. 따라서 if절의 동사는 had won으로 고쳐야 한다.

ⓑ '~할 수밖에 없다'라는 의미의 「have no choice but to+동사원형」이므로 to respond는 적절하다.

9 해석 Kat의 가족은 그해 여름 Mont 호수로 여행을 갔다. 그들은 빌린 오두막집에서 환영 받지 못함에도 불구하고 자신들의 개 Elmo가 함께 가야 한다고 주장했다. 그들은 개를 집에 혼자 두느니 차라리 여행을 포기할 것이었다. Kat의 엄마는 개에게 먹이를 주고 산책시키라고 나에게 하루에 40달러를 주었다. 그녀가 나에게 오두막집 열쇠를 주었지만, 나는 그것을 돌려주는 것을 잊어버렸다. 그녀도 잊어버렸음에 틀림없는데, 왜냐하면 그녀는 그것을 요구한 적이 전혀 없기 때문이다.
▶ ⓑ 'B하느니 차라리 A하겠다'라는 표현은 「would rather A(동사원형) than B(동사원형)」이므로 동사원형 leave로 고쳐야 한다.

ⓒ 과거 사실에 대한 강한 추측을 나타내는 표현은 must have p.p.이므로 have forgotten으로 고쳐야 한다.

ⓐ 주절의 동사로 insisted가 쓰였고, that절에 당위성이 있으므로 동사 앞에 should가 생략된 것으로 볼 수 있다. 따라서 동사원형이 온 것은 적절하다.

10 ▶ 주절의 시제와 같은 시점의 일에 대한 가정이므로 「as if+가정법 과거」로 문장을 완성한다. as if 뒤의 be동사를 과거형인 were로 바꿔 쓴다.

11 ▶ 과거 사실과 반대되는 가정을 나타내는 If절로 완성한다. 동사 have, break를 과거완료 had broken으로 바꿔 쓰고, not은 그 사이에 둔다.

12 ▶ 과거 시점에 요구한 것이므로 과거형 requested로 쓰고, 목적어를 이끄는 that절을 쓴다. 문장에 당위성이 있으므로 that절의 동사는 동사원형인 appear, explain으로 쓴다.

13 ▶ '~하는 것이 더 낫다'라는 표현인 「might as well+동사원형」을 이용하여 문장을 완성한다.

14 ▶ '~했을 리가 없다'라는 표현인 cannot have p.p.를 이용하여 문장을 완성한다.

15 ▶ 가정법 과거완료 문장이므로 If절에는 had followed를 쓰고, 주절은 would have been을 써서 완성한다.

16 해석 저는 TAC 회사의 이사 Aaron Brown입니다. 저희 회사의 10주년을 기념하고 추가 성장을 촉진하기 위해 저희는 작은 행사를 마련했습니다. 사업 동향에 대해 깨우침을 주는 토론이 있는 유익한 오후가 될 것입니다. 저는 최근에 사업의 새로운 쟁점에 대한 귀하의 강연에 참석했는데, 귀하의 훌륭한 강의에 압도되지 않을 수 없었습니다. 저는 그 오후에 귀하가 저희의 초청 강연자가 되어 주시기를 요청 드리기 위해 이 편지를 씁니다. 귀하의 경험과 지식은 다방면으로 저희 사업에 도움이 될 것입니다. 청중들이 귀하의 강의를 즐기는 것도 당연합니다. 저희를 위해 시간을 좀 내주신다면 진심으로 감사하겠습니다. 궁금한 점이 있으시면 언제든지 문의해 주십시오.
▶ ⓑ '~하지 않을 수 없다'라는 표현은 'cannot help -ing'이므로, to be는 being으로 고쳐야 한다.

ⓒ 동사 request가 쓰였고 that절에 당위성이 있으므로 should가 생략된 것으로 보아야 한다. 따라서 you are는 you be로 고쳐야 한다.

ⓓ discussions는 깨우침을 주는 주체이므로 현재분사가 수식하는 것은 적절하다.

ⓓ '~하는 것이 당연하다'라는 표현은 「may well+동사원형」으로 나타내므로 적절하다.

ⓔ If you should에서 If가 생략되면서 주어와 조동사가 도치된 형태이므로 적절하다.

17 [해석] 나는 한 때 '무료 소프트웨어'를 내려받아 끔찍한 경험을 했다. 나는 그것을 설치하지 말았어야 했다. 기술 전문가들에 따르면, '무료 소프트웨어'는 무료가 아니다. 지불해야 할 대가가 있으며, 그것은 종종 컴퓨터의 온전함이다. 무료로 추정되는 소프트웨어를 내려받을 때 여러분은 종종 소프트웨어가 컴퓨터에 악성 프로그램이라고 불리는 것을 설치하도록 허용한다. 악성 프로그램은 컴퓨터를 고치기 위해 더 많은 소프트웨어를 구입해야 하도록 당신의 컴퓨터에 손상을 입히는 데 사용될 수 있다. 내가 수락한 무료 소프트웨어 제공에 대해 더 의심을 품었더라면 좋을 텐데.

▶ (1) 문맥상 과거 사실에 대한 후회를 나타내는 shouldn't have p.p.를 써야 하므로, have installed로 쓴다.

(2) '~하는 데 사용되다'라는 의미이므로 「be used to+동사원형」이 되도록 to damage로 써야 한다.

(3) 바라는 시점보다 앞선 일에 대한 소망을 나타내는 맥락이므로 가정법 과거완료 had been으로 써야 한다.

18 [해석] 미국에서 쓰레기를 내놓는 밤에, 재활용은 일반적인 의례적인 일이다. 모든 사람들은 재활용 수집을 위해 골판지, 유리, 종이, 플라스틱을 분류하는 데 익숙하지만 그린피스의 새로운 연구는 플라스틱을 재활용하는 것이 '신화'라고 시사한다. 그것이 미래에 대한 주요 질문을 제기하는 것도 당연하다. 재활용이 효과가 있는가? 재활용된 플라스틱에 실제로 무슨 일이 일어나는지에 대해 많은 논쟁이 있었지만, 과학자들은 플라스틱 쓰레기를 모으는 것이 매우 어렵고 분류하는 것이 거의 불가능하기 때문에 그것을 재활용하는 것이 대부분 실패했다고 말한다. 플라스틱은 종종 독성 물질로 만들어지거나 독성 물질에 의해 오염되기 때문에, 재처리하는 것이 환경에 유해할 수 있다. 마지막으로, 플라스틱을 재활용하는 것은 경제적 이익이 거의 없다. 플라스틱 물질이 완전히 재활용될 수 있다면, 환경과 경제에 큰 도움이 될 텐데. 그러나 그린피스에 따르면 생산된 수천 종류의 합성 플라스틱 물질은 근본적으로 재활용할 수 없기 때문에 플라스틱 재활용은 실패했다.

(1) ▶ ⓑ 주절의 동사는 suggests이지만 that절에 당위성이 없으므로 동사원형 be는 is로 고쳐야 한다.

ⓐ '~하는 데 익숙하다'라는 표현은 「be used to+(동)명사」로 나타내므로 to sorting은 적절하다.

ⓒ '~에 대한'이라는 뜻의 전치사 over의 목적어 역할을 하는 명사절을 이끄는 what이므로 적절하다.

ⓓ 접속사 or로 수동태 is made와 (is) contaminated가 연결된 형태이므로 과거분사 contaminated는 적절하다.

ⓔ the thousands of types of synthetic plastic materials는 생산되는 대상이므로 과거분사 produced가 수식하는 구조는 적절하다.

(2) ▶ 현재 사실에 대한 반대를 가정하는 가정법 과거를 쓴다. If절의

동사는 be동사의 과거형 were를 쓰고, 주절은 조동사의 과거형인 would 뒤에 동사원형 be를 써서 완성한다.

19 [해석] 버려진 장소들은 비극이었든 단순한 시간의 흐름이었든 이 장소들에서 무슨 일이 벌어졌을지 생각할 때 우리의 상상력을 불러일으킨다. 버려진 대저택에서 버려진 도시에 이르기까지, 텅 빈 곳의 오싹한 사진들이 미스터리로 가득한 것도 당연하다. 이것은 버려진 성들과 그것들의 잊혀지지 않는 매력에 있어 특히 그렇다. 그것들의 비밀은 무엇이고, 왜 그것들은 버려졌을까? 17세기 Stanislaw Koniecpolski에 의해 지어진 Pidhirtsi 성은 유럽에서 가장 훌륭한 성들 중 하나로 여겨졌었다. 우크라이나 서부에 위치한 이 인상적인 르네상스 양식의 석조 성은 1978년 영화 '달타냥과 삼총사'를 촬영하는 데 사용되었다. 이 아름다운 성곽은 그 영화의 감독을 매료시켰음에 틀림없다.

▶ ⑤ 과거에 대한 강한 추측을 나타내는 맥락이므로 must have p.p.를 써야 한다. 따라서 fascinate는 have fascinated로 고쳐야 한다.

① 과거에 대한 불확실한 추측을 나타내는 맥락이므로 might have p.p.가 쓰인 것은 적절하다.

② abandoned castles의 소유격을 나타내므로 복수형 their는 적절하다.

③ '(과거에) ~하곤 했다'라는 표현은 「used to+동사원형」으로 나타내므로 used to는 적절하다.

④ 뒤에 동사 was가 있고, This impressive Renaissance-style stone castle은 위치되는 대상이므로 과거분사 located가 수식하는 구조는 적절하다.

20 [해석] 일부 여성들에게 투표권을 부여한 미국 수정헌법 제19조는 수년간 의회에서 이리저리 이야기되어 왔다. 여성들은 정치가 아닌 집안일과 모성애에 집중할 수밖에 없었다. 그러나 1920년 8월 18일 테네시 주가 서명하면서 마침내 이 개정안이 비준되었다. 여러분이 아마도 모를 것은 테네시 주의 결정적인 표는 24살의 Harry T. Burn에 의해 던져졌다는 것이다. Burn은 수정안에 반대했지만, 그의 어머니는 그가 그것을 승인해야 한다고 주장했다. Burn 부인은 아들에게 "착한 아이가 되는 것을 잊지 말거라."라고 편지를 썼다고 한다. 그의 투표는 가능한 99표 중 50번째 표였다. 그것이 지금 우리가 아슬아슬한 순간이라고 부르는 것이다! 만약 그가 그것에 찬성 투표하지 않았더라면, 여성들은 투표할 권리가 없을 것이다. 1920년 8월 26일, 여성들은 마침내 미국 전역에서 투표권을 획득했다. 여러분은 많은 나라들이 미국보다 먼저 여성들에게 투표권을 주었다는 것을 알면 놀랄지도 모른다.

▶ ④ 과거 사실에 대한 반대 상황을 가정하고 있으므로 If절에는 가정법 과거완료를 써야 한다. 따라서 did not vote는 had not voted로 고쳐야 한다.

① 선행사 The 19th Amendment to the U.S. Constitution을 부연 설명하므로 관계대명사 which가 계속적 용법으로 쓰인 것은 적절하다.

② 선행사를 포함한 관계대명사 What이 명사절을 이끌어 주어 역할을 하고 있으므로 적절하다.

③ 주절의 동사가 insisted이고 that절에 당위성이 있으므로 that절의 should가 생략된 것으로 볼 수 있다. 따라서 동사원형 approve는 적절하다.

⑤ 앞 절의 gave women the right to vote를 대신하므로 대동사 did는 적절하다.

Chapter 5
접속사/전치사

출제 포인트 25　　　　　　　　　　　p. 64

예문 해석

1 비록 그것이 어려워 보일지라도 가능하다.
2 최근 폭풍 때문에 모든 인터넷 서비스가 중단되었다.
3 당신은 스마트폰으로 통화를 하는 동안 다른 앱을 사용할 수 있다.

출제 포인트 26

예문 해석

1 어머니가 들어와서 난장판을 치우기 시작하셨다.
2 비언어적 신호는 의사소통과 관련이 있을 뿐만 아니라 의사소통에 중요하다.
cf. 3 Julie뿐만 아니라 그녀의 아이들도 파티를 즐기고 있었다.

down (컴퓨터 시스템이) 작동을 안 되는 nonverbal 말을 사용하지 않는, 비언어적인 relevant 관련 있는

Basic Practice　　　　　　　　　　p. 65

A 1 although　2 but　3 but　4 during
B 1 solid　2 ○　3 because of　4 ○
C 1 (1) during　(2) to prevent
　　2 (1) silent　(2) care　(3) despite 또는 in spite of

A

1 일부는 변하지 않는 것처럼 보일 수 있지만, 생태계는 역동적이다.
　▶ 뒤에 주어(some)와 동사(may)로 이루어진 절이 왔으므로 접속사 although를 써야 한다.

2 흡연은 여러분의 건강에 뿐만 아니라 지갑에도 해롭다.
　▶ 'A뿐만 아니라 B도'라는 표현은 「not only A but (also) B」이다.

3 선물을 가치 있게 만드는 것은 가격이 아니라 의도이다.
　▶ 'A가 아니라 B'라는 표현은 「not A but B」이다.

4 전력 회사는 때때로 사용량이 가장 많은 기간 동안 수요를 충족하는 데 어려움을 겪는다.
　▶ 뒤에 명사구(peak usage periods)가 있으므로 전치사 during을 써야 한다.

B

1 고양이는 상황에 따라 액체일 수도 있고 고체일 수도 있다.
　▶ 'A 또는 B'라는 표현은 「either A or B」를 쓴다. 이때 A와 B는 문법적으로 대등해야 하고, 동사 be의 보어 역할을 해야 하므로 형용사 solid로 고쳐야 한다.

2 호텔 직원들과 다른 손님들 모두를 괴롭히는 이러한 무례한 습관을 피하라.
　▶ 'A와 B 모두[둘 다]'라는 표현은 「both A and B」를 쓰는데, hotel employees와 other guests는 명사로 문법적으로 대등하므로

적절하다.

3 파란색은 파란색 염료의 화학적 특성 때문에 데님을 위해 선택된 색이었다.
　▶ 뒤에 명사구(the chemical properties of blue dye)가 왔으므로 전치사 because of로 고쳐야 한다.

4 그 노인은 딸에게 무언가를 말하고 싶어서 가까이 오라고 했다.
　▶ since는 전치사와 접속사로 모두 쓸 수 있으므로 뒤에 절을 이끄는 것은 적절하다.

C

1 　해석　독립의 원칙은 좋은 경찰 수사 절차 동안 적용될 수 있다. 한 사건에 여러 명의 목격자가 있을 때, 그들은 증언을 하기 전에 그것을 논의하는 것이 허용되지 않는다. 적대적 목격자들에 의한 공모를 방지하는 것뿐만 아니라 목격자들이 서로 영향을 미치는 것을 방지하는 것이 목적이다.
　▶ (1) 뒤에 명사구(good police procedure)가 왔으므로 전치사 during으로 고쳐야 한다.
　　(2) 'A뿐만 아니라 B도'라는 의미의 「not only A but also B」에서 A와 B는 문법적으로 대등해야 하므로 to prevent로 고쳐야 한다.

2 　해석　나는 항상, 특히 내가 알지도 못하고 관심도 없는 사람들에게 처음에는 조금 차갑고 조용하다. 이것은 사람들이 나를 냉소적이고 접근하기 어려운 사람으로 생각하게 만들 수도 있다. 하지만, 그들과 더 많은 시간을 보낼수록, 나는 점차 긴장을 풀고 더 사교적이 되기 시작한다. 사람들은 그들이 받은 첫인상에도 불구하고 나를 좋아하기 시작한다.
　▶ (1) 등위접속사 and는 문법적으로 대등한 단어를 연결하므로 부사 silently는 형용사 silent로 고쳐야 한다. 참고로 부사는 보어 자리에 올 수 없다.
　　(2) 'A도 B도 아닌'이라는 의미의 「neither A nor B」에서 A와 B는 문법적으로 대등해야 하므로 동사 care로 고쳐야 한다.
　　(3) 뒤에 목적격 관계대명사가 생략된 관계사절 they had의 수식을 받는 명사구 the first impression이 왔으므로 전치사 despite 또는 in spite of로 고쳐야 한다.

출제 포인트 27　　　　　　　　　　p. 66

예문 해석

1 나는 그 소문이 사실인지 아닌지 전혀 모르겠다.
2 그가 자신이 무엇을 하고 있는지 몰랐다는 것은 모든 사람들에게 충격을 주었다.
3 우리 단체는 모든 동물들이 친절하게 대우받아야 한다는 믿음에 근거하여 설립되었다.
4 유성이 행운의 조짐이라는 것은 과학적 근거가 없는 믿음이다.

출제 포인트 28

예문 해석

1 이 크림은 주름을 빨리 줄여 줄 것으로 기대[예상]된다.
2 그 의사들은 심장과 관련된 문제들을 확인하는 데 전념한다.

basis 근거, 이유　wrinkle 주름

Basic Practice p. 67

A 1 whether 2 paying 3 work 4 that
B 1 ○ 2 working 3 offer 4 that
C 1 (1) display (2) that (3) provide
    2 (1) whether 또는 if (2) that (3) be

A

1 청중의 피드백은 듣는 사람이 말하는 사람의 생각을 이해하는지 아닌지를 나타낸다.
▶ 문장 맨 끝에 or not이 있고, 문맥상 '~인지 아닌지'의 의미가 적절하므로 whether를 써야 한다.

2 나는 이 느린 인터넷 서비스에 그렇게 많은 돈을 지불하는 것에 반대한다.
▶ object to(~에 반대하다)는 전치사 to가 쓰인 표현이므로 동명사 paying을 써야 한다.

3 그는 정보에 입각한 결정을 내리려고 편견을 극복하기 위해 기꺼이 노력한다.
▶ '기꺼이 ~하다'라는 표현은 「be willing to+동사원형」이므로 work를 써야 한다.

4 우리는 누구나 교육을 받을 수 있어야 한다는 생각을 지지한다.
▶ 뒤에 완전한 절이 오고, the idea와 동격을 이루므로 접속사 that을 써야 한다.

B

1 이 기술이 도움이 필요한 사람들을 도울 수 있을지는 여전히 의문이다.
▶ 문맥상 '~인지 (아닌지)'의 의미가 있으므로 접속사 Whether는 적절하다.

2 우리 삼촌은 빠르게 돌아가는 회사에서 일하는 것에 익숙하고 아주 융통성이 있다.
▶ '~에 익숙하다'라는 표현은 「be used to+(동)명사」이므로 동명사 working으로 고쳐야 한다.

3 전염병 때문에 그 기업들은 돌봄 혜택을 제공해야 한다.
▶ '~해야 한다'라는 의미의 be supposed to 뒤에는 동사원형이 오므로 동사원형 offer로 고쳐야 한다.

4 축구가 세계에서 가장 인기 있는 스포츠 중 하나라는 사실을 생각해 보라.
▶ 뒤에 완전한 절이 오고 the fact와 동격을 이루므로 관계대명사 which는 접속사 that으로 고쳐야 한다.

C

1 해석 패션은 우리의 선택에서의 창의성과 좋은 취향을 보여 주는 것에 이용될 수 있다. 패션이 우리를 서로 연결하는 흥미와 즐거움의 원천이 될 수 있다는 것에는 의심의 여지가 없다. 즉, 패션은 자신을 다르게 상상할 수 있는 기회, 즉 다른 정체성을 시도할 수 있는 기회와 함께 사교적인 측면을 제공할 것 같다.
▶ (1) 문맥상 '~하는 데 사용되다'라는 의미가 자연스러우므로 「be used to+동사원형」이 적절하다. 따라서 동사원형 display로 고쳐야 한다.
  (2) 뒤에 완전한 절이 왔고, doubt을 설명하면서 동격을 이루므로 관계대명사 which는 접속사 that으로 고쳐야 한다.
  (3) '~할 것 같다'라는 표현은 「be likely to+동사원형」을 쓰므로

동사원형 provide로 고쳐야 한다.

2 해석 누군가가 당신에게 끌리는지 아닌지를 밝힐 쉬운 기술을 알려 주겠다. 사람들이 서로에게 끌리면 결국 자신도 모르는 사이에 비슷하게 소리 내기 시작한다. 연구에 따르면 그 유사성은 음높이에서 말하는 속도에 이르기까지 모든 것을 포함한다. 일반적으로, 사람들은 자신이 끌리는 사람들과 더 비슷해지기를 열망한다.
▶ (1) 문장 맨 끝에 or not이 있고, 문맥상 '~인지 아닌지'의 의미이므로 that은 접속사 whether 또는 if로 고쳐야 한다.
  (2) 뒤에 완전한 절이 오고, 동사 suggests의 목적어 역할을 할 명사절이 필요하므로 which를 명사절을 이끄는 접속사 that으로 고쳐야 한다.
  (3) '몹시 ~하고 싶어 하다'라는 표현은 「be eager to+동사원형」이므로 being은 동사원형 be로 고쳐야 한다.

Chapter Test p. 68

1 although 2 has 3 whether 4 while, gain
5 that, help 6 ② 7 ③
8 ⓐ → keep, ⓒ → that
9 ⓐ → during, ⓑ → put
10 you should walk not only slowly but also carefully
11 Despite being sophisticated hunters, went extinct
12 is devoted to helping seniors of the community
13 While we had our dinner, a siren started to scream.
14 The country's foreign policy is likely to remain unchanged.
15 I can't believe the news that the tax rate will decline.
16 ② 17 (1) wearing (2) being (3) neither
18 (1) ⑤ (2) The fact that you are in a new place
19 ③ 20 ⑤

1 많은 상황들이 우리의 생존에 무해함에도 불구하고 우리의 뇌에 의해 위협으로 간주된다.
▶ 뒤에 완전한 절이 왔으므로 접속사 although를 써야 한다.

2 나의 이모는 학교에 다닐 뿐만 아니라 정규직으로 일도 한다.
▶ 'A뿐만 아니라 B도'라는 의미의 「not only A but also B」에서 A와 B는 문법적으로 대등해야 하므로 동사 has를 써야 한다.

3 지난 20년 동안 개발된 기술이 어린 시절의 모습을 근본적으로 탈바꿈시켰다는 것은 분명하다. 그러나 기술이 아이들에게 위험한지 아닌지는 명확하지 않다.
▶ 문장 맨 끝에 or not이 있고, 문맥상 '~인지 아닌지'의 의미이므로 접속사 whether를 써야 한다.

4 산책하는 동안 신선한 공기를 마시는 것은 정신을 맑게 하는 아주 좋은 방법이다. 그것은 또한 불안을 완화하고 창의력을 얻는 좋은 방법이다.
▶ (1) 뒤에 완전한 절이 왔으므로 접속사 while을 써야 한다.
  (2) 등위접속사 and는 문법적으로 대등한 어구를 연결하므로 동사원형 ease와 대등한 gain을 써야 한다.

5 만약 당신이 협력을 통해 사회가 완성될 수 있다는 믿음을 가지고 있다면, 우리 기관에 가입하세요. 우리는 항상 도움이 필요한 사람들을 기꺼이 도울 사람들을 찾고 있습니다!
- ▶(1) 뒤에 완전한 절이 왔고, a belief와 동격을 이루므로 접속사 that을 써야 한다.
- (2) '기꺼이 ~하다'라는 표현은 「be willing to+동사원형」이므로 help를 써야 한다.

6 ② 건강을 유지하는 것은 우리가 지속 가능한 생활 방식을 가지고 있는지에 달려 있다.
- ▶문맥상 '~인지 (아닌지)'의 의미가 자연스러우므로 접속사 that을 whether로 고쳐야 한다.

① 저희는 긍정적인 답변을 받기를 고대합니다.
- ▶'~을 고대하다'라는 표현은 「look forward to+(동)명사」이므로 to receiving은 적절하다.

③ 그 개들은 친절한 낯선 사람이 그들을 데리고 들어갈 때까지 눈 속에 남겨졌다.
- ▶until(~까지)은 접속사와 전치사로 모두 쓸 수 있고, 여기서는 접속사로 쓰였다.

④ 그들이 막 우승자를 발표하려고 할 때 내 심장은 뛰기 시작했다.
- ▶'막 ~하려고 하다'라는 표현은 「be about to+동사원형」이므로 to announce는 적절하다.

⑤ 온 동네에 떠도는 그 소문을 그녀가 몰랐다니 나는 믿을 수가 없다.
- ▶뒤에 불완전한 절이 오고, that이 선행사 the rumor를 수식하는 주격 관계대명사로 쓰였으므로 적절하다.

7 ⓐ 그는 전갈도 전령도 보내지 않고 직접 왔다.
- ▶'A도 B도 아닌'이라는 의미의 「neither A nor B」가 쓰인 문장으로, A와 B가 문법적으로 대등한 명사이므로 적절하다.

ⓑ 너무 늦기 전에 짐을 싸서 이 멋진 목적지로 향하라.
- ▶등위접속사 and가 문법적으로 대등한 절을 연결하므로 적절하고, before가 접속사로 쓰여 뒤에 완전한 절을 이끌므로 적절하다.

ⓔ 내가 문자 메시지를 보내야 할지 아니면 그녀의 문자 메시지를 기다려야 할지가 지금 나의 가장 큰 고민이다.
- ▶'~인지 (아닌지)'를 나타내는 접속사 Whether가 이끄는 명사절이 주어 역할을 하므로 적절하다.

ⓒ 그 사업은 근로자와 시장 모두에게 열악한 위치 때문에 실패했다.
- ▶접속사 because 뒤에 명사구가 있으므로 because는 전치사 because of로 고쳐야 한다.

ⓓ 일부 비평가들은 코미디언 Sam Lee가 텔레비전 쇼의 진행자로 초대되는 것에 반대한다.
- ▶'~에 반대하다'를 나타내는 object to 뒤에는 동명사(구)가 와야 하므로 is는 동명사 being으로 고쳐야 한다. the comedian Sam Lee는 동명사구의 의미상 주어이다.

8 해석 암호는 우리를 안전하게 보호해야 하지만, 해커들이 우리의 재정과 신원을 공격하는 열린 문이 될 수 있다. 모든 계정에 로그인하기 위해 동일한 암호를 사용하는 것은 많은 사람들이 저지르는 중대한 실수이다. 해커는 동일한 이메일과 암호를 사용하여 다른 사이트에 로그인할 수 있다. 그들은, 종종 정확하게도, 사용자가 플랫폼 간에 동일한 암호를 가질 것이라는 가정을 한다.
- ▶ⓐ '~해야 한다, ~하기로 되어 있다'라는 표현은 「be supposed to+동사원형」이므로 동사원형 keep으로 고쳐야 한다.

ⓒ 뒤에 완전한 절이 오고, an assumption과 동격을 이루므로 관계대명사 which를 접속사 that으로 고쳐야 한다.

ⓔ 뒤에 목적어가 없는 불완전한 절이 왔으므로, 선행사 a critical mistake를 수식하는 관계대명사 that은 적절하다.

9 해석 좋은 청자는 일상 대화 중에 좋은 신체 언어를 사용한다. 전화기를 내려놓으라. 고개를 돌려 대화 상대를 마주하라. 직접 눈을 마주치고 그 사람 방향으로 어깨를 놓으라. 여러분이 주의를 기울이는지는 여러분의 신체 언어에서 보여 준다. 그러므로 여러분이 듣고 있다는 것을 보여 주기 위해 대화 상대에게 완전한 관심을 주어라.
- ▶ⓐ 뒤에 명사구(daily conversations)가 왔으므로 접속사 while은 전치사 during으로 고쳐야 한다.
- ⓑ 등위접속사 and가 쓰였으므로, 명령문을 이끄는 동사원형 Make와 문법적으로 대등해야 한다. 따라서 동사원형 put으로 고쳐야 한다.
- ⓒ 문맥상 '~인지 (아닌지)'의 의미가 자연스러우므로 접속사 Whether를 쓴 것은 적절하다.

10 ▶'A뿐만 아니라 B도'라는 표현인 「not only A but also B」를 이용하여 완성한다. A와 B는 문법적으로 대등해야 하므로 형용사 careful을 부사 carefully로 고쳐 써야 한다.

11 ▶Despite는 '~에도 불구하고'라는 의미의 전치사이므로 뒤에 동명사가 와야 한다. 따라서 be를 동명사 being으로 고쳐 써야 한다. 또는 '멸종되다'라는 뜻의 go extinct를 쓰되, 과거시제이므로 go를 went로 바꿔 쓴다.

12 ▶'~에 헌신[전념]하다'라는 표현인 「be devoted to+(동)명사」를 이용하여 완성한다. devoted to 뒤에 오는 동사 help는 동명사 helping으로 고쳐 써야 한다.

13 ▶'~ 동안'이라는 뜻을 나타내는 접속사 While을 쓰고, 주어와 동사를 이어서 써서 부사절을 만든다. 주절의 동사 started 뒤에 to scream을 이어서 쓴다.

14 ▶'~할 것 같다'라는 표현인 「be likely to+동사원형」을 이용하여 완성한다.

15 ▶주절의 목적어는 the news이고, 그 뒤에 뉴스의 내용을 보충 설명하는 동격절을 이끄는 접속사 that을 써서 나머지 문장을 완성한다.

16 해석 위대한 사람들을 보통 사람들과 다르게 만드는 생각은 어디에서나 발견된다. 매우 통찰력 있는 태도 때문에, 어떤 사람은 '런닝화'가 운동선수들의 가장 좋은 친구라는 것을 깨달았다. 이 신발에서 무게가 1온스라도 감소한다면, 운동선수들은 달리기가 더 쉬워지고 더 나은 경기를 할 수 있을 것이다. 흥미롭게도 어떤 스포츠 신발 회사도 그러한 신발을 만드는 데 관심을 기울이지 않았지만, 그는 자신의 생각을 몹시 실행에 옮기고 싶어 했다. 그는 직접 경량화를 제조하기 시작했다. 중거리 달리기 선수들의 도움을 받으며 얼마간의 시간이 흐른 후, 그 사람은 나아가 가장 클 뿐 아니라 가장 성공적이기도 한 '나이키'라고 불리는 스포츠 용품 브랜드를 만들었다. 이 용감하고 열정적인 사람의 이름은 'Bill Boverman'이다.
- ▶ⓑ 뒤에 명사구(a very insightful attitude)가 왔으므로 이유를 나타내는 전치사 Because of, Due to 등으로 고쳐야 한다.

ⓓ '몹시 ~하고 싶어 하다'라는 표현은 「be eager to+동사원형」을 쓰므로 to put으로 고쳐야 한다.

ⓐ which 뒤에 불완전한 절이 오고, which가 이끄는 관계사절이 선행사 An idea를 수식하므로 관계대명사 which는 적절하다.

ⓒ 부사절을 이끄는 접속사로 문맥상 '만약 ~라면'의 조건의 의미가 있으므로 If는 적절하다.

ⓔ 「not only A but also B(A뿐 아니라 B도)」에서 A와 B는 문법적으로 대등해야 하므로 the biggest와 대등한 the most successful은 적절하다.

17 해석 안전벨트 착용이 법적 요건임에도 불구하고 차 안에서 안전벨트 착용에 반대하는 운전자들이 있다. 가장 간단한 이유는 그들이 가는 곳까지가 그저 거리가 짧다는 것일 것이다. 이 상황은 가장 많은 사고를 수반할 가능성이 있다. 또 다른 이유는 도로의 교통량이 적다는 것일 것이다. 하지만 전문가들은 짧은 거리나 가벼운 교통 체증은 여러분을 위험에 처하게 할 수 있는 급정거를 해야 하는 것과는 무관하다고 지적한다.

▶ (1) 「be opposed to+동명사」는 '~에 반대하다'라는 의미를 나타낸다. 따라서 동명사 wearing으로 써야 한다.

(2) despite는 전치사이므로 뒤에 동명사구가 와야 한다. 따라서 동명사 being으로 써야 한다.

(3) 뒤에 nor가 있으므로 'A도 B도 아닌'이라는 의미의 「neither A nor B」가 되어야 한다. 따라서 neither로 써야 한다.

18 해석 4천만 명 이상의 미국인들이 매년 이주한다. 새로운 곳에서의 삶에 적응하는 것은 무섭고 어려울 수 있다. 그러나 그것을 모험으로 대하라. 여러분이 새로운 곳에 있다는 사실은 여러분이 새로운 것들을 경험할 기회를 가진다는 것을 의미한다. 그러니 나가서 탐험하라! 해변 마을에서 왔다면 스키를 타거나 산에 살았다면 서핑을 하는 것과 같이 여러분이 예전에 살던 도시에서는 이용 가능하지 않았던 지역 활동을 시도해 보라. 여러분이 그것들을 시도하는 동안, 여러분은 자신이 가지고 있다는 것을 전혀 알지 못했던 재능을 발견할지도 모른다. 또한, 여러분이 흥미를 느끼는 지역 행사에 참석하라. 주간 농산물 시장이나 동네 마당 세일을 방문하라. 이러한 것들은 여러분이 사람을 만나고 새로운 마을에 유대감을 느끼는 것을 도울 것이다. 새로운 이동은 새로운 시작이다. 그러므로 그것이 학교로 돌아가는 것이거나, 새로운 직업을 시작하는 것이거나, 그 소설을 끝내는 것이건 간에, 당신이 가져왔던 꿈을 이루기에 아주 좋은 시간이다.

(1) ▶ ⓔ 맥락상 '~이건 간에, ~이든'이라는 조건의 의미이므로 접속사 that은 whether로 고쳐야 한다.

ⓐ 동명사구가 주어 역할을 하고 있으므로, 동명사 Adjusting은 적절하다.

ⓑ which 뒤에 불완전한 절이 왔고, which가 이끄는 관계사절이 선행사 local activities를 수식하고 있으므로 관계대명사 which는 적절하다.

ⓒ 뒤에 완전한 절이 왔으므로, 접속사 While은 적절하다.

ⓓ 등위접속사 and로 meet people과 feel connected ~ town이 대등하게 연결되어 있으므로 적절하다.

(2) ▶ 주어는 The fact이고, The fact의 내용을 보충 설명하는 동격절이 이어져야 하므로 접속사 that을 써서 문장을 완성한다.

19 해석 만약 여러분이 미신을 믿는다면, 여러분이 달력에서 13일의 금요일을 발견했을 때 약간 긴장할 가능성이 있다. 그 날짜는 오랫동안

불운과 동의어였다. 하지만, 13일의 금요일이 실제로 불운하다는 생각을 뒷받침하는 과학적인 증거는 전혀 없다. 사실, 2009년 11월 13일 금요일에 굉장히 멋진 과학적 발견 한 가지가 공개되었다. 이 날짜에 미 항공 우주국(NASA) 과학자들은 달에서 물이 발견되었다는 뉴스를 공유했다. "저는 오늘 여러분에게, 네, 정말로, 물을 발견했다는 것을 말씀드리기 위해 여기에 왔습니다. 그저 적은 양이 아니라 상당한 양입니다."라고 미 항공 우주국 프로젝트 과학자 Anthony Colaprete가 기자 회견에서 말했다. 그 팀은 자신들이 "약 열두 개의 두 갤런 짜리 양동이 가득"이라고 묘사하는 것을 발견했다. 그것에 대해 불운한 것은 전혀 없었다!

▶ ③ which 뒤에 완전한 절이 오고, the news의 내용을 보충 설명해 주면서 동격을 이루고 있으므로 관계사 which는 동격절을 이끄는 접속사 that으로 고쳐야 한다.

① scientific evidence는 뒷받침하는 행위의 주체이므로 이를 수식하는 현재분사 supporting은 적절하다.

② 주어 one super cool scientific discovery는 공개되는 행위의 대상이므로 수동태 was made는 적절하다.

④ 'A가 아니라 B'라는 의미의 「not A but B」 구문의 but이므로 적절하다.

⑤ 동사 discovered의 목적어가 와야 하므로 선행사를 포함한 관계대명사 what은 적절하다. (describe A as B: A를 B로 묘사하다)

20 해석 여러분이 원하는 지점에 체중을 유지하는 것에 관해서라면 모든 채소가 동등하지는 않다. 여러분은 자신이 가장 좋아하는 채소 중 일부가 여러분의 다이어트 목표를 망치고 있는지를 알아낼 필요가 있다. 다이어트를 할 때 항상 배가 고프다고 느낀 적이 있는가? 아마도 포만감을 유지해 주는 적절한 종류의 채소를 먹고 있지 않기 때문일 것이다. 오이와 같이 껍질이나 과육이 없는 것은 섬유질이 적고 포만감을 오래 느끼게 하지 않기 때문에 다른 간식에 손을 뻗게 할 가능성이 있다. 그래서 주스가 배부르지 않고 스무디가 배부를 수 있는 것이다. 또한, 여러분은 얼마나 많은 고구마를 먹는지 재고하기 시작하고 싶을 수도 있다. 그것들은 여전히 칼로리와 탄수화물이 매우 높고 만약 여러분이 (칼로리를) 태우는 것보다 더 많은 칼로리를 먹는다면 체중 증가로 이어질 수 있다.

▶ ⑤ 문맥상 조건을 나타내는 문장이 적절하므로 접속사 that은 if로 고쳐야 한다.

① '~에 관해서라면'이라는 표현은 「when it comes to+(동)명사」 이므로 동명사 keeping은 적절하다.

② 문맥상 '~인지 (아닌지)'라는 의미를 나타내는 명사절을 이끌고 있으므로 접속사 whether는 적절하다.

③ 동사 keep, 목적어 you 뒤에 목적격보어로 형용사 full이 온 것은 적절하다.

④ 주어가 단수명사 Anything이므로 단수동사 is는 적절하다.

Chapter 6

관계사

출제 포인트 29   p. 74

예문 해석

1 자원봉사를 하고 싶은 사람은 누구나 사전에 온라인으로 등록해야 한다.
2 가족이 영어만 사용하는 아기들이 연구에 참여했다.
3 글루탐산염은 뇌의 화학 물질이며, 학습에 필수적이다.

출제 포인트 30

예문 해석

1 이것들은 수요 법칙이 적용되지 않는 일부 제품들이다.
2 영어를 제2언어로 말하는 학생들이 많다.
3 우리는 의사의 진찰을 받아야 하는데, 그(녀)는 감염을 억제하기 위한 약을 처방할지도 모른다.
4 그것은 시간 여행이 실재한다는 것을 의미할 것인데, 이는 믿기 어렵다.

Basic Practice   p. 75

A 1 whose 2 which 3 for which 4 that
B 1 ○ 2 in which 3 ○ 4 which
C 1 (1) whom (2) that
    2 (1) whose (2) that 또는 which (3) which

A

1 행동이 통제 불능인 그 아이가 걱정된다.
  ▶ 선행사인 the child와 behavior는 소유 관계이므로 소유격 관계대명사 whose를 써야 한다.

2 인간은 수의근을 가지고 있는데, 이것은 여러분이 그것들의 움직임을 통제할 수 있다는 것을 의미한다.
  ▶ 두 절 사이에 접속사가 없고, 뒷 절의 내용이 주절의 내용을 부연 설명하고 있으므로 계속적 용법으로 쓰인 관계대명사 which가 적절하다.

3 그는 자신이 책임지고 있는 프로젝트를 진행하고 있다.
  ▶ 관계사절의 responsible 뒤에 전치사 for가 필요하므로 for which가 적절하다.

4 지배인은 회사가 사무실을 닫을 것이라는 소식을 전했다.
  ▶ 뒤에 완전한 절이 오고, the news의 내용을 보충 설명하고 있으므로 동격절을 이끄는 접속사 that이 적절하다.

B

1 단편 영화 상을 받은 Lauren Cohen이 그 영화를 감독할 것이다.
  ▶ 선행사가 Lauren Cohen이고, 뒤에 주어가 없는 불완전한 절이 이어지므로 주격 관계대명사 who는 적절하다.

2 베토벤이 살았던 건물들 중 일부는 현재 박물관이다.
  ▶ 관계사절에서 동사 lived 뒤에 전치사 in이 필요하므로 to which는 in

which로 고쳐야 한다.

3 그렇게 짧은 기간에 캠퍼스에 퍼진 소문을 생각해 보라.
  ▶ 선행사가 the rumor이고, 뒤에 주어가 없는 불완전한 절이 이어지므로 주격 관계대명사 which는 적절하다.

4 심장마비는 여러 가지 증상이 있을 수 있는데, 그 중 일부는 다른 증상보다 더 흔하다.
  ▶ 두 문장 사이에 접속사가 없으므로, 관계대명사 which로 고쳐야 한다. 부정대명사 뒤에 오는 목적격 관계대명사로 that은 쓸 수 없다.

C

1 **해석** 얼마나 많은 정보를 공개하는 것이 적절한지에 대한 생각은 문화마다 다르다. 일본인들은 매우 친한 소수의 사람들을 제외하고는 자신들에 관한 정보를 다른 사람에게 거의 공개하지 않는 경향이 있다. 하지만, 그들은 서로를 매우 배려하는 모습을 보인다. 왜냐하면 조화가 관계 향상에 필수적이라는 그들의 믿음 때문이다.
  ▶ (1) 선행사 the few people은 관계사절의 전치사 with의 목적어 역할을 하므로 목적격 관계대명사 whom으로 고쳐야 한다.
  (2) which 뒤에 완전한 절이 이어지고, 앞의 the belief를 부연 설명하므로 동격절을 이끄는 접속사가 필요하다. 따라서 접속사 that으로 고쳐야 한다.

2 **해석** 비록 북극곰은 발톱이 무서운 훌륭한 수영 선수이지만, 그들의 주요 먹이인 바다표범의 상대가 되지 못한다. 바다표범은 너무 빠르다. 곰은 해빙 위에서 또는 바다표범이 눈으로 덮여 있는 얼음 아래의 장소에 있을 때 그것들을 잡는다. 먹을 바다표범이 많을 때, 북극곰은 심지어 동물 전체를 먹는 수고를 하지도 않는다. 북극곰은 지방만 먹는데, 지방은 에너지가 풍부하고 곰이 자신만의 절연 지방층을 형성하도록 돕는다.
  ▶ (1) 선행사인 great swimmers와 claws는 소유 관계이므로 소유격 관계대명사 whose로 고쳐야 한다.
  (2) 선행사가 under-ice places이므로 이를 관계사절과 이어줄 수 있는 주격 관계대명사가 필요하다. 따라서 주격 관계대명사 which 또는 that으로 고쳐야 한다.
  (3) 두 절을 이어 주는 접속사 역할을 하면서 선행사 blubber를 부연 설명할 수 있는 계속적 용법의 주격 관계대명사 which로 고쳐야 한다.

출제 포인트 31   p. 76

예문 해석

1 세계에는 아직 식량이 부족한 지역들이 있다.
2 이것이 건축 업자들이 선실을 완성하기 위해 일하는 방식이다.
3 나는 지하철에서 그를 만났던 날을 잊을 수 없다.

출제 포인트 32

예문 해석

1 3시간 동안 계속될 이 프로그램을 위해 옷을 따뜻하게 입으세요.
2 그녀는 시카고로 이사했는데, 그곳에서 그녀는 돈을 벌기 위해 식당에서 일했다.
3 여기가 그가 일하던 역이다.
4 그녀는 내가 내 인생의 사랑이라고 믿는 사람이다.

Basic Practice
p. 77

A 1 why 2 that 3 who 4 where

B 1 when 2 ○ 3 are 4 ○

C 1 (1) through which (2) where 또는 in which
   (3) that 또는 how 삭제
   2 (1) where (2) when 또는 that (3) who

A

1 당신이 토론을 위해 이 책을 선택한 이유가 있나요?
▶ 선행사가 a reason이므로 관계부사 why를 써야 한다.

2 과학자들은 우리가 사는 방식을 바꾸는 기계를 만든다.
▶ the way와 how는 함께 쓰지 않으므로 that이 적절하다.

3 당신이 더 매력적이라고 생각하는 사람들의 그룹을 선택하라.
▶ 관계사 뒤에 you think가 삽입된 구조로, 관계사절에 주어가 없는 불완전한 절이므로 주격 관계대명사 who가 적절하다.

4 개구리는 가끔 몸을 담글 수 있는 물 근처에 있어야 한다.
▶ 관계사 뒤에 완전한 절이 왔고 선행사가 장소를 나타내므로, 관계부사 where가 적절하다.

B

1 나무의 나이테는 보통 따뜻하고 습한 해에 더 넓게 자란다.
▶ 관계사 뒤에 완전한 절이 오고, 선행사 years가 시간을 나타내므로 관계부사 when으로 고쳐야 한다.

2 내가 요리하는 것을 좋아하는 이유는 그것이 예술과 과학을 모두 포함하기 때문이다.
▶ 관계부사는 생략이 가능하므로 The reason과 I love cooking 사이에 why 또는 that이 없는 것은 적절하다.

3 나는 가족을 위해 중요하다고 믿는 모든 것들을 할 시간이 필요하다.
▶ 관계사절에 I believe가 삽입된 구조로, 선행사는 all the things이므로 동사는 복수형 are로 고쳐야 한다.

4 나는 우리가 함께 자전거를 타러 가곤 했던 날들을 기억한다.
▶ that은 관계부사를 대신 할 수 있으므로 적절하다.

C

1 해석 나는 평생 동안 우리의 경치 좋은 자연 공간을 누려 왔다. Pine Hill 산책로가 지나가게 될 그 땅은 다양한 종들의 서식지이다. 야생동물들은 개발의 압력에 직면해 있고, 이 동물들은 인간 활동으로부터 숨을 수 있는 공간을 필요로 한다. 우리는 과도한 산책로로 서식지를 파괴하는 것을 멈출 수 있는 방법을 생각해야 한다.
▶ (1) The land를 선행사로 하는 관계대명사가 필요하므로 through는 through which로 고쳐야 한다. through which ~ would cut은 The land를 수식하는 관계사절이다.
   (2) 관계사 뒤에 완전한 절이 오고, 선행사가 space이므로 관계대명사 which는 장소를 나타내는 관계부사 where로 고쳐야 한다. 또는 in which로도 고칠 수 있다.
   (3) ways와 how는 함께 쓰지 않으므로 how는 that으로 고치거나 삭제해야 한다.

2 해석 '허블의 어머니'로 알려진 Nancy Grace Roman은 그녀가 허블 망원경 프로그램 구조를 확립하는 데 중요한 역할을 한 미 항공 우주국(NASA) 최초의 여성 임원 중 한 명이었다. 그녀는 또한 미 항공 우주국의 첫 수석 천문학자였다. 미 항공 우주국에서 일하는 여성이

매우 적었던 시기에, 그녀는 여러 가지 중요한 과학적 발견을 했다. 그녀는 내 생각에 세계사를 형성한 과학자 중 한 명이다.
▶ (1) 두 절을 연결하는 접속사가 없으므로, 부사 there는 접속사 역할을 할 수 있는 관계부사 where로 고쳐야 한다.
   (2) 관계사 뒤에 오는 절이 완전하고 선행사가 시간을 나타내므로 관계부사 when 또는 that으로 고쳐야 한다.
   (3) 관계사 뒤에 I believe가 삽입된 구조이고, 주어가 없는 불완전한 절이 오므로 주격 관계대명사 who로 고쳐야 한다.

출제 포인트 33
p. 78

예문 해석

1 그 영화를 본 사람은 누구든지 내 의견에 동의할 것이다.

2 아무리 열심히 노력해도 나는 그녀보다 더 잘 할 수 없다.

3 어느 쪽이든 네가 원하는 쪽으로 손을 내밀어라.

출제 포인트 34

예문 해석

1 원하는 것을 얻기 위해서는 당신은 열심히 일해야 한다.

2 더 이상 사용하지 않을 모든 악기를 기부하십시오.

3 등산을 갈 때는 자신을 안전하게 하기 위해 필요한 것을 가져오라.

4 우리는 자신이 알고 있다고 생각하는 것에 근거하여 결정을 내린다.

Basic Practice
p. 79

A 1 whoever 2 what 3 whenever 4 which

B 1 ○ 2 Wherever 3 What 4 ○

C 1 (1) how (2) which 또는 that (3) Whatever
   2 (1) what 또는 whatever (2) whichever (3) However

A

1 나는 자신이 말하는 것을 기꺼이 하고자 하는 사람 누구에게든지 투표할 것이다.
▶ 선행사가 없으므로 anyone who를 대신할 수 있는 복합관계대명사 whoever가 적절하다.

2 새 직장은 내가 생각했던 것과는 달랐다.
▶ 선행사가 없으므로 선행사를 포함한 관계대명사 what이 적절하다.

3 그녀는 학급 친구들 앞에서 발표할 때마다 긴장을 한다.
▶ 뒤에 완전한 절이 오고, 문맥상 '~할 때마다'의 의미가 자연스러우므로 whenever가 적절하다.

4 의사들은 환자들에게 가장 효과적인 프로그램을 개발하기 위해 노력하고 있다.
▶ 선행사 a program이 있으므로 관계대명사 which가 적절하다.

B

1 왕자는 보통 그가 가진 것은 무엇이든 다른 사람들과 나누었다.
▶ 복합관계대명사 whatever는 anything that으로 바꿔 쓸 수 있으므로 문맥상 적절하다.

2 그는 어디를 가던지 간에 자신의 개와 고양이를 함께 데려갔다.
▶ 문맥상 '어디에 ~하더라도'라는 뜻의 양보의 부사절이 와야 하므로

Wherever로 고쳐야 한다.

3 그녀에게 효과가 있었던 것이 당신에게 꼭 맞는 선택은 아닐 수도 있다.
  ▶ 앞에 선행사가 없고 주어 역할을 하는 명사절이 필요하므로, 선행사가 포함된 관계대명사 What으로 고쳐야 한다.

4 여기 당신이 더 현명한 여행 선택을 하도록 도울 수 있는 전략들이 있다.
  ▶ 선행사가 the strategies이고 뒤에 주어가 없는 불완전한 절이 오므로 주격 관계대명사 which는 적절하다.

C

1 해석 동기 부여는 여러 원천에서 비롯될 수 있다. 그것은 단순히 집에 별일이 없는지를 물어 보는 것일 수도 있다. 자퇴를 고려하고 있는 한 학생에게, 그것은 내가 학교에서 그를 보았을 때 매우 기뻤다고 쓴 쪽지였다. 그는 눈물을 글썽이며 쪽지를 들고 내게 와서 감사의 인사를 했다. 그는 올해 졸업할 것이다. 어떤 기법이 사용되든, 학생들은 여러분이 그들에 대해 신경을 쓴다는 것을 알아야 한다.
  ▶ (1) 문맥상 집에 별일이 없는지 묻는다는 내용이므로 however는 의문사 how로 고쳐야 한다.
  (2) 선행사 a note가 있고, 뒤에 목적어가 없는 불완전한 절이 오므로 목적격 관계대명사 which 또는 that으로 고쳐야 한다.
  (3) '어떤 기법이 사용되든'의 의미이므로 복합관계대명사 Whatever로 고쳐야 한다.

2 해석 어느 쪽을 선택해야 할지 모를 때는, 여러분의 감정을 인식하도록 유지해라. 그냥 여러분이 하고 싶은 대로 하라. 나는 여러분이 옳은 것을 결정할 것을 안다. 여러분이 어느 쪽을 선택하든 나는 여러분 곁에 있을 것이다. 여러분은 너무 많은 스트레스를 받으면서 자신에게 너무 엄격할 필요가 없다. 여러분이 편안할 때, 자신의 위치를 안다. 상황이 아무리 어렵더라도, 그냥 여러분 자신을 더 믿어라.
  ▶ (1) 앞에 선행사가 없고 동사 decide의 목적어 역할을 하는 명사절이 필요하므로 선행사를 포함한 관계대명사 what 또는 whatever로 고쳐야 한다.
  (2) 문맥상 '어느 쪽을 선택하든'이라는 양보 부사절의 의미가 적절하므로 which는 whichever로 고쳐야 한다.
  (3) 문맥상 '상황이 아무리 어렵더라도'라는 양보 부사절의 의미가 적절하므로 How는 However로 고쳐야 한다.

Chapter Test
p. 80

1 whose **2** which **3** who **4** where, which
5 which, how **6** ① **7** ④
8 ⓐ → what, ⓒ → by which
9 ⓐ → where, ⓒ → whose
10 However careful you may be, accidents happen.
11 Everyone looked interested in what he had to say.
12 The man who I thought was my friend lied to me.
13 in which you can sense the smile is not genuine
14 is the only U.S. state whose flag is not a rectangle
15 Whenever interest rates go up, the cost of borrowing money increases.
16 ③ **17** ⓑ → what, ⓒ → that 또는 which, ⓓ → which

18 (1) ④ (2) Make time during the day when you are allowed to worry.
19 ⑤ **20** ④

---

1 그들의 이론이 옳았지만 처음에는 반증된 과학자들이 있다.
  ▶ 선행사 scientists와 theories는 소유 관계이므로 소유격 관계대명사 whose를 써야 한다.

2 운동 에너지는 운동과 관련된 에너지이지만, 위치 에너지는 물리계에 '저장되는' 에너지를 나타낸다.
  ▶ 두 절을 이어주는 접속사가 없으므로, 명사 the energy를 대신하면서 접속사 역할을 할 수 있는 관계대명사 which를 써야 한다.

3 나는 한 큰 금융 회사의 최고 운용 책임자를 방문했는데, 그는 ABC 자동차 회사의 주식에 수천만 달러를 투자했었다.
  ▶ the chief investment officer of a large financial firm을 선행사로 하면서 계속적 용법으로 쓸 수 있는 관계대명사 who를 써야 한다.

4 발리 섬은 여러분이 다양한 선택을 할 수 있는 곳이다. 값싼 호스텔에서부터 개인 요리사와 운전사들이 있는 해변 리조트와 고급 빌라에 이르기까지, 그것은 정말 꿈이다.
  ▶ (1) 두 절을 연결해주는 접속사가 없고 앞에 a place가 있으므로, 장소를 나타내는 관계부사 where를 써야 한다.
  (2) 관계사 뒤에 주어가 없는 불완전한 절이 이어지므로 주격 관계대명사 which가 적절하다.

5 예전에 영국의 식민지였던 대부분의 세계 지역들은 여전히 도로의 왼쪽으로 운전한다. 만약 여러분이 그 지역들에서 차를 빌릴 계획을 하고 있고 여러분이 보통 오른쪽으로 운전한다면, 여러분이 아무리 운전에 능숙할지라도 극도로 조심해야 한다.
  ▶ (1) 뒤에 주어가 없는 불완전한 절이 오므로 주격 관계대명사 which를 써야 한다.
  (2) 문맥상 '아무리 ~하더라도'라는 의미이므로 no matter 뒤에는 how를 써야 한다.

6 ① 내가 책임자라고 생각하는 그 여자는 우리에게 매우 친절하다.
  ▶ 관계사 뒤에 I believe가 삽입된 구조로, 관계사절에 주어가 없으므로 주격 관계대명사 who로 고쳐야 한다.
  ② 그들은 항상 집에 갈 수 있는 날을 기다릴 것이다.
  ▶ that은 관계부사를 대신할 수 있으므로 적절하다.
  ③ 그 책을 읽은 사람이라면 누구나 Ishita라는 이름에 익숙할 것이다.
  ▶ 복합관계대명사 Whoever는 Anyone who(~하는 사람은 누구든지)의 의미이므로 적절하다.
  ④ 오직 당신만이 당신 자신의 삶을 끌고 가고 싶은 방향을 결정한다.
  ▶ 뒤에 완전한 절이 오므로 「전치사+관계대명사」의 형태가 적절하고, 선행사 the direction이 관계사절에서 전치사 in의 목적어 역할을 하므로, in which는 적절하다.
  ⑤ 그녀는 평균 소득이 매우 낮은 곳에서 사회 복지사였다.
  ▶ 관계사 뒤에 완전한 절이 오고, 선행사가 장소이므로 관계부사 where는 적절하다.

7 ⓐ 당신이 믿는 것을 위해 싸우는 것이 중요하다.

▶선행사를 포함한 관계대명사 what이 이끄는 명사절이 전치사 for의 목적어 역할을 하므로 적절하다.

ⓒ 네가 관심 있는 어느 것이든 자유롭게 가지고 놀아라.
▶whichever는 복합관계대명사로 '~하는 것은 어느 것이든지'의 의미이므로 문맥상 적절하다.

ⓔ 우리는 직원들이 의견을 말할 수 있는 환경을 만들어야 한다.
▶where 뒤에 완전한 절이 오고, 선행사가 장소를 나타내므로 적절하다.

ⓑ 그가 아무리 어리더라도 그는 훌륭한 예술가이다.
▶관계사 뒤에 형용사 young이 있고, 문맥상 '아무리 ~하더라도'의 의미가 적절하므로 복합관계부사 However로 고쳐야 한다.

ⓓ 이 조사는 사람들이 삶에 가장 만족하지 않는 나이를 찾는다.
▶뒤에 완전한 절이 오고, 선행사 the age는 관계사절에서 '~에'라는 의미의 전치사 at의 목적어 역할을 해야 하므로 at which로 고쳐야 한다.

8 해석 미국 가정에서 우유 한 잔을 달라고 하면 주인이 아마 냉장고에서 얼음처럼 차가운 (우유를) 한 갤런을 꺼낼 것이다. 하지만 여러분이 유럽 국가에서 같은 일을 한다면, 아마도 여러분이 받게 될 것은 상온 컵일 것이다. 미국인들은 우유를 냉장 보관하고 유럽인들은 그렇게 하지 않는 데는 이유가 있다. 주요 차이점은 우유를 처리하는 방법에 있다.

▶ⓐ 관계사 앞에 선행사가 없고 동사 is의 주어 역할을 할 명사절이 필요하므로, 선행사를 포함한 관계대명사 what으로 고쳐야 한다.

ⓒ 뒤에 완전한 절이 오고, 선행사 the method는 관계사절에서 전치사 by의 목적어 역할을 해야 하므로 by which로 고쳐야 한다.

ⓑ 선행사가 a reason이고 뒤에 완전한 절이 오므로 관계부사 why는 적절하다.

9 해석 Jerry Bergevin은 1969년 미시간 주에 있는 감옥에서 탈출했는데, 그 범죄자는 가택 침입으로 15년 형을 선고 받고 그곳에서 복역해 왔다. 당국은 그가 교도소를 둘러싼 울타리를 넘었을 것으로 생각하지만, 너무 오래 전 일이라 미시간 교정국은 확신할 수 없다. 2013년, 교정국은 Bergevin에 대한 수색을 취소하기로 결정했는데, 그 당시 그의 나이는 80세였을 것이었다. 그는 결코 발견된 적이 없다.

▶ⓐ 관계사 뒤에 완전한 절이 오고 장소를 나타내는 선행사를 부연 설명하고 있으므로, 관계대명사 which는 관계부사 where로 고쳐야 한다.

ⓒ 선행사 Bergevin과 age는 소유 관계이므로 소유격 관계대명사 whose로 고쳐야 한다.

ⓑ 선행사는 the fence이고, 뒤에 주어가 없는 불완전한 절이 오므로 주격 관계대명사 that은 적절하다.

10 ▶'아무리 ~하더라도'의 의미의 양보 부사절을 써야 하므로, How를 복합관계부사 However로 바꿔 However careful로 시작하여 문장을 완성한다.

11 ▶'~에 관심이 있는'이라는 의미의 interested in 뒤에 전치사의 목적어로 선행사를 포함한 관계대명사 what을 써서 문장을 완성한다.

12 ▶주어 The man을 수식하는 관계사절로 who was my friend를 쓰되, 관계대명사 who 뒤에 I thought를 삽입하여 완성한다.

13 ▶선행사 occasions 뒤에 in which를 써서 관계사절을 완성한다. 선행사 occasion은 in which 또는 관계부사 where와 함께 쓸 수 있다.

14 ▶주어 뒤에 the only U.S. State와 flag는 소유 관계이므로 소유격 관계대명사 whose를 이용하여 whose flag를 써서 문장을 완성한다.

15 ▶'~할 때마다'라는 뜻의 복합관계부사 whenever를 써서 문장을 완성한다.

16 해석 자선 기부의 약 20퍼센트가 12월에 이루어지는데, 사람들이 기부하려는 마음 상태에 있다는 것을 고려할 때 그것은 말이 된다. 축제 시즌은 어려움에 처한 사람들에게 주는 것이 시즌을 밝게 만든다는 것을 우리에게 일깨워 준다. 하지만 여러분이 지갑을 열기 전에, 여러분이 기부할 수 있는 자선 단체에 대해 말해주겠다. 여러분은 아마도 눈과 귀가 멀었을 때 영원한 고전을 썼고, 학사 학위를 받은 최초의 시청각 장애인이 된 헬렌 켈러의 놀랍고 영웅적인 이야기를 기억할 것이다. 그녀를 기념하여 이름 지어진 헬렌 켈러 국제 자선 단체는 삶의 질 및 영양실조와 실명의 만연을 개선하기 위해 노력하고 있다. 여기에는 건강, 영양 및 시력의 모든 영역과 연결된 프로그램 및 연구가 포함된다.

▶ⓐ 앞 문장에 대한 부연 설명을 하는 계속적 용법으로 쓰였으므로 관계대명사 which로 고쳐야 한다.

ⓒ you can donate to a charity에서 a charity가 관계사 앞의 선행사로 이동한 것으로 볼 수 있으므로 which 앞에 전치사 to를 넣어야 한다.

ⓓ 관계사 뒤에 주어 자리(동사 wrote 앞)가 비어 있으므로 목적격 관계대명사는 주격 관계대명사 who로 고쳐야 한다.

ⓑ 선행사를 포함한 관계대명사 what이 이끄는 명사절(what we give to those in need)이 that절의 주어 역할을 하므로 what은 적절하다.

ⓔ 「관계대명사+be동사(that[which] are)」가 생략되어 선행사 뒤에 과거분사 connected가 온 것이므로 적절하다.

17 해석 나는 우리가 사는 방식을 바꾼다면 지구를 구할 수 있다고 믿는다. 나에게 있어, 플라스틱 소비를 줄이는 것은 세상을 변화시키는 것이다. 만약 내가 새로운 것을 사야 한다면, 나는 가능한 한 환경에 영향을 최소한으로 끼치는 물건에 투자하려고 생각한다. 여기에는 포장과 재료에 주의를 기울이는 것이 포함되는데, 이는 식료품점의 계란(판지를 선택하고 플라스틱 상자는 거르라)에서부터 새 소파를 사는 것에 이르기까지 모든 것에 적용된다.

▶ⓑ be동사 뒤의 보어는 명사 역할을 하는 절이 와야 하므로, that은 선행사를 포함한 관계대명사 what으로 고쳐야 한다.

ⓒ impact는 동사로 쓰였으므로 선행사인 items가 관계사절에서 주어 역할을 해야 한다. 따라서 소유격 관계대명사 whose는 주격 관계대명사인 that 또는 which로 고쳐야 한다.

ⓓ 두 절을 연결하는 접속사가 없으므로, 앞 절의 내용을 부연 설명하는 계속적 용법의 관계대명사 which로 고쳐야 한다.

ⓐ 관계부사 how와 선행사 the way는 둘 중에 하나만 써야 하므로 the way만 온 것은 적절하다.

18 해석 우리가 어떤 것에 대해 생각하지 않으려고 아무리 노력해도, 우리는 종종 결국은 그것에 대해 더 많이 생각하게 된다. 그래서, 우리가 어떤 것에 대해 생각하는 시간을 줄이고 싶다면, 단순히 그것에 대해 생각하지 않으려고 노력하는 것은 효과가 없을 것이다. 따라서,

걱정 시간 기술은 우리가 통제할 수 없는 일에 대해 걱정하면서 쓰는 시간의 양을 줄이기 위해 사용될 수 있다. 그러면 우리는 우리가 걱정하지 않는 시간을 생산적인 일을 하는 데 쓸 수 있다. 걱정 시간은 어떻게 설정하는가? 하루 중에 여러분이 걱정하도록 허용된 시간을 만들어라. 일반적으로 이 시간을 15분으로 설정하는 것이 좋다. 여러분의 걱정 시간은 30분을 넘어서는 안 된다! 여러분이 자는 곳에서 멀리 치워진 의자에 앉아서 걱정하는 시간을 갖는 것을 고려해 보라. 또한, 낮 동안 걱정스러운 생각이 떠오르면, 그것을 여러분이 책상 위에 두는 공책에 쓰고 걱정할 시간을 위해 아껴 두라.

(1) ▶ⓓ 전치사 from 뒤의 표현은 문맥상 장소를 나타내고, 장소를 나타내는 일반적 선행사 the place는 생략 가능하므로 what은 관계부사 where로 고쳐야 한다.

ⓐ 문맥상 '아무리 ~하더라도'라는 의미이므로 복합관계부사 However가 쓰인 것은 적절하다.

ⓑ 문맥상 '~하는 데 사용되다'라는 의미이므로 to부정사구가 온 것은 적절하다.

ⓒ that we aren't worrying은 the time을 수식하는 관계사절로 that은 관계부사 when을 대신할 수 있으므로 적절하다.

ⓔ a worrying thought를 가리키므로 단수를 나타내는 it은 적절하다.

(2) ▶ 명령문이므로 동사 Make를 처음에 쓰고, 목적어 time과 전치사구 during the day를 쓴다. 다음으로는 time을 수식하는 절인 you are allowed to worry로 쓰고, 관계부사 when을 넣어 완성한다.

19 해석 바이러스와 박테리아 둘 다 질병을 일으킬 수 있지만, 같은 질병을 일으키지는 않는다. 그리고 모든 바이러스는 나쁘지만, 박테리아에는 '나쁜' 박테리아와 치즈나 요구르트 같은 것을 만드는 데 들어가는 종류와 같은 '좋은' 박테리아 둘 다 있다. 하지만 박테리아가 살아 있는 유기체인 반면, 바이러스는 그렇지 않다. 그것은 박테리아와 바이러스 세균이 사는 우리 몸을 치료하는 것은 서로 다른 방법을 필요로 한다는 것을 의미한다. 박테리아 감염을 치료하기 위해 의사들은 항생제를 처방할 것이다. 바이러스 감염을 치료하기 위해, 의사들은 항생제를 처방하지 않을 것인데, 항생제는 아무런 효과가 없을 것이다. 대신, 바이러스 감염이 있는 환자에게, 의사는 가벼운 경우 휴식과 수분 섭취를, 더 심각한 경우에는 항바이러스제 복용을 권고할 것이다. 우리는 바이러스성 질병과 세균성 질병을 모두 예방하기 위해 백신을 맞을 수 있다. 손을 씻고 표면을 청소할 때, 박테리아와 바이러스 대항에 효과가 있는 것은 다를 수 있다.

▶⑤ 주절의 주어가 될 수 있는 명사절이 필요하므로 that은 선행사를 포함한 관계대명사 what으로 고쳐야 한다.

① that 이하가 수식하는 선행사 the kind가 단수이므로 단수동사 goes는 적절하다.

② 부사절의 are living organisms의 의미를 나타내는 대동사 are는 적절하다.

③ 선행사는 our bodies이고, where 뒤에 완전한 절이 오므로 장소를 나타내는 관계부사 where는 적절하다.

④ 관계대명사의 계속적 용법으로 쓰였고, 선행사는 antibiotics이므로 관계대명사 which는 적절하다.

20 해석 책임감 있는 여행자가 되는 것은 그 어느 때보다 더 쉽고 더 중요하다. 다음 여행을 예약하기 전에 생태 관광에 대해 알아야 할 사항이 여기에 있다. 생태 관광은 환경을 보존하고 지역 사람들의 행복을 유지하는 자연 지역으로의 책임 있는 여행으로 정의된다. 어디를 가든 방문객들은 피해를 입히지 않고 목적지의 아름다움을 경험해야 한다. 종종, 생태 관광은 또한 그들이 환경에 도움이 되는 활동에 참여하도록 해 준다. 예를 들어, 여행자들은 국립공원과 다이빙 장소를 포함한 전 세계의 장소에서 시민 과학자로서 활동할 수 있는데, 그곳에서 그들은 연구와 데이터 수집을 돕는다. 또한, 생태 관광은 지역 사회의 번영을 돕는다. 목적지에 사는 사람들을 돌보는 것은 필수적이다. 이탈리아의 베니스를 보라, 그곳은 과잉 관광이 너무 걷잡을 수 없게 되어 주민들이 도시를 떠나고 있다.

▶④ 뒤에 완전한 절이 오고 선행사가 장소이므로, 관계대명사 which는 관계부사 where 또는 in which로 고쳐야 한다.

① It을 가주어로 하는 진주어이므로 to부정사 to be는 적절하다.

② that절의 동사 conserves와 and를 통해 대등하게 연결되므로 sustains는 적절하다.

③ 문맥상 '어디에 ~하든지'라는 의미이므로 양보 부사절을 이끄는 복합관계부사 Wherever는 적절하다.

⑤ 「so ~ that ...(너무 ~해서 ...하다)」 구문으로, 접속사 that은 적절하다.

누적 TEST Chapters 4-6 p. 86

1 ③ 2 ① 3 ⑤ 4 ② 5 ② 6 ④

7 (A) in which (B) are

8 (1) wherever they live, however rich they are
  (2) You might as well help as many as you can.

9 ④

10 you would say it more excitedly if the meal had been better

1 해석 인간의 뇌는 많은 면에서 신비한 우주였을 수 있고, 여전히 그렇다. 다행히도, 보다 현명하고 안전한 일상생활로의 운행을 위한 어느 정도의 지침을 우리에게 제공할 만큼 충분한 사항들이 밝혀졌다. 여러분의 기억은 유용한 입력이라고 가장 적절하게 생각된다. 그것은 여러분이 현재에 잘 해 나가고 미래를 계획하는 데 도움이 되도록 보내진 정보인 것이다. 그것은 실제로 일어난 일에 대한 완전무결한 기록이나 녹음을 제공하기 위한 것이 아니다. 그리고 이것이 우리의 삶을 복잡하게 만들 수도 있지만, 대부분의 경우 잘 작동한다. 우리는 모든 것에 대해 모든 세부 사항을 기억할 필요는 없다. 2백만 년이 넘는 인류의 실존 동안, 우리의 기억이 충분히 잘 작동했기 때문에 우리는 대부분 살아남고 번영했다. 정보가 넘쳐나고 빠르게 변화하는 우리의 세상에서 조차도 여전히 그렇다.

▶③ 전치사 of의 목적어 역할을 할 수 있는 명사절이 필요하므로 관계대명사 which는 선행사를 포함한 관계대명사인 what으로 고쳐야 한다.

① 과거에 대한 추측을 나타내는 may have p.p.가 쓰였으므로 have been은 적절하다.

② 등위접속사 and로 동사원형 cope와 plan이 대등하게 연결되어 있으므로 동사원형 plan은 적절하다.

④ 뒤에 주어(our memory)와 동사(worked)의 절이 왔으므로 접속사 because는 적절하다.

⑤ 문맥상 앞 문장의 동사 worked의 의미를 가지고, 현재에 관한 문장이므로 대동사 does는 적절하다.

2 해석 약한 환자에게 음식을 주어야 한다는 어리석은 생각이 있다. 환자가 음식을 먹지 않으면 힘을 유지할 수 없기 때문에, 필연적으로 시간이 지나면서 약해지고 악화된다는 주장이다. 그가 먹은 것을 소화하지 못하더라도 반드시 먹여야 한다고 믿어진다. 많은 경우 그 환자가 너무나 허약하여 손이나 발을 거의 움직일 수 없을 정도인데도, 하루에 세 끼를 주어야 한다는 주장이 있다. 먹이면 회복될 것인가? 그는 음식을 먹으면 장성 중독으로 사망할지도 모른다. 그는 어떤 음식을 주든 먹어서는 영양을 섭취할 수 없다. 그는 너무 약해서 더 많이 약해지면 사망할 수도 있지만 그래도 여전히 금식해야 한다. 그를 더 약하게 만드는 가장 확실한 방법은 그에게 음식을 먹이는 것이다. 그것은 수백 번 입증된 사실이다.

▶① 뒤에 완전한 절이 오고, notion을 부연 설명하므로 동격의 접속사 that으로 고쳐야 한다.

② 조동사 must 뒤에 동사원형 be가 왔으므로 적절하다.

③ 동사 digest의 목적어로 선행사를 포함한 관계대명사 what이 이끄는 절이 왔으므로 적절하다.

④ 주절의 동사가 is insisted이고 that절의 내용에 문맥상 당위성이 있으므로 that절에는 조동사 should가 생략된 것으로 보아야 한다. 따라서 동사원형 be는 적절하다.

⑤ 문맥상 '어떤 ~든지'라는 의미이므로 no matter what은 적절하다.

3 해석 연구 결과를 다른 참가자에게 일반화할 수 있는가? 사람은 다 다르기 때문에, 한 그룹의 사람에게서 발생하는 결과는 다른 그룹의 사람에서는 발생하지 않을 수 있다. 한 연구자가 중서부 대학생을 대상으로 연구를 수행했다고 가정해 보자. 그가 대학생들 대신 러시아의 6학년 학생들을 연구했다면 다른 결과를 얻었을지도 모른다. 만약 그가 매우 더운 환경에서 일하는 것에 익숙한 사람들을 연구했거나 덜 공격적인 사람들을 연구했다면, 결과는 달랐을 것이다. 타당성을 극대화하기 위해 그 연구자는 참가자의 대규모의 무작위 표본을 시험할 수도 있었다. 게다가, 사람들의 행동은 상황에 따라 달라질 수 있기 때문에, 다른 환경에서는 결과가 유지되지 않을 수도 있다. 예를 들어, 통제된 상황에서 얻은 결과는 직장이나 가정과 같은 더 복잡한 상황으로 일반화되지 않을 수 있는데, 그 상황에서는 좌절과 압박과 같은 다른 요인이 작용한다.

▶⑤ which 뒤에 완전한 절이 오고 선행사가 more complex situations이므로 관계부사 where로 고쳐야 한다.

① 선행사가 a result이고 관계사 뒤에 주어가 없는 불완전한 절이 오므로 주격 관계대명사 역할의 that은 적절하다.

② 가정법 과거완료의 if절(if he had studied ~)에서 if가 생략된 후 주어와 동사가 도치된 형태이므로 had he는 적절하다.

③ 문맥상 '~하는 데 익숙하다'라는 의미이므로 「be used to+(동)명사」를 써야 한다. 따라서 동명사 working은 적절하다.

④ 과거에 할 수도 있었던 일에 대해 설명하는 문맥이므로 could have p.p.(~했을 수도 있다)의 have tested는 적절하다.

4 해석 중요한 진화적 변화는 유기체의 자연스러운 변화에서 비롯되지 않을 가능성이 있다. 대신에, 그것들은 행동의 변화가 특정한 환경에 대한 적응으로 발전할 때 발생한다. 새들의 비행의 기원이라는 한 가지 예를 들어 보자. 한 이론은 새의 조상들이 점점 더 빨리 달리고 점점 더 긴 도약을 했음에 틀림없다고 제안한다. 또 다른 이론은 그것들이 가지에서 가지로 뛰어올랐고, 결국에는 현대의 날다람쥐처럼 활공했다고 제안한다. 더 정교한 현대 이론은 그것들이 나뭇가지로부터 먹이를 덮친 포식자였다고 주장한다. 몇몇은 그것들이 땅에 둥지를 틀고 밤에 근처의 나뭇가지로 갔다고 말한다. 그것들은 알이나 자손이 위험에 처했을 때 구조를 위해 뛰어들었던 것이다. 이러한 이론들은 다양하지만, 그것들은 한 가지 요소를 공유한다. 어떤 행동이 먼저 나타났고 형태의 유전적 적응이 그것을 따랐다는 것에 모두 동의한다는 것이다. 아무도 어떤 무작위 돌연변이가 날개를 자라게 했을 때 비행이 시작되었다고 제안하지 않았다.

▶② 과거에 대한 추측을 하는 내용이므로, 조동사 must 뒤에는 have p.p. 형태가 와야 한다. 따라서 run은 have run으로 고쳐야 한다.

① '~할 것 같다, ~할 가능성이 있다'라는 의미의 「be likely to+동사원형」이 쓰였으므로 to result는 적절하다.

③ 선행사 predators가 있고, 뒤에 주어가 없는 불완전한 절이 오므로 주격 관계대명사 that은 적절하다.

④ 등위접속사 and를 통해 agree 뒤의 that절과 and 뒤의 that절이 이어지고 있으므로 접속사 that은 적절하다.

⑤ 주절의 동사가 suggested이나 과거의 사실에 대한 진술을 하는 문장으로 당위성이 없으므로, 과거동사 began은 적절하다.

5 해석 친구들은 당신을 무너뜨리는 것이 아니라, 당신을 성장시켜야 한다. 이 빨간 깃발들(경고 신호)은 당신이 독이 될 수 있는 친구들을 발견하는 데 도움을 줄 것이다. 어렸을 때 친구들과 몇 시간 동안 통화했던 것을 기억하는가? 문자 메시지와 소셜 미디어는 연락하는 것을 더 쉽게 만들었지만, 그것은 또한 이상한 관계에 일조했다. 사람들은 종종 이렇게 말한다. "제 느낌에는 우리가 거의 매일 문자 메시지를 보내지만 제가 아끼는 사람들과 개인적인 접촉이 필요합니다. 제게 그것은 '당신은 내가 당신을 위해 시간을 내고 싶을 정도로 중요해요.'라고 말하는 것입니다." 만약 당신의 친구가 몇 달 동안 전화나 직접 연락하는 방법을 알아낼 수 없다면, 그 사람은 그저 충분히 신경 쓰지 않는 사람일 수도 있다. 그것은 아마도 당신의 친구가 당신을 신경 쓰지 않는다는 단서일 수도 있다.

▶ⓑ 관계부사 when 앞의 선행사는 일반적인 것(the time)을 지칭할 경우 생략 가능하므로 이 문장은 적절하다.

ⓓ 선행사가 a person이고 관계사절에 주어 자리가 비어 있으므로 주격 관계대명사 who가 적절하게 쓰였다.

ⓐ '~해야 한다'라는 의미는 「be supposed to+동사원형」으로 나타내므로 building은 동사원형 build로 고쳐야 한다.

ⓒ 주어(we)와 동사(text)로 이루어진 절이 왔으므로 전치사 despite는 접속사 (al)though로 고쳐야 한다.

ⓔ which 뒤에 완전한 절이 오고 the clue의 내용을 부연 설명하므로 관계대명사 which는 동격절을 이끄는 접속사 that으로 고쳐야 한다.

6 해석 아무도 음악이 어떻게 치유하는지 정확히 알지 못하지만, 우리의 뇌는 음악에 반응하는 자연스러운 경향을 가지고 있는 것처럼 보인다. 음악이 몸을 치유하고, 마음을 강하게 하며, 창의적인 정신을 드러낼 수 있다는 것을 보여 주는 증거가 있다. 흥미로운 새로운 연구는 우리의 뇌가 음악에 거의 그것이 마치 약인 것처럼 반응한다는 것을 시사한다. 음악은 일부 신체 기능을 조절하고, 운동 기술을 동기화하고, 정신을 자극하며, 심지어 우리를 더 똑똑하게 만들 수 있다. 하버드 의대 사회의학과 강사인 교육학 박사 Suzanne Hanser에 따르면 다음과 같다. "모든 사람들의 기분을 더 낫게 하거나 더 편안하게 해 줄 정해진 처방이나 특정한 음악은 없다. 중요한 것은 음악적 취향, 기억의 종류, 음악이 상기시키는 감정과 연상이다. 어떤 사람들은 클래식 음악에 휴식을 취하고, 다른 사람들은 Moody Blues를 좋아한다. 장르가 무엇이건 간에, 음악적 선택을

개별화하는 것이 관건이다."

▶ⓓ 문장의 동사는 is이고, 주어 역할을 할 명사절이 필요하므로 선행사를 포함한 관계대명사 What으로 고친 것은 적절하다.

ⓐ 선행사 evidence가 있고, 뒤에 주어가 없는 불완전한 절이 이어지므로 주격 관계대명사 that 또는 which로 고쳐야 한다.

ⓑ '마치 ~인 것처럼'이라는 의미를 나타내도록 「as if+가정법 과거」로 써야 하므로, 동사원형 be는 가정법 과거의 were로 고쳐야 한다.

ⓒ 등위접속사 and를 통해 동사원형 regulate, synchronize, stimulate와 이어지면서 문법적으로 대등한 구조를 이루어야 하므로, 동사원형 make로 고쳐야 한다.

ⓔ 문맥상 '장르가 무엇이건 간에'라는 의미가 적절하므로, 복합관계부사 However는 복합관계대명사 Whatever로 고쳐야 한다.

7 **해석** 자신들의 연구를 출판하는 수백 개의 저널들과 그 연구를 바탕으로 한 많은 베스트셀러들에서 보여지듯이, 심리학자들은 보통 결과를 비밀로 함으로써 얻는 것이 거의 없기 때문에 다른 분야의 과학자들보다 더 많은 협력을 즐길 수 있다. 예를 들어, 만약 당신이 새로운 기술에 대한 특허를 최초로 얻고 싶다면, 경쟁자들로부터 비밀을 지키는 것은 이득이 될 것이다. 그런 경주에서, 만약 당신이 첫 번째라면, 당신은 수백만 달러를 벌 수 있을 것이다. 만약 당신이 두 번째라면 (Alexander Graham Bell이 특허를 낸 지 2시간 후에 특허를 내려고 했던 그 불쌍한 사람처럼), 당신은 아무것도 벌지 못할 것이다. 화학에서 그러한 돈에 대한 경쟁은 흔하지만, 심리학에서는 드물다.

▶(1) 뒤에 완전한 절이 오므로 「전치사+관계대명사」의 형태가 적절하다. 선행사가 the hundreds of journals로 연구를 출판하는 장소에 해당하므로 in which로 고쳐야 한다.

(2) 접속사 Although 뒤에는 주어와 동사를 갖춘 절이 와야 하므로 to be는 are로 고쳐야 한다.

8 **해석** 사람은 평등하다. 모든 사람은 그들의 상황이 어떻든 행복하고, 건강하고, 성취감을 느끼고, 자유로울 동등한 권리가 있다. 그들이 어디에 살든, 그들이 아무리 부자일지라도, 그리고 그들의 인종, 나이, 성별, 능력, 종교적 견해 등이 무엇이건 간에 모든 사람은 중요하다. 다른 모든 것이 동등하다면, 우리는 더 많은 생명을 구하고, 사람들이 더 오래 살 수 있도록 돕고, 더 많은 사람들을 더 행복하게 만들어야 한다. 20명의 아픈 사람들이 병원 병동에 줄을 서 있는데 그들에게 약을 주지 않으면 그들이 죽을 것이라고 상상해 보라. 여러분은 모두를 위한 충분한 약을 가지고 있고, 나중을 위해 그것을 계속 보유해야 할 이유가 없다. 만약 모든 사람을 구하는 것이 그만큼 쉽다면, 정말로 그들 중 일부만 임의로 구하는 것을 선택할 사람이 있을까? 여러분은 여러분이 할 수 있는 한 많은 이를 돕는 것이 낫다. 더 많이 돕는 것이 덜 돕는 것보다 낫다.

▶(1) 「복합관계부사+주어+동사」의 구조를 이용하여 문장을 완성한다.

(2) 「might as well+동사원형(~하는 것이 더 낫다)」 구문과 「as ~ as+주어+can(가능한 ~한[하게])」 구문을 이용하여 문장을 완성한다.

[9-10] 해석

설문조사에서 참가자들에게 질문하는 것에 관해서라면, 때때로 참가자들은 여러분이 듣고 싶어 한다고 생각하는 답을 여러분에게 줄 것이다. 그들의 행동은 형편없는 식사 후에 서빙하는 이가 당신에게 "모든 것이

괜찮았습니까?"라고 물었을 때 당신의 행동과 비슷할 수 있다. 이런 경우 서빙하는 이에게 모든 것이 형편없었다고 말하기보다는 여러분은 그가 듣고 싶어할 것이라고 생각하는 것을 말한다. "네, 모든 것이 괜찮았습니다." 물론 당신은 식사가 더 좋았더라면 그것을 더 신나서 말할 것이다. 하지만 중요한 것은 여러분은 서빙하는 이가 듣고 싶어 한다고 생각하는 대답을 그에게 준다는 것이다. 또한, 참가자들은 응답 세트를 따를 수도 있다. 그것은 질문이 무엇이든 상관없이 특정한 정해진 방식으로 대답하는 습관이다. 모든 질문에 대해 '동의함' 또는 '강력하게 동의함' 선택지를 사용하는 참가자들이 있다. 일부 참가자들은 모든 진술에 대해 '동의하지 않음' 또는 '강력하게 동의하지 않음'이라고 응답한다. 다른 참가자들은 항상 '중립' 또는 '동의하지도 반대하지도 않음' 선택지를 택한다.

9 ▶ⓓ 선행사는 participants이고, 관계사 뒤에 주어가 없는 불완전한 절이 이어지므로 주격 관계대명사 who로 고쳐야 한다.

ⓐ 'when it comes to ~'는 전치사 to가 쓰여 '~에 관해서라면, ~ 관한 한'이라는 뜻을 나타내므로 동명사 asking은 적절하다.

ⓑ 명사구 a lousy meal이 왔고 after는 전치사로 사용될 수 있으므로 적절하다.

ⓒ 선행사를 포함한 관계대명사 what이 이끄는 절이 동사 say의 목적어 역할을 하므로 적절하다.

ⓔ 「neither A nor B」는 'A도 B도 아닌'이라는 의미를 나타내므로 문맥상 적절하다.

10 ▶ 과거의 일이 현재에 영향을 미치는 것에 대한 가정인 혼합 가정법 문장으로 완성한다. 주절의 동사구는 「would+동사원형」으로 쓰고, if절의 동사는 과거완료시제를 써서 완성한다.

Chapter 7
명사/대명사

출제 포인트 35   p. 92

예문 해석

1 링컨 대통령은 1863년에 그의 유명한 연설을 했다.

2 많은 사람들이 경기침체로 직장을 잃었다.

3 인간은 그것(지구 생물권) 내에서 그것에 의해 창조된 지구 생물권의 일부이다.

4 Toby는 집에 돌아왔을 때 그녀에 대한 생각을 멈출 수 없었다.

5 그들의 상품은 우리 것보다 더 일찍 판매를 시작했다.

출제 포인트 36

예문 해석

1 Sarah는 택시를 잡으려고 했으나, 그것은 어려웠다.

2 지구에서 명왕성까지 광년으로 거리가 얼마나 먼가요?

3 그 야망 있는 여성은 성공할 것이라는 것은 확실하다.

4 그 비서는 자신의 상사가 정직하고 너그럽다는 것을 사실이라고 생각한다.

---

slowdown 둔화 **biosphere** 생물권(생물이 살 수 있는 지구 표면과 대기권)

A **1** their **2** it **3** hers **4** it

B **1** mine **2** ○ **3** it **4** them

C **1** (1) to tell (2) it (3) they

  2 (1) his (2) His (3) mine

A

1 딱따구리와 그 짝은 둥지를 보호하기 위해 최선을 다했다.

▶주어 The woodpecker and its mate를 지칭하므로 대명사는 복수형 their를 써야 한다.

2 그는 그것에 돈을 더 쓰는 것은 말이 되지 않는다고 생각한다.

▶뒤에 오는 to부정사가 that절의 진주어이므로, 가주어 it을 써야 한다.

3 내 운동화가 어디로 갔는지 몰라서, 언니가 내게 자신의 것을 빌려줬다.

▶문맥상 her sneakers를 의미하므로 소유대명사 hers를 써야 한다.

4 그녀는 아들이 시험에 합격할 것이라고 당연하게 생각했다.

▶뒤에 온 that절이 진목적어이므로, 가목적어인 it을 써야 한다.

B

1 네 여름방학 계획은 내 것만큼이나 흥미롭게 들린다.

▶문맥상 my plan을 의미하므로 소유대명사 mine으로 고쳐야 한다.

2 만약 공장이 문을 닫으면 많은 사람들이 일자리를 잃을 것이라는 것이 분명하다.

▶뒤에 온 that절이 진주어이므로 가주어 It은 적절하다.

3 당신이 (그것을) 허락해 준다면 나는 내일 런던에 가고 싶다.

▶앞에 나온 to go to London tomorrow를 받을 수 있는 대명사 it으로 고쳐야 한다.

4 Ronald는 자기 친구들의 관심을 원했지만, 그들이 자기 쪽을 보게 할 수 없었다.

▶his friends를 지칭해야 하므로 복수형 them으로 고쳐야 한다.

C

1 해석 우리는 어릴 때부터 아이들에게 거짓말을 하는 것은 잘못된 것이라고 가르친다. 하지만 어른으로서 우리는 누군가의 감정을 상하게 하지 않기 위해 선의의 거짓말을 하는 것이 필요하다는 것을 종종 발견한다. 친구들이 여러분의 의견을 물어볼 때, 그들은 때때로 정직한 비판이 아닌 안심을 원한다.

▶(1) that절의 주어 it은 가주어이므로, 동사 tell을 진주어가 되도록 to부정사로 고쳐야 한다.

  (2) 뒤에 오는 to부정사구(to tell ~)가 진목적어이므로, that을 가목적어인 it으로 고쳐야 한다.

  (3) 문맥상 앞에 나온 your friends를 지칭하고, 주어 자리이므로 they로 고쳐야 한다.

2 해석 나는 Jerome이 농구를 하고 그의 나이 대 선수들을 넘어서는 동작을 하는 것을 녹화했다. 그는 프로 선수가 될 수 있을 만큼 충분히 재능이 있다. Jerome은 이제 나만큼 키가 크고 손가락이 길다. 그의 농구 기술은 많이 향상되었고 그의 슛과 드리블은 내 것보다 훨씬 좋다.

▶(1) 문맥상 '그의 나이'를 의미하므로 age를 수식하는 소유격 his로 고쳐야 한다.

  (2) 문맥상 그(Jerome)의 농구 실력이 향상된 것이므로 소유격 His로 고쳐야 한다.

  (3) 문맥상 my shot and dribbling을 의미하므로 소유대명사 mine으로 고쳐야 한다.

출제 포인트 37   p. 94

예문 해석

1 책의 영향력은 텔레비전의 영향력에 의해서 가려진다.

2 유로파의 바다는 지구의 그것(바다)보다 더 거대하다.

3 골프에 관심 있는 분들은 저희의 18홀 코스를 즐길 수 있습니다.

4 휴대전화 분실 신고 후에 다시 찾으면 저희에게 전화해 주세요.

5 나는 내 신용카드를 잃어버려서 새로운 것을 다시 발급 받아야 한다.

출제 포인트 38

예문 해석

1 나는 어젯밤에 저녁을 준비하다 베였다.

2 부모들 자신이 자녀의 안전에 대해 더 많은 책임을 져야 한다.

overshadow 빛을 잃게 만들다, 그늘을 드리우다

A **1** that **2** yourselves **3** one **4** himself

B **1** me **2** ○ **3** that **4** ○

C **1** (1) herself (2) her (3) Those

  2 (1) it (2) them (3) them

A

1 가장 중요한 정보는 첫 페이지에 쓰여 있는 것이다.

▶명사구 The most important information을 지칭하므로 단수형 that을 써야 한다.

2 너희 모두 오늘 밤 파티에서 즐거운 시간을 보냈으면 좋겠어!

▶you all은 복수형이므로, yourselves를 써야 한다.

3 물을 너무 많이 마시면 익사하는 사람처럼 그것은 당신을 죽일 수 있다.

▶불특정한 사람을 가리키고, 관계사 who 뒤에 단수동사가 오므로 부정대명사 one을 써야 한다.

4 Jack은 자기 저녁 식사를 스스로 준비했다. 누구도 그를 위해 해주지 않았다.

▶주어 Jack이 스스로 저녁을 준비했다는 것을 강조하는 문맥이므로 재귀대명사 himself를 써야 한다.

B

1 궁금한 점이 있으면 Bob이나 제게 부담 없이 연락하세요.

▶주절은 명령문으로 주어 you가 생략된 것으로 볼 수 있는데, 목적어와 동일 대상이 아니므로 me로 고쳐야 한다.

2 사람들은 완료한 것보다 미완료된 일을 더 잘 기억했다.

▶문맥상 앞에 나온 tasks를 나타내고, 불특정한 것이므로 ones는 적절하다.

3 중국의 인구는 일본의 그것(인구)보다 훨씬 많다.

▶앞의 The population을 대신하므로 단수형 that으로 고쳐야 한다.

4 리듬감 있는 음악을 듣는 사람들은 더 협력할 가능성이 있다.

▶those는 사람을 지칭할 수 있으므로 주격 관계대명사 who가 이끄는 절의 수식을 받는 those는 적절하다.

C

1 해석 "Jane은 자기 자신을 흔들어 깨웠다." 그 문장의 의미는 꽤 분명하다. Jane은 잠을 자면 안 되는 시간, 아마도 수업 중에 서서히 잠이 들어서, 그녀는 잠을 깨기 위해서 갑자기 몸을 움직였다. 이제 다른 문장을 보자, "Jane이 그녀를 흔들어 깨웠다." 이 문장을 읽는 사람들은 Jane이 다른 사람을 흔들고 있었다고 생각할 것이다.
  ▶(1) 문맥상 Jane이 자기 자신을 흔들어 깨운 것이므로 목적어는 재귀대명사 herself로 고쳐야 한다.
  (2) 문맥상 Jane이 다른 사람을 흔들어 깨운 것이므로, 목적어를 her로 고쳐야 한다.
  (3) 뒤에 주격 관계대명사 who가 오고, 문맥상 '사람들'을 의미하므로 대명사 Those로 고쳐야 한다.

2 해석 Peter는 구석구석 찾아보았다. 그는 몇 권의 책 뒤에 숨겨진 큰 초콜릿 상자를 발견하고, 그것을 열었다. 그러고 나서 그는 초콜릿 하나하나를 아주 조금씩 베어 먹었다. 그는 초콜릿 퍼지가 가운데 들은 좋은 것들을 발견했을 때 그것들을 먹었다. 하지만 라즈베리, 딸기, 또는 레몬 크림이 들어있는 것을 발견했을 때는 그것들을 제자리에 두었다.
  ▶(1) 앞에 나온 a large box of chocolates를 지칭하므로, 지시대명사 it으로 고쳐야 한다.
  (2) 앞에 나온 good ones를 지칭하므로 복수형 them으로 고쳐야 한다.
  (3) 문맥상 앞에 나온 ones with ~ creams를 대신하므로 them으로 고쳐야 한다.

출제 포인트 39   p. 96

예문 해석

1 둘 중에 하나가 나머지 하나보다 에너지 효율이 더 좋다고 말하기가 어렵다.
2 일부 음식은 전반적인 건강에 관해서라면 다른 것들보다 더 낫다.
3 그들의 책 각 권은 모든 세대의 독자들에게 사랑받았다.
4 이 정보 대부분은 온라인으로 이용할 수 있어서, 우리가 쉽게 얻을 수 있다.

출제 포인트 40

예문 해석

1 그녀는 침실의 가구를 모두 바꾸고 싶어 한다.
2 너는 몇 년 전보다 지금이 훨씬 더 건강해 보여.
3 Janet은 여기에 5년 이상을 살았지만 한국어를 조금만 할 수 있다.

energy-efficient 에너지 효율이 좋은

Basic Practice   p. 97

A 1 are 2 few 3 luggage 4 the other
B 1 ○ 2 is 3 ○ 4 amount
C 1 (1) advice (2) other
   2 (1) deserves (2) information (3) room

A

1 시민들 거의 모두 의료 보험 제도에 만족한다.
  ▶all of 뒤에 복수명사가 왔으므로 복수 취급해야 한다.

2 내 정신이 몇 초간 멍해져서 무엇을 해야 할지 몰랐다.
  ▶뒤에 복수명사 seconds가 왔으므로 셀 수 있는 명사의 수식어 a few를 써야 한다.

3 얼마큼의 수하물을 가지고 갈 수 있는지에 대한 제한이 있나요?
  ▶luggage는 셀 수 없는 명사이므로 단수형을 쓴다.

4 프로그램은 두 부분으로 나누어져 있다. 하나는 5~7세의 아이들을 위한 것이고, 나머지 하나는 십대들을 위한 것이다.
  ▶두 개 중의 하나는 one, 나머지 하나는 the other로 나타낸다.

B

1 우리 중 일부는 거의 항상 행복한 반면, 다른 이들은 우울증을 겪는다.
  ▶다수 중에서 일부는 some, 다른 일부는 others로 나타내므로 적절하다.

2 우리가 사용하는 전기의 대부분은 화석연료를 태움으로써 생산된다.
  ▶most of 다음에 단수명사가 왔으므로, 단수동사 is로 고쳐야 한다.

3 시장의 각각의 상점들은 그들만의 특별하고 독특한 상품을 가지고 있다.
  ▶Each of는 뒤에 오는 명사의 수에 상관없이 단수 취급하므로 단수동사 has를 쓴 것은 적절하다.

4 그들은 새로운 제품을 시장에 출시하는 데 상당한 많은 시간을 투자했다.
  ▶뒤에 셀 수 없는 명사 time(시간)이 왔으므로, 수식어는 a great amount of를 써야 한다.

C

1 해석 Thad Ward가 프로 시절에 받았던 조언이 하나 있었다. Ward가 설명했다. "그는 나에게 '당신은 한 팀을 위해 뛰는 것이 아니라 30개의 팀 모두를 위해 뛰는 것이다. 당신이 경기장에 나갈 때마다, 여전히 당신을 주시하고 있는 29개의 다른 팀들이 있다.'라고 말했다. 그래서 나는 그것과 미래에 일어날 수 있는 일들을 생각했고, 그것을 내 마음속에 간직했다."
  ▶(1) advice는 셀 수 없는 명사이므로 단수형을 써야 한다.
  (2) 30개의 팀 중 나머지 29개의 팀을 가리키는 것이므로 other로 고쳐야 한다.

2 해석 모든 사람들은 자신의 완벽한 꿈의 집을 찾을 자격이 있다. 올바른 종류의 정보가 전체 과정을 지원하면 매우 가능하다. 하지만 여러분의 눈으로 집에서 원했던 모든 특징을 찾더라도, 항상 개선의 여지가 있을 것이다. 그래서 집을 정할 때는 마음속으로 그 점에 대한 여지를 남겨 둬라.
  ▶(1) 부정대명사 Everyone은 단수 취급하므로 단수동사로 고쳐야 한다.
  (2) information은 셀 수 없는 명사이므로 단수형으로 고쳐야 한다.
  (3) '공간, 여지'의 의미로 쓰이는 room은 셀 수 없는 명사이므로, 단수형으로 고쳐야 한다.

1 them 2 the other 3 was 4 himself, himself
5 themselves, a few 6 ④ 7 ⑤
8 ⓐ → is, ⓒ → myself
9 ⓐ → yourself, ⓒ → it
10 Nobody knows how many copies have been sold
11 can move the toy from one hand to the other
12 Some of their luggage was lost during the flight
13 visitors in this museum is larger than that of other museums
14 asked for a little more time to think about his response
15 It was obvious that the prime minister did not control
16 ② 17 (1) others (2) plenty of (3) reasons
18 (1) ⑤ (2) Christians wanted to set themselves apart.
19 ③ 20 ②

1 사과는 왁스 칠을 포함한 최신 기술을 사용하여 포장되고 등급이 매겨지는데, 이는 그것들을 더욱 빛나게 한다.
   ▶ 문맥상 사과가 빛나는 것이므로, 대명사는 apples를 지칭하는 복수형 them을 써야 한다.

2 크리스마스 직전에 그녀는 딸을 위해 인형 세 개를 샀다. 하나는 귀엽고, 다른 하나는 예쁘고, 나머지 하나는 키가 크다.
   ▶ 인형 세 개 중 마지막 하나를 지칭해야 하므로 the other를 써야 한다.

3 경주에서 가장 기억에 남는 순간은 참가자들이 결승선을 통과했을 때였다. 그들 각자 트로피를 받았다.
   ▶ Each of는 뒤에 오는 명사의 수에 상관없이 단수 취급하므로 단수동사 was로 써야 한다.

4 그는 오두막에 혼자 누워 있는 자신을 발견하고 놀랐다. 그는 어젯밤에 여기에 온 것을 기억하지 못했다. "내가 왜 여기 있지?" 그가 혼잣말했다.
   ▶ (1) 주어와 목적어가 지칭하는 대상이 같으므로, 재귀대명사 himself를 써야 한다.
   (2) 자기 자신에게 말을 하는 것이므로 재귀대명사를 써야 한다. say to oneself는 '혼잣말하다'라는 뜻이다.

5 많은 사람들이 요리하면서 베인다. 하지만 몇 가지 유용한 팁을 알고 있다면, 여러분은 더 안전해질 수 있다.
   ▶ (1) 주어와 목적어가 지칭하는 대상이 같으므로 재귀대명사를 써야 한다.
   (2) 뒤에 셀 수 있는 명사 tips가 있으므로 a few를 써야 한다.

6 ④ 대부분의 근로자들은 아직 연례 건강 및 안전 훈련을 완료하지 않았다.
   ▶ Most of 뒤에 복수명사가 오면 복수 취급하므로 동사는 복수형 have로 고쳐야 한다.
   ① 너를 도운 모든 사람들에게 고마워해야 한다.

   ▶ 문맥상 '사람들'을 지칭하므로, 주격 관계대명사 who가 이끄는 절의 수식을 받는 those는 적절하다.
   ② James의 엄마와 아빠는 자신의 아들의 에세이가 아주 훌륭하다고 생각한다.
   ▶ James' Mom and Dad를 지칭하므로 복수형 their는 적절하다.
   ③ 그녀는 건강하고 균형 있는 식사를 하는 것을 중요하다고 생각한다.
   ▶ 뒤에 나온 to부정사 to eat ~ diet가 진목적어이고, it은 가목적어로 쓰였으므로 적절하다.
   ⑤ 셰익스피어의 가장 위대한 작품 중 하나인 맥베스가 쓰인 것은 바로 이 시기였다.
   ▶ work가 '작품'의 의미일 경우, 셀 수 있는 명사로 쓸 수 있다.

7 ⓑ 홍보 기간에 셔츠 두 벌을 사면 다른 한 벌을 완전히 공짜로 받을 수 있습니다.
   ▶ '또 다른 하나'를 의미하는 another는 적절하다.
   ⓒ 나는 금융에 대해 잘 모르기 때문에 그것에 대한 많은 정보가 필요하다.
   ▶ information은 셀 수 없는 명사이고, a lot of는 셀 수 있는 명사와 없는 명사를 모두 수식할 수 있으므로 적절하다.
   ⓔ 나는 실수로 내 여동생의 컵을 깼다. 나는 여동생을 위해 새 것을 사야 한다.
   ▶ one은 불특정한 같은 종류의 컵을 지칭하므로 적절하고, her는 my sister를 지칭하므로 적절하다.
   ⓐ 그 시에서의 감정은 상실과 슬픔의 그것(감정)이다.
   ▶ The emotions를 지칭하므로 대명사 that은 복수형 those로 고쳐야 한다.
   ⓓ 내가 휴대전화를 바닥에 떨어뜨려서 그것이 저절로 꺼졌다.
   ▶ My phone을 지칭해야 하므로, one을 앞에서 언급한 특정 명사를 지칭하는 대명사 it으로 고쳐야 한다.

8 해석 휴가철이 코앞으로 다가왔다. 모두들 가족과 친구들과의 축하를 기대하며 연휴 전에 서둘러 일을 마무리하고 있다. 사람들은 우리의 삶에 즐거움을 가져다주는 것에 대한 조언을 좀 주기 시작한다. 우리는 새 옷을 입거나, 새로운 장소에 가거나, 새로운 것들을 소유할 수 있다. 그런데 갑자기 나는 내 자신에게 질문하는 것을 발견한다. 우리에게 정말로 즐거움을 가져다주는 것은 무엇일까? 우리는 즐거운 시간을 보내는 법을 배운 적이 있는가?
   ▶ ⓐ 부정대명사 Everyone은 단수 취급하므로 단수동사 is로 고쳐야 한다.
   ⓒ 주어와 목적어가 동일한 대상이므로, 목적어인 me를 재귀대명사 myself로 고쳐야 한다.
   ⓑ advice는 셀 수 없는 명사이고, some은 셀 수 있는 명사와 없는 명사 모두 수식하므로 적절하다.

9 해석 당신은 요가 슬럼프를 겪을 때가 있다. 당신은 지난 한 달 동안 수업에 몇 번밖에 참석하지 않았다는 것을 깨달을지도 모른다. 요가 슬럼프에서 벗어나는 것은 어려운 일이다. 그러나 '이것 또한 지나갈 것이다.'라는 것을 인식하는 것이 첫 번째 단계이다. 슬럼프는 직장에서의 스트레스, 감정적인 문제 또는 관계의 어려움과 연관될 수 있다. 그것을 받아들이고 기꺼이 지나가게 하도록 노력하라.
   ▶ ⓐ 명령문의 생략된 주어(you)와 목적어가 지칭하는 대상이 같으므로, 재귀대명사 yourself로 고쳐야 한다.

© 앞에 언급된 The slump를 대신하므로 단수형 it으로 고쳐야 한다.

ⓑ to recognize 이하가 진주어이고, it은 가주어인 구조로 적절하다.

10 ▶ 주어가 Nobody이고, Nobody는 단수 취급하므로 동사 know를 knows로 바꿔서 문장을 완성한다.

11 ▶ 손이 두 개이므로, one hand와 the other를 써서 문장을 완성한다.
cf. from *A* to *B*: A에서 B로

12 ▶ Some of 뒤에 their luggage를 쓴다. luggage는 셀 수 없는 명사로 단수 취급하므로 단수동사를 쓰되, 시제에 맞춰 과거형 was lost로 써서 나머지 문장을 완성한다.

13 ▶ 주어가 The number of(~의 수)이므로 동사는 단수형으로 쓰고, 방문자 수를 비교하는 문장이므로 The number를 대신하는 that을 써서 완성한다.

14 ▶ time(시간)은 셀 수 없는 명사이므로 앞에 '약간'의 의미의 셀 수 없는 명사를 수식하는 a little을 넣어 문장을 완성한다.

15 ▶ 가주어 It 뒤에 was obvious를 쓴 후 진주어로 that절을 이어서 완성한다.

16 해석 한 연구에서, 연구자들은 서로 모르는 사람들끼리 짝을 이루어 한 방에 앉아서 이야기하도록 했다. 절반의 방에는 근처 탁자 위에 휴대전화가 놓여 있었다. 그리고 나머지 절반에는 휴대전화가 없었다. 대화가 끝난 후, 연구자들은 참가자들에게 서로에 대해 어떻게 생각하는지를 물었다. 여기에 그들이 알게 된 것이 있다. 휴대전화가 없는 방에서 대화했던 참가자들에 비해 방에 휴대전화가 있을 때 참가자들은 자신들의 관계가 더 나빴다고 말했다. 휴대전화가 있는 방에서 대화한 짝들은 자신의 상대가 공감을 덜 보여 주었다고 생각했다.

▶ⓓ 비교 대상이 relationship이므로, those of의 those는 that으로 고쳐야 한다.

ⓔ The pairs를 지칭해야 하므로, his는 복수형인 their로 고쳐야 한다.

ⓐ 「ask *A* to *B* (A에게 B하라고 요청하다)」라는 구문이 쓰였고, 등위접속사 and 사이에 sit down과 chat이 병렬 구조를 이루었으므로 적절하다.

ⓑ 휴대전화가 있는 방 절반과 없는 다른 절반의 방을 의미하므로 In half of ~와 the other half를 쓴 것은 적절하다.

ⓒ 부사절이 주절의 일보다 먼저 일어난 일이므로 과거완료를 쓴 것은 적절하고, 주절은 「ask+간접목적어+직접목적어」가 쓰인 구조로 적절하다.

17 해석 자전거 타기는 노인들에게 아주 좋은 형태의 운동이다. 그것은 자신의 필요와 능력에 적합한 강도로 할 수 있는 운동이다. 그것은 충격이 적고, 다른 사람들과 함께 타면 매우 사교적일 수 있다. 전기 자전거의 출현은 자전거를 타는 나이 든 사람들이 자전거를 훨씬 더 쉽게 탈 수 있게 만들었다. 당신은 계속하기 위해 아주 건강할 필요가 없고, 많은 물건을 운반할 수 있다. 어떤 운동이든 운동을 안 하는 것보다 낫다는 것은 말할 필요도 없다. 하지만 자전거 타기가 노인들에게 특히 좋은 형태의 운동인 많은 이유가 있다.

▶(1) '다른 사람들'의 의미가 되어야 하므로, others로 바꿔야 한다.

(2) stuff는 셀 수 없는 명사이므로, 셀 수 있는 명사와 없는 명사를 모두 수식할 수 있는 '많은'이라는 뜻의 plenty of로 바꿔야 한다.

(3) a number of는 '많은'의 의미이므로, 뒤에는 복수명사 reasons로 바꿔야 한다.

18 해석 중세 사회에서 지위를 나타내는 표시일 뿐만 아니라 기본적인 음식은 바로 빵이었다. 하인들이 흑빵에 만족한 반면 왕이나 영주는 밀가루 빵만 먹었다. 그리고 유럽인들은 중세시대 동안 세계의 어느 누구보다도 1인당 고기를 더 많이 먹었다. 비록 그들이 고기를 많이 먹었지만, 그들은 어떤 종류의 고기를 먹는지에 대해 까다로웠다. 일반적으로, 기독교 유럽은 육식 동물들을 먹는 것을 금지했다. 이것은 개, 늑대, 곰, 그리고 고양이를 그들의 식단에서 제외시켰다. 하지만, 그들은 유대인들과 이슬람교도들이 돼지고기를 먹는 것을 거부했기 때문에 돼지에 대해서는 대부분 예외로 했다. 기독교인들은 그들 자신을 분리하기를 원했다. 그들은 또한 말고기가 북유럽의 종교적 관습과 연관되어 있기 때문에 말고기를 먹는 것을 거부했다.

(1) ▶ⓔ 문맥상 horsemeat을 지칭하므로, 단수형인 its로 고쳐야 한다.

ⓐ 「It is[was]~ that」 강조 구문의 대명사 It으로 쓰였으므로 적절하다.

ⓑ anyone else는 '누구든지 다른 사람'을 의미하며, 유럽인을 제외한 나머지를 나타내므로 적절하다.

ⓒ meat은 셀 수 없는 명사이므로, much가 수식하는 것은 적절하다.

ⓓ 선행사 animals를 수식하는 주격 관계대명사 that으로 쓰였으므로 적절하다.

(2) ▶ 주어와 목적어가 같은 대상을 지칭하므로, 목적어 자리에 them을 재귀대명사 themselves로 고쳐 넣어 완성한다.

19 해석 대서양을 가로질러 새로운 땅을 발견한 탐험가들은 특별한 생물체를 보았다. 새처럼 날개를 가지고 바닷물을 통과해 스스로 나아가는 물고기를! 밝은 오렌지색 부리와 검은 깃털을 가진 이 이상한 생물은 바닷물 속으로 깊이 잠수했다가 하늘을 빠르게 날아가는 것이 목격되었다. 탐험가들은 이 신화적인 생명체를 두려워했기 때문에, 그것을 난파선의 나무 조각들로부터 솟아오르는 것으로 묘사하는 이야기를 만들어냈다. 오늘날 이 바닷새들은 더 이상 두렵지 않은데, 부분적으로는 과학자들이 그들에 대해 더 많이 알기 위해 연구했기 때문이다. 이제 대서양 바다오리로 알려진 이 바닷새는 북반구의 대서양에서 산다. 바다에 사는 이 새들은 자신들이 작은 물고기를 먹는 바닷속으로 깊이 잠수하기 위해 날개를 사용하여 물속을 나는 것처럼 보인다.

▶③ 과학자들이 대서양 바다오리에 대해 연구하는 것이므로, 주어와 목적어가 지칭하는 대상이 다르다. 따라서 themselves를 these seabirds를 지칭하는 them으로 고쳐야 한다.

① 물고기가 자기 자신을 나아가게 하는 것이므로, 재귀대명사 itself를 쓴 것은 적절하다.

② and가 연결하는 to dive와 같은 형태의 to부정사 to fly가 나온 것은 적절하다. 지각동사가 수동태로 전환될 때 동사원형의 목적격보어는 to부정사로 전환된다.

④ 바닷새가 Atlantic puffin이라고 '알려진' 것이므로, 과거분사인 known으로 시작하는 분사구문을 쓴 것은 적절하다.

⑤ 뒤에 완전한 절이 왔고 선행사가 the sea이므로 관계부사 where를 쓴 것은 적절하다.

20 해석 악력은 모든 소득의 사람들의 사망률과 밀접한 관련이 있으며, 혈압보다 기대 수명을 더 잘 나타내는 지표가 될 수도 있다. 1,275명의 남녀를 대상으로 한 최근의 연구는 상대적으로 손에 쥐는

힘이 약한 사람들이 DNA의 노화가 가속된 징후를 보인다는 것을 발견했다. 그들의 유전자는 더 큰 힘을 가진 사람들의 유전자보다 더 빨리 늙어가는 것처럼 보였다. 이 연구는 체육관을 방문하거나 거실에서 팔굽혀펴기를 몇 번 하는 것이 현재 나이와 상관없이 우리를 생물학적으로 더 젊게 만드는 데 도움이 될 가능성을 제기한다. 많은 연구는 힘이 우리에게 좋다고 말했다. 역기를 드는 사람들은 저항 운동을 거르는 사람들보다 심장병과 고혈압이 생길 확률이 낮다.

▶ ② 문맥상 genes를 지칭해야 하므로, 복수형 those로 고쳐야 한다.

① that절의 주어인 those에 이어지는 동사로 showed가 나온 것은 적절하다.

③ 뒤에 완전한 절이 오고 the possibility와 동격을 이루므로, 접속사 that을 쓴 것은 적절하다.

④ 연구의 의미로 쓰이는 research는 셀 수 없는 명사이므로 단수 취급한다. 따라서 현재완료시제의 has가 온 것은 적절하다.

⑤ those는 앞의 People을 지칭하여 '사람들'이라는 뜻을 나타내므로 적절하다.

Chapter 8
형용사/부사/비교

출제 포인트 41 · p. 104

예문 해석

1 가나는 초콜릿으로 유명한 나라이다.
2 꽃들은 향긋한 향이 나고 벌들에 의해 수분 된다.
3 이상하게도 그들은 그날 같은 장소에서 두 번 만났다.
4 그가 사고로 얼마나 심하게 다쳤는지 분명하지 않다.

출제 포인트 42

예문 해석

1 살아 있는 미끼로 낚시하는 것은 좋은 생각이다.
2 그녀는 옆집에서 나는 시끄러운 소음 때문에 밤을 꼬박 새웠다.
3 그는 그것을 할 만큼 충분히 부유하지 않다.
4 그는 시험 공부할 충분한 시간이 있다.

pollinate (꽃에) 수분하다 bait 미끼

Basic Practice · p. 105

A 1 sleeping 2 individually 3 shameful 4 calm
B 1 ○ 2 beautiful 3 tall enough 4 happy
C 1 (1) wisely (2) sad (3) angry
　 2 (1) gently (2) slowly (3) nothing strange

A

1 그녀는 자고 있는 아기를 보면서 방에서 조용히 머물렀다.
　▶ 명사 baby를 앞에서 수식하므로 sleeping을 써야 한다. asleep은 명사 앞에서 수식하는 한정 용법으로 쓸 수 없다.

2 우리는 각자 첨단 기술의 생활로 개인적으로 더 많은 자원을 쓴다.
　▶ 동사 use를 수식해야 하므로 부사를 써야 한다.

3 그것은 전적으로 용납되지 않는 부끄러운 행동이었다.
　▶ 명사 behavior를 앞에서 수식하므로 shameful을 써야 한다. ashamed는 명사 앞에서 수식하는 한정 용법으로 쓸 수 없다.

4 우리 어른들 모두는 너무 두려워하는 동안에 너희는 어째서 그렇게 침착할 수 있었지?
　▶ 주격보어 자리이므로 형용사 calm을 써야 한다.

B

1 두 물건이 모든 면에서 같으면, 그것들은 같은 물건이다.
　▶ alike는 서술 용법으로 쓰므로, 동사 are 뒤에 오는 것은 적절하다.

2 그 신부가 웨딩드레스를 입은 모습이 정말 아름답구나!
　▶ 동사 looks의 보어 자리이므로 형용사인 beautiful로 고쳐야 한다.
　cf. How 감탄문: How+형용사+주어+동사 ~!

3 나는 그들의 머리 너머를 볼 수 있을 정도로 키가 커서 그 결과를 봤다.
　▶ enough가 형용사를 수식하는 부사일 때는 형용사 뒤에서 수식하므로, tall 다음에 enough가 와야 한다.
　cf. 형용사+enough+to부정사: ~하기에 충분히 …한

4 누군가가 당신을 행복하게 해 준다면, 그들도 행복하게 해 주도록 노력하라.
　▶ 동사 makes의 목적격보어 자리이므로 형용사 happy로 고쳐야 한다.

C

1 **해석** Brandon의 어머니는 현명하게 Brandon이 진정되기를 기다렸다가 그에게 이야기할 수 있는지 물어본다. 그는 농구팀에 들지 못한 것에 대해 얼마나 슬픈지, 자신의 성적에 대해 얼마나 걱정하는지에 대해 이야기한다. 이제 Brandon은 어머니의 조언에 대한 자신의 화난 반응을 알아차릴 수 있다.
　▶ (1) 동사 waits를 수식해야 하므로 부사 wisely로 고쳐야 한다.
　(2) be동사 is의 주격보어 자리이므로 형용사 sad로 고쳐야 한다.
　(3) 명사 response를 수식해야 하므로 형용사 angry로 고쳐야 한다.

2 **해석** 그녀는 도착한 첫 번째 문의 손잡이에 떨리는 손을 내밀었다. 심호흡을 하면서 그녀는 손잡이를 돌려 문을 부드럽게 밀었다. 그녀는 촛불을 자신 앞으로 내밀고 천천히 방으로 들어갔다. 그곳에는 아무도 없었고 이상한 것도 없었다. 그녀는 방을 하나씩 돌아다니며 그곳 중 어느 곳에서도 특별한 것을 발견하지 않자 마음이 진정되기 시작했다.
　▶ (1) 동사 pushed를 수식해야 하므로 부사 gently로 고쳐야 한다.
　(2) 동사 moved를 수식해야 하므로 부사 slowly로 고쳐야 한다.
　(3) nothing을 수식하는 형용사는 뒤에서 수식해야 하므로, nothing strange로 고쳐야 한다.

출제 포인트 43 · p. 106

예문 해석

1 이 믿음은 증거를 생성하는 데 상당한 어려움을 제시한다.
2 Singh 씨는 매우 성공한 토목 기사였다.

예문 해석

1 Henry는 그의 아버지만큼이나 훌륭한 정치인이다.

2 그녀는 건강을 향상하기 위해서 전보다 더 자주 달리기를 하고 있다.

3 이 책은 내가 지금껏 읽은 책 중에서 가장 흥미롭고 스릴이 있는 책이다.

4 이 포도주는 저 포도주보다 맛이 뛰어나다.

civil engineer 토목 기사

Basic Practice
p. 107

A 1 nearly 2 respective 3 most 4 more

B 1 ○ 2 ○ 3 hardly 4 highest

C 1 (1) deeply (2) did (3) hardly

  2 (1) greatest (2) than

A

1 그는 거의 20초 동안 잠자코 나를 응시했다.
  ▶ 문맥상 '거의'라는 의미의 nearly를 써야 한다.

2 그들은 짐을 싸기 위해 각자의 침실로 들어갔다
  ▶ 문맥상 '각자의'의 의미인 respective를 써야 한다.

3 이것은 내가 지금까지 먹어 본 수프 중에서 가장 맛있는 것 중 하나이다.
  ▶ '-가 지금까지 …한 것 중에서 가장 ~한'의 의미인 「the+최상급 ~ that+주어+have ever p.p.」의 구문이 쓰였으므로, most를 써야 한다.

4 산의 풍경이 우리가 상상했던 것보다 더 숨이 막히게 아름다웠다.
  ▶ 문맥상 '~보다 더 …한'의 의미가 적절하므로 more를 써야 한다.

B

1 그 회사는 값비싼 장비에 투자해 오고 있다.
  ▶ costly는 형용사이므로 명사를 수식하는 것은 적절하다.

2 Ellen은 자신의 아버지만큼 그 정원에 대한 큰 자부심과 관심을 가졌다.
  ▶ as 다음에 「형용사+관사+명사」의 어순이므로, as 뒤에 형용사 great가 온 것은 적절하다.

3 그는 너무 지치고 탈수 증세를 보여서 거의 움직이거나 말할 수가 없었다.
  ▶ 문맥상 '거의 ~않다'의 의미인 부사 hardly로 고쳐야 한다.

4 노르웨이는 이 나라들 중에서 가장 높은 판매량을 보유했다.
  ▶ 뒤에 한정해 주는 말 among these countries가 왔고 앞에 정관사 the가 있으므로, 최상급 highest로 고쳐야 한다.

C

1 해석 내 아버지는 우리 지역 사회에서 깊이 사랑받고 존경받았고, 내 아버지보다 더 그의 명성을 누릴 자격이 있는 사람은 없었다. 내가 어린 시절에 가치에 대해 배운 것들의 대부분은 아버지를 보고 그로부터 배운 것들이다. 아버지는 나에게 모범을 보임으로써 정직, 근면, 관대함의 의미를 보여 주셨다. 그가 없었다면, 나는 인생의 진정한 의미를 거의 알지 못했을 것이다.

  ▶(1) 동사 was liked and respected를 수식하고, '몹시, 깊이'의 의미를 나타내는 부사 deeply로 고쳐야 한다.

  (2) deserved his reputation의 의미를 나타내야 하므로, 대동사로 did를 써야 한다.

  (3) 문맥상 '거의 ~ 않다'의 의미가 적절하므로, 부사 hardly로 고쳐야 한다.

2 해석 나의 가장 큰 후회 중 하나는 그의 인생이 끝날 무렵에 그를 충분히 방문하지 않은 것이다. 그는 전쟁 동안 몬트리올의 공장에서 일한 경험과 캐나다 태평양 철도에서 보낸 시간에 대해 이야기하는 것을 좋아했다. 그의 삶이 끝나갈 무렵, 그에게 50년 전의 일들은 며칠 전에 일어났던 일보다 더 생생하고 현실적이었다.

  ▶(1) 문맥상 '가장 ~한 것 중 하나'의 의미인 「one of+최상급」의 표현이 적절하므로, greatest로 고쳐야 한다.

  (2) 앞에 more가 나온 비교급 구문이므로, than으로 고쳐야 한다.

예문 해석

1 그것은 우리 아파트 단지를 훨씬 더 쾌적하게 보이도록 만들 것이다.

2 내 인생에서 단연코 가장 중요한 것은 내 꿈을 이루는 것이다.

예문 해석

1 우리는 가능한 한 빨리 역에 도착해야 한다.

2 Henry의 월급은 Judy의 그것(월급)보다 두 배만큼 많을지도 모른다.

3 나는 그와 이야기를 하면 할수록 그를 더 신뢰하게 되었다.

4 이 도시의 두 공항 중 이 공항이 더 붐빈다.

5 우리는 세계에서 두 번째로 큰 의류 제품 수출업자이다.

6 겨울 방학은 일 년 중 어느 때보다 더 많은 즐거움을 준다.

7 Henry는 우리 반에서 가장 똑똑한 소년이다.
= 어떤 소년도 우리 반에서 Henry만큼 똑똑하지 않다.
= 어떤 소년도 우리 반에서 Henry보다 더 똑똑하지 않다.
= Henry는 우리 반에서 다른 어떤 소년보다 더 똑똑하다.

Basic Practice
p. 109

A 1 much 2 possible 3 as much 4 by far

B 1 the better 2 ○ 3 more 4 better

C 1 (1) most (2) mammal (3) five times

  2 (1) the very (2) more (3) easily

A

1 그 호텔은 1년 전보다 훨씬 더 나은 서비스를 제공했다.
  ▶ 뒤에 비교급 better가 왔으므로 비교급을 강조하는 much를 써야 한다.

2 계획을 세울 때는 가능한 한 구체적으로 세워라.
  ▶ '가능한 한 ~한[하게]'라는 의미는 「as+원급+as possible」으로 나타낸다.

3 그녀는 평소 마시던 것보다 두 배만큼 많은 커피를 마셨다.
  ▶ '~보다 … 배만큼 -한'은 「배수사+as+원급+as」로 나타낸다.

4 아바나는 쿠바에서 단연코 가장 인구가 많은 도시이다.

▶뒤에 최상급이 왔으므로, 최상급 강조 부사 by far를 써야 한다.

B

1 두 번째 것이 그들이 제안한 두 개의 선택권 중에서 더 낫다.

▶of the two의 수식을 받는 비교급 앞에는 the를 써야 한다.

2 Liam은 자기 반 친구들 중 기말시험에서 두 번째로 높은 점수를 받았다.

▶'~ 번째로 가장 …한'의 의미는 「the＋서수＋최상급」으로 나타내므로 second highest는 적절하다.

3 사람들은 오토바이 운전자들이 다른 운전자들보다 훨씬 더 무모하다고 생각한다.

▶형용사 reckless 뒤에 than이 있고, 앞에 비교급 강조 부사 a lot이 있으므로 much는 more로 고쳐야 한다.

4 어떤 게임도 현재 새롭게 출시된 게임보다 더 좋은 것은 없다.

▶「No other ~ 비교급＋than」의 구문이 쓰였으므로, than 앞의 best는 비교급 better로 고쳐야 한다.

C

1 해석 코끼리가 지구상에서 가장 표정이 풍부한 코와 귀를 가진 것은 놀랄 일이 아니다. 코끼리는 다른 육지 포유동물보다 더 많은 얼굴 뉴런을 가지고 있다. 아프리카 코끼리와 아시아 코끼리는 약 6만 3천 개와 5만 4천 개의 얼굴 뉴런을 가지고 있다. 코끼리의 큰 크기를 고려하더라도, 돌고래를 제외한 다른 어떤 포유동물보다 약 다섯 배 많다.

▶(1) 앞에 정관사 the가 있고, 뒤에 한정하는 말 on the planet이 나오므로 최상급 most로 고쳐야 한다.

(2) 「비교급＋than any other」 다음에는 단수명사가 와야 하므로 mammal로 고쳐야 한다.

(3) 문맥상 '~보다 …배 -한'의 의미가 적절하므로 비교급 앞에는 배수사 five times로 고쳐야 한다.

2 해석 비즈니스 리더와 마케팅 담당자들은 가장 최고의 고객 경험을 만들기 위해 할 수 있는 모든 것을 하고 싶어 한다. 그 이유는 당연하다. 당신 편에 만족하는 고객이 많으면 많을수록 매출을 올릴 수 있는 기회가 많아진다. 당신이 해야 할 첫 번째 일은 당신의 고객들에 대해 배우는 데 더 많은 시간을 보내는 것이다. 당신이 당신의 의도된 청중의 요구에 대해 더 많이 알면 알수록, 당신은 새로운 마케팅 전략들을 더 쉽게 만들 수 있다.

▶(1) 뒤에 최상급이 오므로 최상급 강조부사 the very로 고쳐야 한다.

(2) 「the＋비교급 ~, the＋비교급 …」 구문이므로, more로 고쳐야 한다.

(3) 「the＋비교급 ~, the＋비교급 …」 구문으로, 뒤에 오는 동사 can make를 수식해야 하므로 부사 easily로 고쳐야 한다.
cf. you can make new marketing strategies easily

Chapter Test
p. 110

1 alive **2** lately **3** alike **4** Nothing, the most
5 twice as, than **6** ① **7** ②
8 ⓐ → successful, ⓒ → much[a lot, (by) far, still, even 등]

9 ⓐ → most, ⓒ → they are
10 more moons than any other planet in the solar system
11 was relieved to find her lost dog alive
12 It was the most important decision that he has ever made
13 both tall, but Jan is the taller of the two
14 The quality of these new sneakers is superior to that of
15 the third tallest tower in the world and was completed in 2012
16 ③ **17** (1) worse (2) positively (3) best
18 (1) ③ (2) the higher the place (is), the stronger the wind (is)
19 ② **20** ④

1 그 음악이 방을 가득 채웠고, 우리를 생기 넘치고 활력을 느끼게 했다.

▶목적격보어로서 서술 용법으로 쓸 수 있는 형용사는 alive이다.

2 만약 당신이 최근에 그를 봤다면, 당신은 그가 예전보다 더 행복해 보인다는 것을 알게 될 것이다.

▶문맥상 그를 최근에 봤다는 내용이므로, lately(최근에)를 써야 한다.

3 그 두 자동차는 디자인과 성능 면에서 거의 비슷하다.

▶주격보어 자리이므로 서술 용법의 형용사 alike를 써야 한다.

4 손수 만든 선물보다 더 진심어린 것은 없다. 그것은 당신의 사랑을 표현하는 가장 진실한 방법 중 하나이다.

▶(1) 비교급 구문으로 문맥상 최상급의 의미를 나타내야 하므로 Nothing을 써야 한다.

(2) '가장 ~한 것 중 하나'를 의미하는 「one of the＋최상급」의 표현이므로, the most를 써야 한다.

5 성공을 유지하는 것은 성공에 도달하는 것보다 두 배만큼 어렵다. 성취를 얻는 것보다 잃는 것이 더 적은 시간이 걸릴 수 있다.

▶(1) 「배수사＋as＋원급＋as」 형태로 써야 한다.

(2) 앞에 less가 나왔으므로 than을 써야 한다.

6 ① 그는 발표 동안에 평소보다 더 자신감 있게 말했다.

▶비교급 구문으로, 동사 spoke를 수식해야 하므로 부사 confidently로 고쳐야 한다.

② 그 콘서트는 충분히 잘 광고되었지만, 티켓 판매는 저조했다.

▶부사구 well enough가 동사 was advertised를 수식하므로 적절하다. 부사로 쓰인 enough는 부사를 뒤에서 수식한다.

③ 그는 거의 그를 거의 미치게 했던 일련의 비극을 겪었다.

▶문맥상 '거의'의 의미이면서 동사 drove를 수식해야 하므로 부사 nearly를 쓴 것은 적절하다.

④ 그 여자는 용기를 내어 나쁜 소식을 차분히 받아들이려고 노력했다.

▶부사 calmly가 take the bad news를 수식하므로 적절하다.

⑤ 우리 대부분은 바랬던 만큼 잘 풀리지 않은 면접을 경험해 본 적이 있다.

▶ 부사 well의 원급 비교 형태로, 부사 well이 동사 go를 수식하는 구조로 적절하다. *cf.* go well (일이) 잘되다

7 ⓐ 우리는 그 기록이 얼마나 현실에 가까웠는지 결코 알 수 없다.
   ▶ 동사 was의 주격보어 자리이므로 부사 nearly를 near로 고쳐야 한다. 'A is near to B'는 'A는 B에 가깝다'의 의미이다.

   ⓓ 그 도시의 가장 오래된 교회는 19세기로 거슬러 올라간다.
   ▶ 최상급을 강조하므로 Very는 The very로 고쳐야 한다.

   ⓑ 나는 남미 여행을 위해서 가장 저렴한 항공사를 선택했다.
   ▶ '가장 덜 ~한'을 나타내는 「the least+원급」을 이용한 표현으로 적절하다.

   ⓒ 우리는 가능한 한 새로운 고객 서비스를 제공하려고 노력하고 있다.
   ▶ 원급 비교 as ~ as 사이에 명사구가 들어갈 경우 「as+형용사+관사+명사+as」의 어순이므로, as ~ as 사이에 new a customer service가 온 것은 적절하다.

   ⓔ 거의 완공된 몇 채 안 되는 건물들은 여전히 많은 문제를 안고 있었다.
   ▶ 부사 almost(거의)가 동사 were finished를 수식하는 구조이므로 적절하다.

8 해석 불행하다고 느끼는 가장 확실한 방법은 자신을 다른 사람들과 비교하는 것이다. 여러분이 아무리 성공해도, 누군가가 더 성공한다. 그들이 가진 것, 또는 그들이 가진 것처럼 보이는 것에 집중하면 여러분의 삶은 더욱 더 나빠질 것이다. 대신, 여러분이 가진 것에 집중하라. 여러분은 자신의 삶이 여러분 자신이 생각하는 것보다 훨씬 더 낫다는 것을 발견할지 모른다. 비교는 인간을 결코 행복하게 해 준 적도 없고, 행복하게 해 주지도 않을 것이다.
   ▶ⓐ be동사 are의 주격보어 자리에는 형용사가 적절하므로 부사 successfully를 형용사 successful로 고쳐야 한다.

   ⓒ very는 비교급을 수식하지 못하므로, much, a lot, (by) far, still, even 등으로 고쳐야 한다.

   ⓑ 「비교급+and+비교급」의 구문은 '더욱 더 ~한'의 의미로 문맥상 적절하다.

9 해석 아름다움은 대부분의 상황에서 이익이 되지만, 여전히 역효과를 낳을 수 있는 상황들이 있다. 잘생긴 남성과 여성은 일자리 기회를 찾을 때 질투에 맞닥뜨릴지 모른다. 한 연구는 만약 당신이 동성의 누군가에게 면접을 볼 경우, 그들은 당신이 자신들보다 더 매력적이라고 판단하면 당신이 채용될 가능성이 더 적을 수도 있다는 것을 발견했다.
   ▶ⓐ 뒤에 명사가 있으므로 명사를 수식하는 형용사 most로 고쳐야 한다.

   ⓒ 비교 대상이 you are attractive이므로, 대동사로 be동사를 써서 they are로 고쳐야 한다.

   ⓑ 문맥상 '채용될 가능성이 더 적은'의 의미가 적절하므로, 비교급 lower는 적절하다.

10 ▶many를 비교급 more로 바꾸고, 「비교급+than any other+단수명사」의 형태를 이용하여 문장을 완성한다.

11 ▶was relieved to를 쓰고, 「find+목적어+목적격보어」의 형태를 이어서 쓴다. find의 목적격보어는 live를 형용사 서술 용법으로 쓰이는 alive로 바꿔서 쓴다.

12 ▶'-가 지금까지 …한 것 중에서 가장 ~한'의 의미인 「the+최상급 ~

that+주어+have ever p.p.」의 구문을 사용하여 문장을 완성한다. much는 the most로 바꿔서 쓴다.

13 ▶「the+비교급+of the two」를 이용하여 문장을 완성한다.

14 ▶'~보다 더 우수하다'라는 뜻의 be superior to를 이용하여 문장을 완성한다.

15 ▶'~ 번째로 가장 …한'의 의미인 「the+서수+최상급」을 이용하여 문장을 완성한다.

16 해석 당신의 친구가 와인 전문가라고 상상해 보라. 한 이웃이 들러 당신과 당신의 친구에게 근처 주류 가게에서 얼마나 멋진 와인이 판매되고 있는지를 말하기 시작한다. 멋진 와인이 많아서 기억해야 할 정보가 많다. 이웃이 하는 말을 당신은 얼마나 열심히 기억하려고 할 것인가? 와인 전문가가 정보를 더 잘 기억할 텐데 왜 신경을 쓰는가? 만약 당신의 친구가 곁에 없다면, 당신은 더 열심히 노력할 것이다. 결국, 저녁 축제를 위한 좋은 와인이 무엇인지 아는 것은 좋을 것이다. 하지만 와인 전문가인 당신의 친구는 당신보다 그 정보를 더 잘 기억할 것이다.
   ▶ⓐ how 뒤에 있는 형용사 terrific이 명사 wines를 수식하는 것과 형용사 nearby가 뒤에 있는 명사 liquor store를 수식하는 것 모두 적절하다.

   ⓒ 부사 well의 비교급인 better가 동사 would be remembered를 수식하는 구조이므로 적절하다.

   ⓓ 가주어 it과 to부정사(to know ~)가 이끄는 진주어 구문으로 적절하다. 또한 형용사 good이 be동사의 보어 역할과 wine 앞에서 수식하는 역할을 하므로 적절하다.

   ⓑ 문맥상 '얼마나 열심히 기억하려고 할 것인가'의 의미이므로, hardly(거의 ~않는)를 hard(열심히)로 고쳐야 한다.

   ⓔ 비교 대상이 remember the information이므로, 일반동사를 대동사로 받는 do로 고쳐야 한다.

17 해석 상황은 종종 우리가 생각하는 것보다 더 나쁠 수 있다. 자신감을 유지하라! 우리에게 자신감을 유지하는 것은 도전에 긍정적으로 대응하는 것을 의미한다. 이 세상에서 변화보다 더 변하지 않는 것은 없으므로, 끊임없는 적응이 최선의 답이다. 우리는 생존을 위한 새로운 방법을 배우려고 노력하면서 다양한 환경에 적응할 수 있다. 이것은 바람 속 깃발처럼 방향을 바꾸는 것을 의미하지 않는다. 대신, 그것은 바람과 함께 항해하는 것을 의미한다!
   ▶(1) 뒤에 than이 있으므로 비교급 문장이 되도록 worse로 고쳐야 한다.

   (2) '변화에 긍정적으로 대응하는 것'이므로 동명사 responding 뒤에서 동명사를 수식하는 부사 positively로 고쳐야 한다.

   (3) 앞에 문맥상 최상급을 의미하는 문장이 쓰였고, 빈칸 앞에 정관사 the가 있으므로 최상급 best로 고쳐야 한다.

18 해석 여러분은 시골에서 하이킹을 하는 동안, 언덕 위의 바람이 보통 낮은 고도의 바람보다 더 강한 것을 알고 있을지도 모른다. 만약 여러분이 연을 날린다면, 여러분은 연이 땅에 가까이 있으면 쉽게 떨어지고, 연을 충분히 높이 올리면 안정되는 것을 발견할 것이다. 무엇이 높은 곳의 바람을 지상의 바람과 다르게 만드는가? '바람'은 더 높은 압력의 지역에서 더 낮은 압력의 지역으로의 공기 흐름을 의미한다. 공기 흐름은 공기와 인접한 물체 사이의 마찰에 의해 느려진다. 지상 근처의 장애물이 공기 흐름을 방해하여 더 큰 마찰력을

유발해서, 지상 근처의 공기 흐름은 더 느리다. 반대로, 더 많이 노출된 높은 곳에서는 마찰이 적다. 공기는 더 빨리 흐르기 때문에 더 강한 바람이 분다. 여러분은 이렇게 말할 수 있다. 높은 곳일수록, 바람은 더 강하다.

(1) ▶ⓒ make의 목적격보어 자리에 부사는 올 수 없으므로, 형용사 different로 고쳐야 한다.

ⓐ 앞에 나온 복수명사인 winds를 받는 대명사 those는 적절하다.

ⓑ enough가 부사로 쓰일 때는 형용사 뒤에서 수식하므로, high enough는 적절하다.

ⓓ 주절의 주어 obstacles가 더 큰 마찰력을 일으키는 주체이므로, 현재분사 causing이 이끄는 분사구문은 적절하다.

ⓔ 문맥상 '더 많이 노출된' 높은 지역을 의미하므로 비교급 표현은 적절하다.

(2) ▶ '~하면 할수록 더 …하다'의 의미인 「the+비교급 ~, the+비교급 …」의 구문을 이용하되, be동사는 생략 가능하다.

19 해석 한계 효용 감소의 법칙은 더 많은 양의 재화가 소비됨에 따라, 다른 한 입의 추가 만족도는 결국 감소할 것이라고 말한다. 한계 효용은 각각의 추가적인 한 입에서 얻는 만족감이다. 더 많은 양의 재화를 소비할수록, 우리가 또 하나의 단위를 소비함으로써 얻는 추가적인 만족감이 줄어든다. 따라서 상품이 무료이고 원하는 만큼 소비할 수 있다고 하더라도 한계 효용 감소의 법칙으로 인해 소비할 양에는 한계가 있을 것이다. 한계 효용의 합계는 우리에게 전체 효용을 제공한다. 예를 들어, 첫 번째 초콜릿이 85이고 두 번째 초콜릿이 79의 한계 효용을 가지고 있다고 가정해 보자. 그러면 두 개의 초콜릿을 소비한 총 효용은 164이다. 우리의 한계 효용이 플러스인 한, 우리의 총 효용은 증가한다.

▶② 「the+비교급 ~, the+비교급 …」의 구문이므로, less 앞에 the를 써야 한다.

① 부사 eventually가 동사 will decline을 수식하므로 적절하다.

③ 동사 consume을 「as+부사+as」로 수식하는 구조는 적절하다.

④ 문장의 주어가 동명사구이므로, 단수동사 gives가 온 것은 적절하다.

⑤ As long as는 '~하는 한'의 의미로, 조건이나 기간을 나타내므로 문맥상 적절하다.

20 해석 피드백은 상대방이 현재 이해하거나 하고 있는 것과 우리가 그들이 이해하고 하기를 바라는 것 사이의 격차를 줄이기 위해 제공되는 정보이다. 피드백을 주는 것은 때때로 어려운 대화로 이어질 수 있으므로, 여러분이 훌륭한 피드백 기술을 쌓는 것이 중요하다. 당신의 피드백이 더 상세할수록 더 실행 가능해질 것이다. 모호한 진술을 하지 마라. 대신에, 당신이 보고 싶은 행동 변화를 자세히 나열하라. 이 단계는 다른 사람이 문제를 다루고 해결하는 것을 더 쉽게 만든다. 모호한 진술은 매우 광범위하고 혼란스럽다. 대조적으로, 상세한 의견은 명확성을 제공하고 매우 정확하기 때문에 작업을 아주 더 실행 가능하게 만든다. 이 접근법을 사용하는 것은 직원과 동료에게 명확성을 제공한다. 그들이 요청을 더 잘 이해할수록, 그들은 그 일에 대한 불안감을 덜 느낄 것이다.

▶④ 비교급 강조 부사로는 much, a lot, (by) far, still, even 등이 있다. very는 원급을 강조할 때 쓴다.

① information은 제공되는 대상이므로 과거분사 provided는 적절하다.

② 앞에 가주어 it이 있고, 진주어 역할을 하는 that절을 이끄는 접속사 that이므로 적절하다.

③ 「make+가목적어 it+목적격보어」 구문에서 목적격보어 자리에 형용사의 비교급 형태인 easier가 온 것은 적절하다.

⑤ '~하면 할수록 더 …하다'의 의미인 「the+비교급 ~, the+비교급 …」의 구문이 쓰였고, the less 뒤에 형용사 anxious가 온 것은 적절하다. anxious는 동사 feel의 보어 역할을 한다.

Chapter 9
특수 구문

출제 포인트 47 p. 116

예문 해석

1 그는 나에게 설거지와 부엌 청소를 부탁했다.
2 그들은 성공할 뿐만 아니라, 성공이 일어나도록 해야 할 것이다.
3 영화를 보는 것이 책을 읽는 것보다 더 재미있다.
4 우리는 설거지부터 방 청소까지 집안일을 많이 했다.

출제 포인트 48

예문 해석

1 나는 평생 그렇게 감동적인 이야기는 들어 본 적이 없다.
2 그는 그녀의 말을 믿지 않았고 나도 믿지 않았다.
3 승강장에서 한 여자가 짐을 나르고 있었다.
4 지혜를 찾는 사람은 행복하다.
5 당신의 도움이 없었다면 나는 그것을 성공적으로 끝내지 못했을 것이다.

Basic Practice p. 117

A 1 swim 2 had she 3 was the food 4 working
B 1 playing 2 had my son 3 ○ 4 ○
C 1 (1) was (2) had I (3) taste
  2 (1) relax (2) work

A

1 우리는 산을 오르거나 호수에서 수영을 할 수 있다.
▶ 상관접속사 「either A or B」 구문에서 A가 동사원형이므로 B도 동사원형 swim으로 병렬 구조를 이루어야 한다.

2 그녀는 그렇게 아름다운 광경을 전에 본 적이 없었다.
▶ 부정어 Never가 문장 앞으로 나왔으므로, 주어와 동사가 도치되어 had she로 써야 한다.

3 그 음식은 너무나 맛있어서 우리는 마지막 한 입까지 모두 먹었다.
▶ 보어 So delicious가 문장 앞으로 나왔으므로, 주어와 동사가 도치되어 was the food를 써야 한다.

4 당신은 재택근무와 사무실에서의 근무 중에서 어느 것을 선호하나요?
> 「between *A* and *B*」 구조에서 A가 동명사구이므로, B도 동명사 working을 써서 병렬 구조를 이뤄야 한다.

B

1 축구 경기를 관람하는 것은 경기를 하는 것만큼은 재미있지 않다.
> 비교 대상이 Watching이 이끄는 동명사구이므로, as 뒤에는 동명사 playing으로 고쳐 병렬 구조를 이뤄야 한다.

2 내 아들이 나를 보자마자 울음을 터뜨렸다.
> 부정의 의미를 지닌 부사구인 No sooner가 문장 앞에 있으므로, 주어와 동사를 도치시켜야 한다. 따라서 had my son으로 고쳐야 한다.

3 내가 만약 네 입장이라면, 나는 그의 사과를 받아들이고 함께 일할 텐데.
> 가정법 과거 문장에서 if가 생략되고, 주어와 동사가 도치된 구조로 Were는 적절하다.

4 나는 Susan이 총명할 뿐만 아니라 친절해서 좋다.
> 「not only *A* but also *B*」 구문에서 전치사 for 뒤에 A와 B에 명사가 와서 병렬 구조를 이루므로 적절하다.

C

1 해석 시내에는 새로 문을 연 태국 음식점이 있었다. 메뉴에는 nam kao tod와 khao soi 같은 이름의 요리들이 특징을 이루었다. 나는 이 음식들에 대해 전에 들어 본 적이 전혀 없었을 뿐만 아니라, 그것들이 무엇으로 만들어졌는지도 몰랐다. 그것들은 소고기인가? 면? 생선? 나는 당황했다. 하지만 그럴 필요는 없었다. 태국 음식은 풍부한 역사와 맛있는 맛으로 사랑 받는 음식이다.
> (1) 유도부사 there로 시작하는 문장의 동사는 뒤에 오는 주어의 수에 일치시켜야 하므로 단수동사 was로 고쳐야 한다.

(2) Not only가 문장 앞에 있으므로, 주어와 동사가 도치되어야 한다. 따라서 had I로 고쳐야 한다.

(3) 상관접속사 「both *A* and *B*」 구문에서 A에 명사구가 왔으므로, B도 명사구 delicious taste로 고쳐야 한다.

2 해석 현재 당신의 음악 선호도는 당신이 어떻게 느끼고 싶은지에 따라 달라질 수 있다. 여러분은 운동을 할 것인지 휴식을 취할 것인지에 따라 특정한 종류의 음악을 선택할 것이다. 올바른 음악은 여러분의 기분을 북돋우고 청소, 숙제 또는 운동을 하려는 동기를 증진시킬 수 있다. 대조적으로, 여러분은 슬프거나 지루하게 만드는 음악을 피할 것이다.
> (1) 등위접속사 or 앞에 동사 exercise가 왔으므로 relaxing도 동사 relax로 고쳐야 한다.

(2) 등위접속사 or가 to 뒤에 세 개의 동사원형을 연결하는 구조이므로 동사원형 work로 고쳐야 한다.

출제 포인트49　　　　　p. 118

예문 해석

1 지진이 그 지역을 강타한 것은 바로 자정 바로 직전이었다.

2 모든 사람이 자신들의 관계에서 원하는 것은 바로 협동이다.

3 중세 시대의 사람들은 고양이와 개 같은 반려동물을 정말 키웠다.

출제 포인트50

예문 해석

1 이번 주에 너는 무엇을 했는지 내게 말해 줄래?

2 Mark는 자신이 고양이 알레르기가 있는지 확인하려고 하는 중이다.

3 먼저 비자를 받는 데 얼마나 걸리는지 확인해야 한다.

collaboration 협동, 공동 작업

Basic Practice　　　　　p. 119

A **1** that **2** you overcame **3** How **4** sleep is
B **1** ○ **2** it off **3** you knew **4** that 또는 when
C **1** (1) a good partner is (2) it out (3) that
　　2 (1) you were (2) How

A

1 그 감독에게 가장 많은 관심을 가져다 준 것은 바로 그의 첫 코미디 영화였다.
> 「It is[was] ~ that」 강조 구문으로 주어 his first comedy movie가 강조되었으므로 that을 써야 한다.

2 어떻게 당신이 나쁜 습관을 극복했는지 제게 말씀해 주실 수 있나요?
> 동사 tell의 직접목적어 역할을 하는 간접의문문이므로 뒤에 「주어+동사」의 어순으로 써야 한다.

3 학생들과 직원들이 비상사태에서 얼마나 침착했는지!
> 뒤에 형용사 calm이 왔으므로 「How+형용사+주어+동사!」의 형태가 되도록 How를 써야 한다.

4 여러분의 건강을 위해 얼마만큼의 수면이 필요한지 아는 것이 중요하다.
> 동사 know의 목적어 역할을 하는 간접의문문이므로, how much 뒤에는 「주어+동사」의 어순으로 써야 한다.

B

1 그는 어렸을 때 해변에서 놀고 모래성을 만드는 것을 정말 즐겼다.
> 동사 enjoyed를 강조하기 위해 do를 쓰되, 과거의 일이므로 동사원형 enjoy 앞에 did를 쓴 것은 적절하다.

2 해야 할 일이 있다면 그것을 절대 내일까지 미루지 마라.
> 「타동사+부사」의 목적어가 대명사 it이므로, 목적어는 타동사와 부사 사이에 위치해야 한다.

3 골짜기의 마을은 어떠한지 당신이 알고 있는지 궁금했습니다.
> 의문사가 없는 간접의문문 형태로 if 뒤에는 「주어+동사」의 어순이 되어야 하므로 you knew로 고쳐야 한다.

4 그 예술가가 사진에 흥미를 발견한 때는 바로 그녀가 20대 후반이었을 때였다.
> 「It is[was] ~ that」 강조 구문으로 부사구 in her late 20s가 강조되었으므로 that 또는 when으로 고쳐야 한다.

C

1 해석 당신은 좋은 파트너인가? 대부분의 사람들은 그 질문에 어떻게 대답해야 할지 좀 확신하지 못한다. 우리는 또한 좋은 파트너가 무엇인지 종종 확실히 알지 못한다. 우리의 관계가 좋을 때는 우리는 그 이유에 대해 생각하지 않는다. 우리는 그것을 알아내는 것에 관심이

없다. 우리가 어디서 잘못되었는지 알고 싶을 때는 바로 우리의 관계가 깨질 때일 뿐이다.
▶ (1) 동사 know의 목적어 역할을 하는 간접의문문이므로, 의문사 what 뒤에 「주어+동사」의 어순인 a good partner is로 고쳐야 한다.
(2) figure out은 「타동사+부사」이므로, 목적어인 대명사 it이 부사 앞에 위치해야 한다.
(3) 「It is[was] ~ that」 강조 구문으로 강조되는 것이 when이 이끄는 절이므로 뒤에는 that이 나와야 한다.

2 해석 어떤 순간에도 기쁨을 만들어 내는 좋은 방법은 여러분이 언제 매우 행복했는지 스스로에게 물어보는 것이다. 여러분의 삶에 행복을 가져다 준 과거의 상황을 기억하라. 그것은 당신의 졸업식 날, 당신의 아이가 태어난 날 등이 될 수 있다. 이 순간 여러분은 "내 삶이 얼마나 좋았는지!"라고 말한다. 이것을 자주 연습하는 것이 필요하다. 여러분은 기쁨을 가져다 주기 위해 같은 마음의 사진을 항상 사용할 수 있다.
▶ (1) 의문사가 이끄는 간접의문문에서는 의문사 다음에 「주어+동사」의 어순을 취해야 하므로 you were로 고쳐야 한다.
(2) 뒤에 형용사 nice가 왔으므로 「How+형용사+주어+동사!」의 형태가 되도록 How로 고쳐야 한다.

Chapter Test
p. 120

1 was his job **2** How **3** had we **4** follow, What
5 who, lacked **6** ① **7** ①
8 ⓐ → How, ⓑ → felt
9 ⓐ → puts it off, ⓒ → you
10 It was last week that I happened to see Mattew
11 so you had better take them off
12 was the fact that Sigmund Freud was a renowned dog lover
13 What a kind boy he is to help the old man cross the street!
14 Only then did I realize that she intended to help me.
15 Had he known the truth, he would have called me without delay.
16 ③ **17** (1) skating (2) is golf
18 (1) ③ (2) had it not been for his wise leadership
19 ⑤ **20** ④

1 일이 너무 스트레스가 심해서 그는 가능한 한 빨리 일을 그만두고 싶어 했다.
▶ 보어가 강조되어 문장 앞으로 나왔으므로 뒤는 주어와 동사가 도치된 was his job으로 써야 한다.

2 새로 개봉한 영화는 얼마나 재미있는지! 나는 그것이 큰 인기를 끌 것이라고 장담한다.
▶ 뒤에 형용사 interesting이 왔으므로 「How+형용사+주어+동사!」의 형태가 되도록 How를 써야 한다.

3 우리가 앉자마자 첫 번째 연사가 아주 빠르고 꽤 큰 소리로 이야기를 시작했다.
▶ 부정어 Hardly가 문장 앞에 있으므로 주어와 동사가 도치되어야

한다. 따라서 had we를 써야 한다.

4 소년은 잠을 많이 자고, 너무 많이 먹지 않고, 아버지의 충고를 충실히 따르려고 했다. 그는 정말 착한 아이이다!
▶ (1) 등위접속사 and로 연결되는 병렬 구조이므로 get, eat과 마찬가지로 follow로 써야 한다.
(2) 뒤에 부정관사 a가 나오므로, 「What+부정관사+형용사+명사+주어+동사」의 형태가 되도록 What을 써야 한다.

5 불성실한 학생은 바로 Daniel이었다. 그는 마지막 순간까지 기다렸다가 시험공부를 했고, 부주의하게 실험실 문제를 완성했으며, 의욕이 부족했다.
▶ (1) 「It is[was] ~ that」 강조 구문으로 강조되고 있는 것이 사람이므로, who 또는 that을 쓸 수 있다.
(2) 등위접속사 and로 연결되는 병렬 구조이므로 waited, completed와 마찬가지로 lacked를 써야 한다.

6 ① 잠시 걷는 것이 자는 것보다 당신의 기운을 북돋는 데 훨씬 더 효과적이다.
▶ 비교급 문장의 비교 대상은 문법적으로 형태가 같아야 하므로 동명사 Walking에 맞춰 sleeping으로 고쳐야 한다.
② 그들은 선조들의 지혜를 정말 소중히 여기고 그들의 가르침을 따른다.
▶ do가 value를 강조하는 형태로 적절하다.
③ 우리는 비가 그치고 나서야 바다의 장엄한 광경을 볼 수 있었다.
▶ 부정어를 포함한 Not until이 이끄는 절이 문장 앞으로 나가면, 주절에서 도치가 일어나므로 could we는 적절하다.
④ 아주 작은 탁자 위에 검은 고양이가 있고, 햇빛에서 꾸벅꾸벅 졸고 있었다.
▶ 장소를 나타내는 부사구 On the tiny table이 문장 맨 앞에 나와서 주어와 동사가 도치된 형태이므로 적절하다.
⑤ 문제는 이모티콘이 온라인 소통에서 사용자들이 감정을 이해하는 데 도움이 되는지 여부이다.
▶ 동사 is 뒤에서 whether가 의문사 없는 간접의문문을 이끌고 있으므로 적절하다.

7 ⓐ 그들은 우리에게 자료를 약속한 시간에 보내 주지 않았고, 전화도 해 주지 않았다.
▶ 부정어 nor가 문장 앞에 왔으므로 주어와 동사가 도치되어야 하고, 과거형 일반동사 called가 있으므로 nor did they call us로 고쳐야 한다.
ⓔ 사람들은 그 마을을 완전히 파괴한 홍수에 거의 대비되어 있지 않았다.
▶ 부정어 Little이 문장 앞에 와서 주어와 동사가 도치된 형태이다. 단, 동사의 수는 뒤에 있는 주어에 일치시키므로 was를 were로 고쳐야 한다.
ⓑ 내가 네 입장이라면, 나는 그의 제안을 거절하는 대신 다시 생각해볼 텐데.
▶ 가정법 과거 문장 If I were in your shoes ~에서 If가 생략되어, 주어와 동사가 도치되어 Were가 문장 앞에 위치한 것은 적절하다.
ⓒ 그 회사는 사업을 확장하거나 새로운 시장에 진입하는 것을 고려했다.
▶ 상관접속사 「either A or B」가 쓰인 형태로, considered의

목적어로 동명사가 A, B에 쓰였으므로 적절하다.

ⓓ 탐험가들이 그 희귀한 새를 목격한 곳은 바로 깊은 숲속이었다.
> 「It is[was] ~ that」 강조 구문으로 부사구 deep in the forest가 강조된 형태로, that 대신 관계부사 where가 온 것은 적절하다.

8 해석 그 책이 출간된 이후, 독자들은 "그것이 얼마나 환상적이었는지!"라고 말했다. 그러나 나는 일단 책을 다 읽고 무엇 때문에 그 소란인지 궁금했다. 처음에는 내가 착각한 것이 아닐까 생각해서 결말을 다시 읽었고 여전히 혼란스러움을 느꼈다. 나는 다음 책의 연결 고리로 끝나는 것과 같은 줄거리의 구성 요소들이 좋았다. 내 문제는 그것을 예측할 수 있다는 것이었다. 나는 악당이 누구인지 짐작했고 대부분의 사건을 예상했다. 그것이 내가 실망한 이유이다.
> ⓐ 뒤에 형용사 fantastic이 나오므로, 「How+형용사+주어+동사!」의 형태가 되도록 How로 고쳐야 한다.

ⓑ 등위접속사 and로 연결되는 병렬 구조이므로, re-read에 맞춰 동사의 과거형 felt로 고쳐야 한다.

ⓒ 동사 guessed의 목적어 역할을 하는 간접의문문이므로, who 뒤에 「주어+동사」의 어순이 온 것은 적절하다.

9 해석 미루는 것은 불필요하게 결정이나 행동을 연기하는 행위이다. 예를 들어, 만약 어떤 사람이 과제를 가지고 있고 이유 없이 마감 직전까지 연기하면, 그 사람은 미루는 것이다. 많은 미루는 사람들은 이러한 행동이 자신들에게 해를 끼치고 자신들이 더 일찍 시작하는 것이 더 낫다는 것을 알고 있다. 만약 여러분이 미루는 사람이라면, 여러분은 그것이 자신에게 좋지 않다는 것을 알면서도 왜 계속 미루는지 물었을지도 모른다.
> ⓐ put off는 「타동사+부사」이므로, 목적어인 대명사 it은 동사와 부사 사이에 위치해야 한다. 따라서 puts it off로 고쳐야 한다.

ⓒ 간접의문문이 와야 하므로 의문사 why 뒤에는 「주어+동사」의 어순이 되도록 do를 삭제하고 you 뒤에 동사 keep이 바로 와야 한다.

ⓑ 등위접속사 and가 know의 목적어인 that절을 연결하고 있으므로, and 뒤에 that이 온 것은 적절하다.

10 > 과거시제이므로 is를 was로 바꿔 「It was ~ that」 강조 구문을 이용하여 쓰되, last week이 강조되도록 It ~ that 사이에 써서 문장을 완성한다.

11 > '~하는 게 좋겠다'라는 뜻의 had better 뒤에 take off를 쓰되, 「타동사+부사」이고 목적어가 대명사 them이므로 부사 off 앞에 them을 쓴다.

12 > 보어 Less well known at the time이 문장 앞에 나왔으므로, 주어와 동사가 도치된 was the fact that ~의 형태로 문장을 완성한다.

13 > 「What+부정관사+형용사+명사+주어+동사 ~!」의 형태로 문장을 완성한다.

14 > Only then을 문장 맨 앞에 쓰고 뒤에 「동사+주어」의 도치 형태로 쓰되, 과거의 일이므로 did I realize의 형태로 써서 문장을 완성한다.

15 > 가정법 과거완료 문장에서 If가 생략된 도치 형태로 문장을 완성한다. 부사절 If he had known the truth에서 If가 생략된 Had he known ~로 쓰고, 주절은 would have p.p.의 형태로 완성한다.

16 해석 오바마 전 대통령은 Harry Reid 상원의원이 사망하기 직전에 그에게 쓴 친서를 공유했다. "당신의 건강 상태가 나빠지고, 통화가 어렵다는 소식을 접했습니다. 여기 당신이 알아 줬으면 하는 것이 있습니다. 당신은 상원의 훌륭한 지도자였고, 제가 기대할 어떤 권리가 있던 것보다 저에게 더 관대했습니다. 당신의 격려와 지지가 없었다면 저는 대통령이 되지 못했을 것입니다. 그리고 제가 이룬 대부분의 일을 이루도록 도운 것은 바로 당신의 기술과 결단력이었습니다. 무엇보다도, 당신은 좋은 친구였습니다. 우리는 달랐지만, 둘 다 서로에게서 우리 자신의 무언가를 보았다고 생각합니다. 가족과 함께 행복하시고, 저를 포함한 많은 사람들에게 사랑 받고 있다는 것을 알아 주세요."
> ⓐ 전치사 before를 수식하여 right before가 '직전에'라는 뜻을 나타내므로 부사 shortly는 적절하다.

ⓑ 등위접속사 and로 the news에 대한 부연 설명을 하는 동격의 that절이 연결된 형태이므로 접속사 that은 적절하다.

ⓔ 문맥상 '(비록) ~이지만'의 의미의 접속사 Though는 적절하다.

ⓒ 가정법에서 If가 생략된 경우에 동사 had가 주어 it 앞에 나올 수 있으므로, If를 생략하거나 If it had로 고쳐야 한다.

ⓓ 「It is[was] ~ that」 강조 구문이고, 주어 your skill and determination이 강조되었으므로, what을 that 또는 which로 고쳐야 한다.

17 해석 골프는 그룹으로, 단체로, 또는 혼자서 할 수 있는 경기다. 사실, 달리기, 수영, 스키와 스케이트 타기처럼 골프는 여러분이 다른 사람들과 경기를 하고 있을 때조차 기본적으로 여러분 자신과 경쟁하고 있는 그런 스포츠 중 하나라고 주장할 수 있다. 선수 개개인의 기술에 매우 좌우되기 때문에 골프는 홀로 하는 스포츠라고 여겨진다. 본질적으로, 각 선수의 주요 라이벌은 자신의 최고 및 최악의 골프 라운드이다.
> (1) 등위접속사 and로 연결되는 running, swimming, skiing과 마찬가지로 skating으로 바꿔야 한다.

(2) 보어 So dependent ~가 문장 앞으로 나왔으므로, 주어와 동사가 도치되어야 한다. 따라서 is golf로 바꿔야 한다.

18 해석 마하트마 간디는 놀라운 사람이었다. 그는 인도인들의 대중 운동을 자유로 이끌었고 강력한 제국을 무너뜨리는 것을 도왔다. 단 한 순간도 간디는 인도인들에 대한 통제력을 놓지 않았다. 그의 현명한 리더십이 없었다면 어떤 일이 벌어졌을지 상상하기 어렵다. 간디는 인도인들을 올바른 방향으로 이끌었고 자유를 얻었다. 간디가 나라와 역사에 놀라운 변화를 가져온 것은 바로 비폭력이라는 무기를 통해서였다. 버락 오바마 대통령은 "평생 동안 저는 항상 마하트마 간디를 영감을 주는 분으로 여겨왔습니다. 그 귀중한 변화를 이끈 것은 바로 그의 리더십이었습니다. 이런 변화는 평범한 사람들이 모여 비범한 일을 할 때 이루어질 수 있습니다."라고 말했다.

(1) > ⓒ 「It is[was] ~ that」 강조 구문으로 부사구 with the weapon of non-violence가 강조되었으므로, 관계대명사 which가 아닌 that으로 고쳐야 한다.

ⓐ 등위접속사 and로 연결되는 병렬 구조로, led와 문법적인 형태가 일치하도록 동사의 과거형 helped를 쓴 것은 적절하다.

ⓑ 부정어 Not이 문장 앞에 왔으므로 주어와 동사가 도치되어, did가 주어 Gandhi 앞에 온 것은 적절하다.

ⓓ 「It is[was] ~ that」 강조 구문에서 명사구 his leadership이 강조된 형태이므로 It은 적절하다.

ⓔ 문맥상 '~할 때'를 뜻하는 접속사 when이 이끄는 부사절은
　　적절하다.

(2) ▶ 가정법 과거완료가 쓰였고 가정법에서 if가 생략되면, 주어와
　　　동사가 도치되므로 had it not been for ~의 형태로 완성한다.

19　해석　보상이 효과가 있는가? 답은 '효과'가 의미하는 것이
무엇인지에 따라 다르다. 연구에 따르면 대체적으로 보상은 일시적인
순응이라는 한 가지만 확보하는 데 성공한다. 그러나 태도와 행동에
지속적인 변화를 일으키는 것에 관해서는, 처벌과 마찬가지로 보상은
눈에 띄게 비효율적이다. 보상이 다 떨어지면, 사람들은 자신들의 예전
행동으로 정말 돌아간다. 연구에 따르면 살을 빼거나, 담배를 끊거나,
안전벨트를 착용하거나, (아이들의 경우) 관대하게 행동하는 것에
대한 보상을 제공하는 것은 다른 전략보다 덜 효과적일 뿐만 아니라
아무것도 하지 않는 것보다 더 나쁜 것으로 종종 입증된다. 보상은
우리의 행동의 기저가 되는 태도를 바꾸지 않는다. 결코 그것들은 어떤
가치나 행동에 대한 지속적인 헌신을 만들지 않는다. 오히려, 그것들은
단지 일시적으로 우리가 하는 일을 바꿀 뿐이다.

▶⑤ 부정어 Never가 문장 앞으로 나왔고, 동사가 일반동사
　　create이므로 do가 주어 they 앞에 와서 do they create로
　　고쳐야 한다.

① 관계대명사 what이 명사절을 이끌어 전치사 on의 목적어 역할을
　　하므로 적절하다.

② 「when it comes to -ing」는 '~에 관해서 라면'이라는 의미로
　　전치사 to 뒤에 동명사가 와야 하므로 producing은 적절하다.

③ 동사 return의 의미를 강조하기 위해서 do가 앞에 온 것은
　　적절하다.

④ 상관접속사 「not only A but (also) B」가 쓰인 형태로, 앞의
　　동사 is와 마찬가지로 but (also) 뒤에 단수형 proves가 온 것은
　　적절하다.

20　해석　자동차에 관해서는, 많은 사람들이 자동차를 단순히 A
지점에서 B 지점으로 가는 수단으로 생각한다. 하지만, 시장에는
많은 다른 종류의 차들이 있다. 점점 더 인기를 얻고 있는 자동차 한
종류는 하이브리드 자동차이다. 기본적으로 하이브리드 자동차는 두
개 이상의 엔진, 즉 전기 모터와 전통적인 엔진(휘발유 또는 디젤)을
사용하는 자동차이다. 전기 엔진은 더 낮은 속도로 자동차에 동력을
공급하는 반면, 휘발유 엔진은 더 높은 속도로 자동차에 동력을
공급한다. 하이브리드 자동차는 이제 인기가 증가하고 있고, 많은
사람들이 실제로 그것들을 사용하고 있다. 하이브리드 자동차를
소유하면 여러 가지 이점이 있다. 하이브리드는 휘발유보다 더 공해가
적을 뿐만 아니라 연비도 더 좋다. 그리고 그것들은 단지 환경적
이익일 뿐이다. 더 높은 재판매 가치와 같은 다른 혜택은 재정적인
이점이다.

▶④ Not only가 문장 앞으로 나오면 주어와 동사가 도치되는데,
　　주어가 복수형 hybrids이므로 동사를 do로 고쳐야 한다.

① 관계사 that은 선행사 One type of car를 수식하는 관계사절을
　　이끌고, 관계사절에서 주어 역할을 하므로 적절하다.

② 전기 엔진과 휘발유 엔진을 비교하고 있으므로 대조를 이루는
　　접속사 while은 적절하다.

③ 유도부사 There가 이끄는 문장에서 동사는 뒤에 오는 주어의 수에
　　일치시켜야 한다. a number of advantages는 복수이므로
　　복수동사 are가 온 것은 적절하다.

⑤ 주어의 핵심 명사는 복수명사 benefits이므로, 복수동사 are가 온
　　것은 적절하다.

---

1 ③　**2** ④　**3** ⑤　**4** ②　**5** ②　**6** ⑤
7 (A) painting　(B) easier
8 (1) the earliest music was probably connected to
religion　(2) Singing made the work less burdensome.
9 ④　**10** seldom did they fight in wars

1　해석　체조가 언제 시작되었는지 정확한 날짜를 말하기는 어렵지만,
많은 전문가들은 그것이 고대 그리스에서 유래되었다고 생각한다.
이 시기의 체조 훈련의 목적은 젊은이들을 전쟁에 대비시키기 위한
것으로 생각된다. 그 당시에, 그리스인들이 훈련했던 체육관은 체육을
위한 것일 뿐만 아니라, 그들의 두뇌를 훈련시키기 위한 것이기도
했다. 고대 체조에서, 그 스포츠는 오늘날과 많이 달라 보였다. 오늘날
우리가 알고 있는 현대 체조는 1800년대에 Friedrich Ludwig
Jahn이라고 불리는 독일 의사에 의해 발명되었다. Jahn은 체육이
우리의 건강과 국가 정체성을 위해 중요하다고 믿었고, 이것이 그가
현대 체조를 만든 이유이다. 그는 오늘날 우리가 사용하는 많은 장비를
발명했다. 이것은 그를 '체조의 아버지'로 여겨지도록 했다.

▶③ 불완전 자동사 look 뒤의 보어 자리에는 부사는 올 수 없으므로,
　　형용사 different로 고쳐야 한다.

① that절 이하가 진주어이고, It이 가주어로 쓰인 것은 적절하다.

② 상관접속사 「not only A but (also) B」에 for가 이끄는
　　전치사구가 연결된 형태이다. 따라서 전치사 for의 목적어로 쓰인
　　동명사 training은 적절하다.

④ a German doctor는 Friedrich Ludwig Jahn으로 불리는
　　대상이므로, 과거분사 called가 뒤에서 수식하는 것은 적절하다.

⑤ 관계대명사 which가 앞 절을 부연 설명하는 계속적 용법으로 쓰인
　　것은 적절하다.

2　해석　여러분은 하프 연주자가 연주하는 것을 들어 본 적이 있는가?
하프는 얼마나 사랑스러운 소리를 내는지! 음악 전문가들은 하프가
가장 오래된 악기 중 하나라고 생각한다. 하프는 전형적으로 뒷면
하단에 7개의 페달이 있는데, 보통 이 페달들은 관객에게 보이지
않는다. 많은 사람들은 이 페달에 대해 알고 놀라는데, 페달은 현에
연결되어 있다. 특정 페달을 밟음으로써 하프 연주자가 특정 현이
조여지거나 풀어지게 하여 다른 소리를 낸다. 현이 손으로 퉁겨지는
방식 또한 그렇다. 처음에 얼핏 보면 하프는 단순하게 보일지 몰라도,
사실 꽤 복잡하고 음을 맞추는 데 기술이 필요하다. 연주 전에 하프
연주자는 정확한 소리를 내기 위해 하프 현을 조율하는 데 종종 30분
정도의 시간을 보낸다.

▶④ So가 문장 앞으로 나와서 주어와 동사가 도치된 형태로, 주어가
　　the way이므로 단수동사 does로 고쳐야 한다. 이 문장은
　　The way the strings are plucked with the hands also
　　produces different sounds.의 의미이다.

① 뒤에 「부정관사+형용사+명사+주어+동사!」가 오므로, What이
　　이끄는 감탄문은 적절하다.

② 동사 consider의 목적격보어로 to부정사가 온 것은 적절하다.
　　cf. consider A to B: A를 B로 여기다[생각하다]

③ 앞 절의 내용이 다른 소리를 내는 주체이므로 현재분사구가
　　분사구문을 이끄는 것은 적절하다.

⑤ 뒤에 오는 형용사 complicated를 수식하는 부사이므로 적절하다.

3 해석 여러분은 밤에 올빼미 소리를 들어 본 적이 있는가? 당신은 올빼미를 본 것보다 야생에서 올빼미 소리를 들었을 가능성이 더 높다. 올빼미는 야행성인데, 이는 주로 밤에 활동한다는 것을 의미한다. 어둠은 올빼미들이 사냥하는 작은 동물들이 올빼미들을 보기 어렵게 만든다. 올빼미는 175종 이상이 존재하지만, 일반적으로 일반 올빼미와 외양간 올빼미의 두 종류로 나뉜다. 일반 올빼미는 많은 다양한 무늬와 색깔을 가진 다양한 그룹이지만, 모두 둥근 얼굴을 가지고 있다. 대조적으로, 외양간 올빼미가 가지고 있는 것은 바로 밝은 색깔의 하트 모양의 얼굴이다. 가장 큰 올빼미의 크기는 독수리의 크기만큼 크다. 가장 작은 것은 엘프 올빼미인데, 멕시코와 미국 남서부에 산다. 그것은 겨우 5인치 크기이고 딱따구리들이 큰 선인장에 만든 구멍에 집을 만든다.

▶⑤ those는 the size를 지칭해야 하므로, 단수형 that으로 고쳐야 한다.

① rather than에 (have) seen one이 연결된 형태로, 불특정한 올빼미 한 마리를 지칭하는 부정대명사 one을 쓴 것은 적절하다.

② 진목적어 to be seen by the small animals they hunt를 대신하는 가목적어 it이므로 적절하다. for them은 진목적어의 의미상 주어로 them은 owls를 가리킨다.

③ 부정대명사 all은 common owls를 지칭하므로, 복수동사 have를 쓴 것은 적절하다.

④ a light-colored, heart-shaped face를 강조하는 「It is[was] ~ that」 강조 구문의 that이므로 적절하다.

4 해석 해안가나 해변 근처에 꼭대기에 번쩍이는 불빛이 있는 등대가 서 있다. 원래 등대는 등대지기를 위한 거처로 지어졌다. 등대를 유지하고 항상 제대로 작동하는지 확인하는 것이 관리자의 일이었다. 가끔은 외로울 수도 있지만, 그것은 중요한 일이었다. 오늘날, 거의 모든 등대는 자동화되어 있으며, 이것은 등대지기가 더 이상 필요하지 않다는 것을 의미한다. 우리는 등대가 언제 처음 생겨났는지 모른다. 우리가 알고 있는 것은 등대의 개념이 3,000년 이상 되었다는 것이다. '일리아드'라는 제목의 고대 그리스 서사시는 기원전 1200년경 Homer라는 사람에 의해 쓰여졌다. 이 시에서 Homer는 등대를 언급하는데, 이것은 현대 학자들에게 등대가 얼마나 오랫동안 인간의 삶의 일부였는지를 알려 준다.

▶② 등위접속사 and를 통해 앞의 to maintain과 연결되는 구조이므로 (to) make로 고쳐야 한다.

① 부사구 Near the coast or shore가 강조되어 문장 앞으로 와서 주어와 동사가 도치된 형태로, 주어가 단수이므로 단수동사 stands가 온 것은 적절하다.

③ when이 이끄는 간접의문으로 when 뒤에 「주어+동사」의 어순이므로, 주어 lighthouses 다음에 동사 came이 온 것은 적절하다.

④ 선행사를 포함한 관계대명사 What이 이끄는 명사절이 주어 역할을 하므로 적절하다.

⑤ 문장에 접속어구가 없으므로 앞 절의 내용을 연결해 주는 현재분사구문을 이끄는 현재분사 giving은 적절하다.

5 해석 롤러코스터는 완전한 공포감 속으로 빠르게 이동하는 것이다. 여러분은 롤러코스터가 어디에서 왔는지 알고 있는가? 러시아이다. 극단적인 날씨가 많은 나라는 얼음 썰매가 인기 있는 스포츠라는 것을 발견했다. 1400년대에, 경사로들은 나무틀로 지어졌고 단단하게 다져진 눈으로 덮여 있었다. 물을 눈 위에 뿌려서 빨라진 속도의 얼어붙은 내리막길을 만들었다. 어떤 경사로들은 높이가 70피트에

달했고 오늘날의 코스터만큼 가팔랐다. 정상까지 걸어간 후, 고객은 가이드의 무릎 위에 앉아 2피트 길이의 썰매를 타고 내려왔다. 사고는 발생했지만 스포츠는 계속되었다. 1700년대에, 화려한 등불들은 분주한 상트페테르부르크에서 야간 썰매를 탈 수 있게 했다. 사람들은 이 스포츠를 아무리 즐겨도 충분하지 않다고 생각해서 따뜻한 날씨에 탈 수 있도록 썰매에 바퀴가 추가되었다.

▶ⓓ 일반동사 happen 앞에 강조 역할을 하는 did가 온 것은 적절하다.

ⓔ 「cannot+동사+enough」는 '아무리 ~해도 충분하지 않다 [부족하다]'라는 의미로, enough가 부사로 쓰여 문장 끝에 위치한 것은 적절하다.

ⓐ 간접의문문이 쓰인 문장으로, 의문사 뒤에는 「주어+동사」의 어순이 되어야 하므로, did roller coasters come을 roller coasters came으로 고쳐야 한다.

ⓑ 등위접속사 and로 연결되는 앞의 were built와 문법적 형태가 같도록 to be는 (were) covered로 고쳐야 한다.

ⓒ 「as+원급+as」의 원급 비교 문장으로 be동사의 보어 자리에 부사는 올 수 없으므로 부사 steeply를 형용사 steep으로 고쳐야 한다.

6 해석 20세기의 처음 몇 년 동안, 대부분의 사람들은 인간이 날 수 없고 날지 못할 것이라고 공고히 믿었다. 대중이 틀렸다는 것을 증명하기 위해 노력한 몇몇 사람들이 있었다. 1903년 12월 8일, Samuel Langley는 자신의 개조한 비행기를 날리려고 시도했으나, 그의 시도는 성공하지 못했다. Langley는 스미스소니언 협회 소장이어서 그의 비행은 뉴스 기자들뿐만 아니라 정부 관계자들에 의해서도 다뤄졌다. 9일 후, 오빌과 윌버 라이트 형제는 비행을 시도했다. 라이트 형제는 몇 번의 비행을 했는데, 가장 긴 비행은 믿어지지 않을 정도로 59초 동안 지속되었다. 그들은 비행 시도를 비밀로 했기 때문에, 그들의 기적적인 비행은 미국의 두 신문에서만 보도되었다.

▶ⓔ 「keep+목적어+목적격보어」 구문에서 목적격보어 자리에 부사를 쓸 수 없으므로, 형용사 secret으로 고친 것은 적절하다.

ⓐ 뒤에 셀 수 있는 명사 individuals가 있으므로, 수식어는 a few로 고쳐야 한다.

ⓑ 앞에 not only가 있으므로, 뒤에는 also 앞에 but을 써야 한다.

ⓒ '나중에, 후에'라는 의미를 나타내기 위해서는 부사 later로 고쳐야 한다.

ⓓ 문맥상 여러 번의 비행 중 가장 긴 비행인 최상급으로 나타내는 것이 자연스러우므로 longest로 고쳐야 한다.

7 해석 여러 해 동안, 중국은 일련의 왕조 또는 같은 가문의 통치자들에 의해 통치되었다. 서기 618년부터 907년까지 통치했던 당나라는 중국의 황금기로 여겨진다. 춤, 조각, 그리고 그림은 모두 이 시기에 매우 인기가 있었다. 수도 장안에는 백만 명 이상의 인구가 있었다. 농부들은 땅을 소유하는 것이 허용되었지만, 이것은 나중에 바뀌었다. 정부에서 일하기를 원하는 사람들은 어려운 시험을 통과해야만 했다. 오직 가장 똑똑하고 가장 많이 교육 받은 사람들만이 관리가 될 수 있었다. 새로운 도로와 수로 덕분에 여행이 더 쉬워질수록, 중국 내부와 다른 나라들과의 무역이 더 번창했다. 오늘날, 당나라는 위대한 문화적 성취의 시기로 여겨진다.

▶(A) 등위접속사 and로 연결되는 Dancing, sculpting과 병렬 구조를 이루도록 painting으로 고쳐야 한다.

(B) 「the+비교급 ~, the+비교급 …」 구문이 쓰인 형태로, 동사

becameの보어に해당하므로 형용사 easy의 비교급인
easier로 고쳐야 한다.

8 **해석** 역사학자들은 가장 최초의 음악은 아마도 종교와 관련이
있었을 것이라고 말한다. 오래 전, 사람들은 세상이 다양한 신들에
의해 통제되고 자신들이 신들에게 존경을 표하기 위해 무언가를 해야
한다고 믿었다. 노래는 인간이 한 활동 중 하나였다. 노래는 여전히
대부분의 종교에서 중요한 부분이다. 만약 여러분이 종교적이든 다른
것이든 노래를 불러 본 적이 있다면, 여러분은 노래가 재미있다는
것을 알고 있을 것이다. 노래를 부르는 것에서 오는 기쁨의 감정은
고대인들을 행복하게 느끼도록 만들었을 것이 틀림없다. 사람들이
노래를 부른 또 다른 때는 일할 때였다. 이집트 노예들은 피라미드를
짓기 위해 무거운 돌들을 운반하면서 노래를 불렀다. 병사들은 전투
행진을 할 때 노래를 불렀다. 농부들은 (작물을) 심을 때 한 노래를
부르고 수확할 때는 또 다른 노래를 불렀다. 노래를 부르는 것은 그
일을 덜 힘들게 했다.

▶(1) 최상급인 the earliest music을 주어로 먼저 쓰고 '~에 관련이
있다'라는 의미의 be connected to를 이용하여 문장을
완성한다.

(2) 「make+목적어+목적격보어」 구문을 이용하여 문장을 완성한다.
목적격보어 자리에는 형용사가 오도록 쓴다.

[9-10] 해석
푸에블로 부족은 미국 남서부, 주로 애리조나 주와 뉴멕시코 주에 살던
21개의 독립된 아메리카 원주민 집단으로 구성되어 있다. 평화로운
푸에블로 사람들은 자연을 사랑했고, 그들은 전쟁에서 거의 싸우지 않았다.
그들이 진정 싸웠을 때, 그것은 자기 사람들이나 자기 땅을 보호하기
위한 것이었다. 1539년에 스페인 사람들은 푸에블로 족의 땅의 대부분을
차지했다. 그들은 사람들에게 가톨릭 신자가 되어 자기들을 위해 밭일을
하도록 강요했다. 푸에블로 사람들은 자신들이 노예와 다를 바 없이 대우를
받고 있다고 느끼기 시작했다. 스페인 사람들이 많은 인디언 전통 치료
주술사들을 체포했을 때, 푸에블로 족은 반란을 일으키기로 결정했다.
1680년에 푸에블로 족이 공격을 계획한 것은 바로 Pope라는 이름의 치료
주술사의 지도하였다. 약 8,000명의 푸에블로 족 전사들이 스페인 사람들을
공격하여 그들의 땅에서 쫓아냈다.

9 ▶ⓓ 「It is[was] ~ that」 강조 구문으로 전치사구 under the ~
named Pope가 강조된 형태이므로 which를 that으로 고쳐야
한다.

ⓐ did는 일반동사 fight를 강조하는 역할을 하고 있으므로 적절하다.

ⓑ 등위접속사 and로 연결되는 앞 절의 become과 병렬 구조를
이루도록 work가 온 것은 적절하다.

ⓒ a number of는 '많은'의 의미로, 복수명사 men을 수식하므로
적절하다.

ⓔ 지칭하는 대상이 the Spanish이므로, 복수형 them이 온 것은
적절하다.

10 ▶ 부정어 seldom이 앞으로 나가면 주어와 동사를 도치시키되, fight는
일반동사이고 문맥상 과거시제를 써야 하므로 do의 과거형 did를
먼저 써서 완성해야 한다.

1 ④ 2 ④ 3 ② 4 ⑤ 5 ③
6 can be difficult for them to remember to pay attention
7 ② 8 have been motivating us to recycle waste

1 **해석** Ansel Adams는 1902년 캘리포니아 샌프란시스코 근처에서
태어났다. 그가 14살이었을 때, 그는 요세미티 국립공원으로 여행을
갔다. 그때가 되어서야 Adams의 사진에 대한 관심은 시작되었다.
그의 부모님은 그에게 카메라를 선물로 주었다. Adams는 자신이
요세미티의 풍경에 매료되었다는 것을 발견하고 그것을 필름에 담기로
결정했다. 비록 Adams가 피아니스트로서 이미 많은 가능성을 보여
주었지만, 사진 촬영도 그에게 성취감을 주는 취미가 되었다. 사진에
대한 그의 재능은 아마도 음악에 대한 재능보다 훨씬 더 뛰어난
것으로 드러났다. Adams가 가장 잘 알려진 사진들은 야생 지역의
아름다움을 묘사한 것들이다. 그의 많은 사진들은 그가 카메라를
가지고 처음 경험한 장소인 요세미티 국립공원에서 찍었다.

▶④ 앞에 나온 his talent가 비교 대상이므로 단수형 that으로 고쳐야
한다.

① 부정어구 Not until then이 문장 앞에 와서 주어와 동사가 도치된
형태로, 일반동사 begin이 있으므로 did가 주어 앞에 위치한 것은
적절하다.

② 등위접속사 and로 연결되는 앞 절의 found와 병렬 구조를 이루는
과거시제 동사 decided가 온 것은 적절하다.

③ promise는 '가능성, 가망'이라는 의미의 셀 수 없는 명사로
쓰였으므로 그 앞에 셀 수 없는 명사를 수식하는 much가 온 것은
적절하다.

⑤ 관계사절의 is best known 뒤에 전치사 for가 필요하고,
선행사인 The photographs는 전치사 for의 목적어이므로,
for가 관계대명사 which 앞에 온 것은 적절하다.

Words scenery 풍경 fulfilling 성취감을 주는

2 **해석** 동물에게 심오한 음악적 능력이 있다는 것의 한 가지
사례는 놀라울지도 모른다. 유황 앵무인 Snowball은 Queen의
노래 'Another one bites the dust'에 맞춰 (새가 머리와 다리
동작으로 그러듯) 춤추고 있는 것을 보여 주는 유투브 비디오가
2009년에 돌았을 때 화젯거리가 되었다. Snowball은 음악의
박자에 맞추어 속도를 올리거나 늦출 수 있어서, Aniruddh Patel
같은 연구자들이 인간의 신경계는 음악적 리듬에 어울리는 동작을
발달시키는 데 필수적이지 않다고 말하도록 이끌었다. 하버드의
Adena Schachter는 수천 개의 유투브 비디오를 분석하여 14개
유형의 앵무새와 1개 유형의 코끼리가 리듬에 맞출 수 있다는 것을
발견했다. 그 연구는 조화된 춤이 음성 흉내에 대한 선택과 더불어
진화되었을지도 모른다는 것을 시사하는데, 그것 또한 앵무새가 아주
잘하는 것이다. 따라서 춤은 소리를 모방할 수 있다는 것의 뜻하지
않은 결과일 수 있다.

▶④ 등위접속사 and로 문장의 동사가 연결된 구조이므로 to find를
analysed와 같이 과거시제 동사 found로 고쳐야 한다.

① 주어가 놀라운 감정을 일으키는 주체이므로 현재분사
surprising을 쓴 것은 적절하다.

② show의 목적어 him 다음에 목적어의 진행 중인 능동적인 동작을
나타내도록 현재분사 dancing이 온 것은 적절하다.

③ lead는 목적어 뒤에 목적격보어로 to부정사를 취하므로 to suggest는 적절하다.

⑤ vocal mimicry에 대한 부연 설명을 하는 관계사절을 이끄는 「전치사＋관계대명사」로, 관계사절의 are also very good at에서 전치사 at이 관계사 앞에 위치한 형태이므로 적절하다.

Words profound 심오한, 깊은 circulate 퍼지다, 돌다 nervous system 신경계 coordinate 조화시키다 side effect 뜻하지 않은 결과; 부작용

3 **해석** 아내와 나는 보통 화초를 키우지 않는다. 화분 안에 있는 것들은 물을 너무 많이 주거나 너무 적게 주게 된다. 내가 뇌암 진단을 받은 후, 나는 우리 주변에 녹색의 살아 있는 무언가를 둔다는 생각이 매우 마음에 들었다. 그러자 내 친구 Mitch가 자신이 행운의 대나무라고 말한 것을 주었다. 우리는 그 식물을 내가 매일 많은 시간을 보내는 거실에 놓기로 결정했다. 나는 내가 직접 식물을 돌보고 싶다고 아내에게 말했다. 그것이 즉시 갈색으로 변하거나 잎이 모두 없어지지 않자, 나는 기분 좋게 놀랐다. 식물을 가꾸는 것은 때때로 내가 나 자신을 쓸모가 없다고 느꼈던 때에 성취감을 주었다. 만약 내가 그 식물을 가져가기를 거부했다면, 내 인생은 지금 비참할 것이다.

▶ⓐ 'A 또는 B'라는 의미의 「either A or B」에서 A와 B는 문법적으로 대등해야 하는데, overwatered와 underwatered는 둘 다 형용사이므로 적절하다.

ⓒ 관계부사 where 앞에 장소의 선행사가 오고, 그 뒤에 완전한 절이 오므로 적절하다.

ⓑ 동사 gave의 직접목적어 역할을 해야 하는데 that 앞에 선행사가 없으므로 that은 선행사를 포함한 관계대명사 what으로 고쳐야 한다.

ⓓ 등위접속사 or는 문법적으로 대등한 어구를 연결하므로, losing은 동사원형 lose로 고쳐야 한다.

ⓔ 문맥상 과거의 일이 현재에 미친 영향에 대한 가정을 나타내는 혼합 가정법 문장이 되어야 하므로, If절에는 과거완료시제를 써야 한다. 따라서 refused는 had refused로 고쳐야 한다.

Words diagnosis 진단 pleasantly 기분 좋게 tend 돌보다, 보살피다 accomplishment 성취

4 **해석** 여러분은 왜 돼지들이 진흙 속에서 뒹굴거리는지 궁금해 본 적이 있는가? 돼지가 더러운 동물이라는 오해와는 반대로 돼지는 땀샘이 없고 땀이 나지 않는다. 그들은 몸을 식히기 위해 진흙 속에서 뒹굴거린다. 다음번에 여러분이 더워하는 누군가가 "나는 돼지처럼 땀을 흘리고 있어!"라고 말하는 것을 듣게 되면, 반드시 그 사람을 바로잡아 주어야 한다. 사실, 돼지는 자기 우리에 매우 까다로워서 깨끗하고 건조한 곳에서 지내고 자는 것을 선호한다. 돼지에 대한 또 다른 오해는 돼지가 매끄럽다는 것이다. 오직 만화의 돼지들만이 분홍색이고, 매끄럽고, 반짝반짝 빛나 보인다. 실제 돼지의 피부는 강모라고 불리는 작고 뻣뻣한 털로 덮여 있다. 이 강모는 부드러운 피부를 보호하고, 때때로 머리빗과 의류용 솔로 만들어진다.

▶ⓔ 지칭하는 대상이 pigs이므로 their로 고친 것은 적절하다.

ⓐ 간접의문문에서는 「의문사＋주어＋동사」의 어순이 되어야 하므로 does는 삭제해야 한다.

ⓑ 주어와 목적어가 지칭하는 대상이 동일하므로, 목적어는 재귀대명사 themselves로 고쳐야 한다.

ⓒ '～처럼'의 의미가 되어야 하므로 전치사 like로 고쳐야 한다.

ⓓ 등위접속사 and로 연결된 동사 live와 문법적으로 대등한 sleep으로 고쳐야 한다.

Words misconception 오해 sweat 땀; 땀을 흘리다 particular 까다로운 bristle 강모, 센털 tender 부드러운

[5-6] **해석**
여러분은 뭔가 다른 것을 보고 있는 동안 다른 사람의 말을 들으려고 애쓰다가 여러분의 정신 집중이 나뉜 적이 있는가? 그것은 좌절감을 일으킬 수 있는데, 우리의 아이들이 그렇게 하여 우리에게 자꾸 말을 되풀이하도록 요청할 때 특히 그렇다. 아이들은 집중이 흐트러지는 이 덫에 걸릴 가능성이 훨씬 더 크다. 그들이 한 번에 하나씩 주의를 기울이는 것을 기억하고 올바른 것을 선택하기 어려울 수 있다. 나는 나 자신이 끊임없이 내 아들에게 한 번에 하나씩 할 것을 상기시키는 것을 발견한다. 여러분의 아이들이 듣는 동안 자신이 어디를 보고 있는지에 주의를 기울이도록 돕는 것이 매우 유용하다. 시각적으로 주의가 흐트러지기가 너무 쉽다면, 여러분은 그들이 눈을 감고 자신이 듣고 있는 것에 관해 생각하도록 할 수 있다. 눈을 감는 것은 우리가 시각적 집중을 방해하는 것을 제거하는 데 도움이 되도록 우리의 감각 중 하나를 차단하는 것을 돕는다.

5 ▶ⓒ 동명사 Helping이 이끄는 어구가 문장의 주어이므로 동사는 단수형 is로 고쳐야 한다. where가 이끄는 명사절과 그 안의 while이 이끄는 부사절은 모두 전치사 to의 목적어에 해당한다.

ⓐ 주어 It은 앞 문장에 언급된 상황(정신 집중이 나뉘는 것)을 가리키고 좌절감을 일으키는 주체이므로 현재분사 frustrating은 적절하다.

ⓑ find의 목적어 myself 다음에 쓰인 목적격보어로, myself는 상기시키는 행위의 주체이므로 현재분사를 쓴 것은 적절하다.

ⓓ 사역동사 have의 목적어(them) 다음에 쓰인 목적격보어로 them(children)은 눈을 감는 행위의 주체이고, 목적어와 능동 관계이므로 원형부사 close가 온 것은 적절하다.

ⓔ helps가 문장의 동사이므로 목적을 나타내도록 부사적 용법의 to부정사를 쓴 것은 적절하다.

6 ▶가주어 It이 있으므로 뒤에 「동사＋형용사 보어」를 쓴다. 진주어를 to부정사로 구성하되 그 앞에 의미상 주어를 「for＋목적격」으로 나타낸다.

Words distract 산만하게 하다 close off ～을 차단하다, 폐쇄하다 distraction 집중을 방해하는 것

[7-8] **해석**
오랜 세월 동안 매체, 정부, 그리고 다양한 조직이 우리에게 폐품을 재활용하도록 동기를 부여해 오고 있다. 1990년대에, 그때는 오직 열성적인 사람들의 소수 집단이 자기 가정의 쓰레기를 분류하고 있었는데, 재활용의 가능한 한 최선의 매체 이미지를 위한 싸투가 온전히 정당화되었다. 동시에, 재활용이 우리가 환경을 위해 할 수 있는 최선의 것이라는 공통적인 인상이 우리에게 주입되었다. 오늘날까지도, 사회의 상당 부분이 여전히 자신들이 플라스틱 폐품을 분류하면, 누군가가 그것으로부터 새로운 제품을 그냥 만들어낼 것이라고 믿는다. 안타깝게도, 현실은 다르다. PlasticsEurope에 의하면, EU에서 분류되는 플라스틱의 실질적인 재활용 비율은 좀처럼 40퍼센트에 달하지 못한다. 그것(플라스틱) 대부분은 소각되거나 쓰레기로 매립되고 있다. 그리고 세계적인 관점에서 보면, 그 숫자는 훨씬 더 심하다. 이것이 폐품 방지가 재활용보다 더 좋은 이유이다.

7 ▶ⓑ the common impression이 문장의 주어이고 that ～ environment는 주어와 동격 관계의 명사절이므로, 문장의

동사가 필요하다. 따라서 has been instilled로 고쳐야 한다.

ⓐ 주어에서 struggle이 핵심 명사이므로, 동사 자리에 단수형 동사를 쓴 것은 적절하다.

ⓒ 대명사가 가리키는 대상이 plastic waste이므로 단수형 it을 쓴 것은 적절하다.

ⓓ the actual recycling rate for plastics가 문장의 주어이고 sorted out in the EU는 주어를 수식하는 분사구이므로, 단수형 동사가 온 것은 적절하다.

ⓔ 비교급 형용사를 강조하여 '훨씬'이라는 뜻을 나타내는 부사로 쓰였으므로 적절하다.

8 ▶주어 다음에 '~해 오고 있다'라는 뜻을 나타내도록 동사를 현재완료진행형으로 쓴다. 그다음에는 motivate의 목적어(us)에 이어 to부정사를 목적격보어로 쓴다.

Words enthusiast 열성적인 사람 justify 정당화하다 sort out ~을 분류하다 landfill (쓰레기로) 매립하다

실전 모의고사 2회 p. 136

1 ② **2** ⑤ **3** ① **4** ⑤ **5** ④

6 asking whatever questions you want to whomever you want

7 ⑤

8 The Silk Road was not really a road, nor was it made out of silk.

---

1 **해석** 측정이 완벽하다는 가정은 틀릴 수 있다. 예를 들어, 만약 경찰관이 속도위반으로 당신을 멈추게 한다면, 그 경찰관은 "당신은 75로 가고 있었어요."라고 말할지도 모른다. 아니면 그 경찰관은 "75에 당신을 측정했어요."라고 말할지도 모른다. 그 경찰관의 두 진술은 매우 다르다. 당신은 40으로 가고 있었는데 속도 측정기가 당신을 잘못 기록했을 수도 있고(속도 측정기가 나무를 시속 100마일 이상으로 측정한 적이 있다), 당신이 95로 가고 있었을 수도 있다. 어떤 경우에도, 당신은 아마 그 경찰관이 기록한 속도 바로 그대로 가고 있지 않았을 것이다. 첨단 기술이 발달한 이 시대에도 누군가의 키를 측정하는 것처럼 간단한 것에도 측정 오차가 있을 수 있다. 사실, 어떤 사람의 키는 그 사람이 측정되는 의사의 사무실에 따라 달라질 수 있다.

▶② 과거에 대한 추측을 하는 문맥이므로 may have p.p.의 구문으로 써야 한다. 따라서 have been으로 고쳐야 한다.

① that 뒤에 완전한 절이 오고, The assumption의 내용을 설명해 주는 동격절이므로 접속사 that은 적절하다.

③ 선행사가 the speed이고 관계사절에서 목적어 자리가 비어 있으므로 목적격 관계대명사 역할을 할 수 있는 that은 적절하다.

④ 「be likely to+동사원형(~할 것 같다)」이 쓰였으므로 to have는 적절하다.

⑤ 선행사가 the physician's office이고 전치사 at이 관계사절의 맨 뒤에 이미 있으므로 관계대명사 which는 적절하다.

Words assumption 가정 measurement 측정 clock 측정하다, 기록하다 physician 의사

---

2 **해석** 만약 연구자들이 평균 점수만을 언급한다면, 그것은 많은 문제로 이어질 것이다. 한 가지 문제는 기술적 연구가 사람들에 대한 더 깊고 풍부한 이해를 제공하기보다는 꼬리표 붙이기, 고정관념화 및 기타 지나친 단순화로 이어질 수 있다는 것이다. 사람들이 유아가 말을 시작하는 평균 나이가 12개월이라는 것을 알고 있기 때문에 발생하는 문제들을 생각해 보라. 문제는 전체 유아의 절반이 그보다 더 늦게 말을 하게 된다는 점이다. 그 유아들의 부모 중 다수는 아이들이 말하기 시작하는 넓은 범위를 이해하지 못하고, 아이의 발달이 늦어진다고 불필요하게 걱정한다. 이와 유사하게, 오늘날 평균 십대들이 1950년대에 치료를 받는 평균 십대들만큼 스트레스를 받는다는 것을 암시하는 연구를 예로 들어 보자. 변동성을 고려하지 않고, 이 사실을 아는 것은 일부 사람들로 하여금 오늘날의 십대들이 모두 신경과민한 아이들인 것처럼 느끼게 할 수 있다.

▶⑤ 「as if+가정법 과거」 구문으로 '마치 ~인 것처럼'이라는 의미를 나타내야 하므로 과거동사 were로 고쳐야 한다.

① 현재에 대한 가정을 나타내는 가정법 과거 구문이므로 If절에 과거동사 mentioned를 쓴 것은 적절하다.

② 앞에 있는 people을 수식하는 분사구를 이끄는 분사로, people이 알고 있는 주체이므로 현재분사 knowing은 적절하다.

③ 뒤에 완전한 절이 오고, 선행사가 the wide range이므로 「전치사+관계대명사」의 형태인 at which가 온 것은 적절하다.

④ 주절에 suggesting이 있지만 that절에 당위성이 없으므로 연구 결과를 진술하는 현재시제의 동사 is는 적절하다.

Words descriptive research 기술적 연구 appreciation 이해 labeling 꼬리표 붙이기 stereotyping 고정관념화 oversimplification 지나친 단순화 needlessly 불필요하게 variability 가변성, 변동성

---

3 **해석** '나이'를 일컬을 때, 우리는 보통 '실제 나이'를 일컫는다. 매우 흔히, '실제 나이'는 '생물학적 나이'와 가깝지 않다. 생물학적 노화는 일반적으로 생리 활동의 감소와 환경 변화에 반응하는 역량의 감소가 특징이다. 노화와 더불어 생리 기능에서의 전반적 쇠퇴가 있지만, 쇠퇴 속도는 사람마다 다르다. 이것은 같은 '실제 나이'를 가진 집단 내 개인 사이의 매우 폭넓은 범위의 '생물학적 나이'로 이어진다. 개인의 생물학적 차이가 같은 나이의 집단에 있는 사람들 사이에 존재한다는 것이 인정된다. 이 개인적 차이의 정도는 더 젊은 인구 사이에서보다 나이 든 인구 사이에서 훨씬 더 크다. 다시 말해서, 나이 든 사람들은 여러 면에서 젊은 사람들보다 더 이질적이다.

▶ⓐ 주어 Biological aging은 특징지어지는 대상이므로 동사 characterize를 수동태로 쓴 것은 적절하다.

ⓑ 두 개의 절이 but으로 연결된 형태이므로 첫 번째 절의 분사 being을 동사 is로 고쳐야 한다.

ⓒ 가주어 It이 이끄는 문장에서 진주어 역할을 하는 that절의 내용은 인정이 되는 대상이므로 recognizes를 수동태 is recognized로 고쳐야 한다.

ⓓ 주어의 핵심이 되는 명사가 degree이므로 동사 are를 단수형 is로 고쳐야 한다.

ⓔ 주어가 「the+형용사」이고 '나이 든 사람들'이라는 복수 보통명사의 뜻이므로, 동사 is를 복수형 are로 고쳐야 한다.

Words be characterized by ~가 특징이다 physiological 생리의, 생리학적 capacity 역량, 능력

---

4 **해석** 만약 여러분이 전에 정원을 가꾸어 본 적이 없다면, 여러분

자신의 음식을 기르는 것은 신날 뿐만 아니라 겁날 수도 있다. 씨를 뿌리는 것은 어느 정도의 지식, 어느 정도의 시간, 그리고 많은 인내심을 정말 필요로 한다. 하지만 여기 좋은 소식이 있다. 여러분이 넓은 뒷마당을 가지고 있든 작은 발코니를 가지고 있든, 여러분은 자신의 과일과 채소를 기를 수 있다는 것이다. (여러분은 심지어 자신만의 버섯을 기를 수도 있다!) 시작하는 가장 좋은 방법은 여러분이 즐겨 먹는 채소와 과일을 고른 다음, 그들의 성장 계절이 언제인지 알아내는 것이다. 여러분이 식료품점에서 사고 싶어 하는 것을 기르라. 저기 무수한 식물이 있으니 여러분이 사랑하는 것부터 시작하라. 만약 여러분이 감당하기 힘들다고 느끼고 있거나 단순히 정원 가꾸기에 친숙해지고 싶다면, 여러분은 자신만의 허브를 기르는 방법을 배우는 것이 더 낫다. 그것들은 관리하기 쉽고 여러분이 정원 가꾸기를 편안하게 느끼기 위해 흙에서 놀기 시작하는 것을 도와주는 데 이용될 수 있다.

▶ ⓔ 문맥상 허브가 여러분이 흙에서 놀기 시작하는 것을 도와주는 데 이용될 수 있다는 의미이고, '~하기 위해[~하는 데] 이용되다'라는 표현은 「be used to+동사원형」이므로, to help로 고친 것은 적절하다.

ⓐ 주어가 동명사구 Sowing seeds이므로 단수형 does로 고쳐야 한다. does는 require를 강조하는 역할을 한다.

ⓑ 문맥상 '~이든'이라는 의미이므로 That은 접속사 Whether로 고쳐야 한다.

ⓒ 동사 Grow의 목적어 자리로, 뒷 절을 이끄는 선행사를 포함하면서도 절을 이끌 수 있는 관계대명사 what으로 고쳐야 한다.

ⓓ '~하는 것이 더 낫다'라는 의미의 「may as well+동사원형」이므로 learning은 동사원형 learn으로 고쳐야 한다.

Words intimidating 겁나는 sow (씨를) 뿌리다 heaps of 많은 spacious 넓은 a world of 무수한 ease into ~에 친숙해지다 maintenance 관리, 유지

[5-6] 해석

설문 조사 연구는 누구든 당신이 원하는 사람에게 당신이 원하는 어떤 질문이든 묻는 것 그 이상이다. 설문 조사 연구는 모든 연구와 마찬가지로 세심한 계획이 필요하다. 여러분은 설문 조사 설계가 여러분의 연구 문제에 적합한지 여부를 결정해야 한다. 그런 다음 어떤 질문을 할 것인지, 왜 그런 질문들을 할 것인지, 누구에게 그 질문들을 할 것인지를 결정해야 한다. 여러분은 또한 그 질문들을 어떻게 물을 것인지, 그리고 그 질문들에 대한 답들을 분석할 방법을 생각할 필요가 있다. 유감스럽게도, 타당한 설문 조사 연구를 수행하는 데 필요한 세심한 계획에 익숙한 사람은 거의 없다. 따라서, 설문 조사는 단연코 가장 흔하게 사용되는 연구 방법임에도 불구하고, 또한 가장 흔하게 남용되고 있다. 연구자가 타당하고 윤리적인 설문 조사 연구를 수행하는 방법을 이해하는 것은 필수적이다.

5 ▶ ⓓ 접속사 even though가 이끄는 부사절이므로 주어와 동사로 이루어진 절이 와야 한다. 따라서 동사 is로 고쳐야 한다.

ⓐ 접속사 whether가 이끄는 명사절은 동사 determine의 목적어 역할을 할 수 있으므로 whether는 적절하다.

ⓑ 문맥상 '누구에게' 질문을 할 것인지가 적절하므로 의문사 who가 이끄는 간접의문문은 적절하다.

ⓒ that은 관계부사를 대신하여 the way 뒤에 올 수 있으므로 적절하다.

ⓔ 주절에 형용사 essential이 쓰였고 that절에 당위성이 있으므로 that절에 should가 생략된 것으로 볼 수 있다. 따라서 동사원형

understand는 적절하다.

6 ▶ 해석상 동명사구가 와야 하므로 asking을 쓴다. 직접목적어로 whatever questions you want를 쓰고, 전치사 to를 추가하여 간접목적어로 whomever you want를 쓴다.

Words conduct 수행하다 sound 타당한, 건실한 consequently 따라서, 결과적으로 abuse 남용하다 ethical 윤리적인

[7-8] 해석

실크로드는 실제로 도로도 아니었고 비단으로 만들어진 것도 아니었다. 실크로드는 아시아에서 서양으로 이어지는 길을 지칭하는 데 사용된 이름이다. 사람들은 중국에서 온 비단과 향신료, 이탈리아 로마에서 온 금과 은을 포함한 물품을 거래하기 위해 이 길을 따라 여행했다. 실크로드는 거리가 수천 마일이고 매우 위험했기 때문에 그것의 전체 거리를 여행한 사람은 거의 없었다. 그 경로에는 사막과 산이 있었고, 강도들을 만날 위험이 항상 있었다. 상품, 아이디어, 발명품들이 실크로드를 따라 거래되었다. 여행자들이 아시아에서 서양으로 가져온 일부 기술 혁신은 자기 나침반과 인쇄기를 포함했다. 실크로드를 따라 여행하는 사람들 중에는 이탈리아의 모험가 마르코 폴로도 있었다.

7 ▶ ⓔ Among이 이끄는 부사구가 강조되어 문장 앞으로 나온 형태로 그 뒤에는 주어와 동사가 도치된다. 주어는 the Italian adventurer Marco Polo로 단수이므로 동사를 단수형 was로 고쳐야 한다.

ⓐ 앞의 the name을 수식하는 분사로, name은 사용되는 대상이므로 과거분사 used가 온 것은 적절하다.

ⓑ 셀 수 있는 명사 앞에서 Few가 수식하는 것은 적절하다.

ⓒ 유도부사 there가 이끄는 문장에서 동사는 뒤에 오는 주어에 수를 일치시키므로 주어 the danger에 맞춰 단수동사 was를 쓴 것은 적절하다.

ⓓ 관계대명사 that절의 수식을 받는 Some technological innovations가 문장의 핵심 주어이고, included가 동사이므로 적절하다.

8 ▶ 부정어 nor 다음에는 주어와 동사가 도치되어야 하므로, nor 다음에 was it을 써서 완성한다.

Words route 경로 spice 향신료 technological 기술의 innovation 혁신 magnetic compass 자기 나침반 printing press 인쇄기

실전 모의고사 3회   p. 140

1 ④ 2 ⑤ 3 ③ 4 ④ 5 ②
6 The larger the population got, the more land Spartans needed.
7 ③ 8 he wished he had acted sooner

---

1 **해석** 북극과 남극의 차이점은 무엇인가? 주요한 차이점은 지질학적인 것이다. 북극은 대륙이 아니라 얼음 바다이다. 그것은 육지로 둘러싸여 있고 북반구의 가장 높은 위도에 위치해 있다. 그것은 북극해에 접한 캐나다, 미국, 덴마크, 러시아, 노르웨이, 아이슬란드의 6개국에 걸쳐 있다. 북극은 지구에서 가장 북쪽에 있는 지점으로, 산타클로스가 사는 곳이다. 반대로, 남극은 북쪽으로 걷기 시작하기 전까지 계속 남쪽으로 걸어가면 도달하게 될 곳이다. 남극 대륙은

남반구에 위치하고 만년설로 덮여 있는 대륙이다. 북극과 남극은 지구의 양 끝에 있는 혹한의 세계이다.

▶ ④ 가정법 과거가 쓰인 문장이므로 if절에는 동사의 과거형 continued를 써야 한다.

① 대명사 one이 difference를 지칭하므로 적절하다.

② 선행사 six countries를 수식하고, 관계사절에서 주어 역할을 하는 관계대명사 that은 적절하다.

③ 부사 far의 최상급 farthest가 형용사 north를 수식하는 구조로 적절하다.

⑤ a continent를 수식하는 과거분사가 등위접속사 and로 연결된 구조이므로 과거분사 covered를 쓴 것은 적절하다.

Words geological 지질학적인 continent 대륙 latitude 위도 hemisphere 반구 extend 뻗다, 확장하다 border 접하다 frigid 혹한의 extremity 맨 끝

2 **해석** 누군가가 마리 퀴리 또는 알베르트 아인슈타인이 죽은 장소를 탐사하다가 호박 속에 응결된 모기 한 마리를 발견한다. 아니나 다를까, 이 모기가 생전에 그 과학자를 물었고 그 DNA를 추출하여 복제하는 것이 가능하다는 판단이 내려진다. 건강하고 생기 넘치는 한 아기가 탄생하고 다정한 고릴라 한 쌍에게 기르도록 맡겨진다. 명백하게도, 알려진 유전적 잠재력은 이 환경에서 결코 실현되지 않을 것이다. 그 반대 또한 사실이다. 우리는 다정한 한 쌍의 인간 부모에게 침팬지 한 마리를 기르도록 줄 수 있다(침팬지는 인간과 98퍼센트의 유전자를 공유한다). 사실 이런 일이 멋진 책 'Next of Kin'의 주인공인 유명한 침팬지 Washoe를 대상으로 이루어졌다. 이 책은 여러분을 웃고 울게 만들 것이고, 여러분은 절대 침팬지를 같은 방식으로 생각하지 않게 될 것이다. 그럼에도 불구하고, 인간적 기준에서 Washoe는 우리 대다수가 어른으로서 습득하는 복잡한 능력의 상당수를 획득하지 못한다.

▶ ⑤ 주절에서 동사로 attain이 사용되었으므로 일반동사를 대신하는 do를 대동사로 써야 한다. that절의 주어의 핵심이 us이므로 복수형 do로 고쳐야 한다.

① the site를 수식하고, 뒤에 완전한 절이 오므로 관계부사 where는 적절하다.

② while he[she] was alive에서 주어와 동사가 생략된 형태이고, be동사의 보어로 쓰인 형용사 alive가 남은 형태로 적절하다.

③ 주어 the known genetic potential은 실현되는 대상이므로 수동태를 쓴 것은 적절하다.

④ 사역동사 make의 목적격보어로 목적어(you)와 능동 관계에 있으므로 원형부정사를 쓴 것은 적절하다.

Words extract 추출하다 clone 복제하다 lively 생기 넘치는 reverse 반대 attain 획득하다, 달성하다

3 **해석** 1997년 7월 4일, 우주 탐험은 큰 걸음을 내디뎠다. 그날, Pathfinder라고 불리는 우주선이 화성에 착륙했다. 착륙 후, Pathfinder는 작은 탐사선인 Sojourner를 행성의 표면으로 보냈다. Sojourner는 화성의 250평방미터 이상을 탐사했다. Pathfinder와 Sojourner는 함께 바위 투성이의 풍경 사진을 16,000장 이상 찍었다. 엔지니어들은 Sojourner가 7일 동안만 지속되도록 설계했지만, 그 작은 차는 훨씬 더 오래 작동했다! Pathfinder는 과학자들 또한 놀라게 했는데, 그것은 거의 3개월 동안 정보를 보냈다. 그것은 그것이 지속되도록 만들어진 것보다 세 배 더 길었다.

Pathfinder와 Sojourner가 그렇게 오랫동안 작동했기 때문에, 과학자들은 자신들이 얻을 것이라고 꿈꿨던 것보다 더 많은 정보를 얻었다. 우선, 그들은 화성이 매우 모래투성이라는 것을 발견했다.

▶ ⓐ spacecraft는 Pathfinder라고 불리는 대상이므로 과거분사 called가 온 것은 적절하다.

ⓑ 숫자 앞에서 '~ 이상'의 의미로 쓰인 more than은 적절하다.

ⓔ that절이 나타내는 것은 과학적 사실이므로 주절의 시제와 상관없이 현재시제로 쓴 것은 적절하다.

ⓒ very는 비교급을 수식할 수 없으므로 very를 much, (by) far, a lot, even 등으로 고쳐야 한다.

ⓓ '~보다 …배 더 -한'의 의미의 「배수사+비교급+than」의 구문이 쓰인 형태로 원급 long은 비교급 longer로 고쳐야 한다.

Words space exploration 우주 탐험 spacecraft 우주선 square meter 평방미터

4 **해석** 그녀의 생일날 아침, 집은 풍선으로 장식되었다. 아침 식사를 하러 내려왔을 때, Josie는 부모님이 자신을 기다리고 있는 것을 보았다. 식탁 위에는 그녀의 생일 케이크가 놓여 있었다. 그것은 가장자리가 분홍색 장미로 장식되고, 하얀 당의로 수놓아진 초콜릿 케이크였다. 부모님은 생일 노래를 불렀고, 그다음에 그들은 그녀를 껴안고 뽀뽀해 주었다. 그들은 그녀와 함께 촛불을 불어 껐다. 아빠는 두 개의 꾸러미를 꺼내 그것을 그녀에게 건네주었다. "내가 주는 네 생일 선물이야."라고 아빠가 말했다. "그게 뭐예요?" Josie는 선물을 좋아했기에 신이 났다. "열어 보렴." 엄마가 권유했다. Josie는 부모님이 지켜보는 가운데 더 큰 것의 포장을 풀었다. 안에 든 것을 보자 그녀의 눈이 휘둥그레졌다. 연한 금빛 최신형 스마트폰이 짙은 청색 벨벳 천 위에 놓여 있었다!

▶ ⓓ 주어 Josie가 감정을 느끼는 대상이므로 과거분사 excited로 고친 것은 적절하다.

ⓐ found의 목적격보어 역할을 하는 분사로 목적어 her parents가 기다리는 주체이고, 진행 중인 동작을 나타내도록 현재분사 waiting으로 고쳐야 한다.

ⓑ 분사구가 a chocolate cake를 수식하는 구조로, chocolate cake는 장식이 되는 대상이므로 과거분사 decorated로 고쳐야 한다.

ⓒ join은 타동사로 바로 뒤에 목적어를 취해야 하므로, joined로 고쳐야 한다.

ⓔ 「with+(대)명사+분사」로 구성된 분사구문으로, 명사 her parents는 보는 주체이므로 현재분사 watching으로 고쳐야 한다.

Words icing (케이크의) 당의 parcel 꾸러미 unwrap (~의) 포장을 풀다 pale 연한, 엷은 velvet 벨벳, 우단

[5-6] **해석**
스파르타는 농부들의 도시 국가로서 시작되었다. 인구가 많아질수록 스파르타인은 더 많은 땅을 필요로 했다. 더 많은 것을 얻기 위해, 그들은 이웃인 메세니아인을 침략했다. 오랜 전쟁 끝에, 스파르타인은 마침내 기원전 715년에 비옥한 메세니아 땅을 정복했고 메세니아인을 자신들의 노예로 만들었다. 메세니아인은 잔학한 행위를 당하자 기원전 650년에 반란을 일으켰고, 이는 스파르타를 영원히 변화시켰다. 스파르타인이 그것을 진압하는 데 거의 30년이 걸렸다. 스파르타인은 메세니아인을 통제해야 한다고 느꼈다. 그들은 이것을 하는 단 하나의 방법만을 알았다.

그들은 강력한 군대를 구축했고, 모든 스파르타인 남성이 입대해야 했다. 그 훈련은 거의 평생 동안 지속되었다. 태어났을 때, 부적합한 아기들은 죽게 내버려졌다. 7살 때, 소년들은 집을 떠나서 자신들을 강하고 두려움 없게 만들기 위한 훈련을 받았다. 스파르타 군대는 그리스에서 가장 잔인했다.

5 ▶ⓑ 「타동사+부사」의 목적어가 대명사 it이므로, 목적어는 타동사와 부사 사이에 위치해야 한다. 따라서 put it down으로 고쳐야 한다.

　ⓐ Treated brutally는 원래 As they were treated brutally에서 「접속사+주어+be동사」가 삭제된 분사구문의 형태로, 과거분사를 수식하는 부사 brutally는 적절하다.

　ⓒ 「leave+목적어+목적격보어(to부정사)」가 수동태로 전환된 형태로 수동태 were left 뒤에 목적격보어 to부정사가 온 것은 적절하다.

　ⓓ make의 목적격보어 자리에 형용사가 올 수 있으므로 strong and fearless는 적절하다.

　ⓔ 문맥상 최상급 the fiercest를 쓴 것은 적절하다.

6 ▶ '~하면 할수록 더 …하다'의 의미의 「the+비교급 ~, the+비교급 …」 구문을 이용하여 쓰되, 형용사 large를 비교급 larger로 바꿔 써야 한다.

Words brutally 야만적으로 revolt 반란 unfit 부적합한 undergo 경험하다, 겪다 fierce 사나운, 잔인한

[7-8] 해석

아마도 전문가들과 언론은 코로나 바이러스에 대해 경고하기 위해 더 많은 것을 했어야 했다. 몇 달 동안, 사람들이 예상했던 것보다 더 빨리, 코로나 바이러스는 전 세계를 지나갔다. 지방 정부들은 이제 전염병과 싸우는 최전선에 있다. 지역의 검사를 조직하는 것부터 치료에 이르기까지 모든 것이 그들이 책임지는 것이다. 그러나 그들은 수익이 무너졌다는 징후를 무시할 수 없다. 수년간, 관광, 국제 공항, 컨벤션 및 스포츠 행사와 같은 많은 수익 창출 활동이 코로나 19 유행 이전 수준으로 돌아갈 가능성은 낮다. 열악한 재정 상태에서 전염병에 들어선 주들은 특히 취약하며, 그들은 전염병에 대한 자신들의 초기 대응을 후회하고 있다. 어젯밤, 한 인터뷰에서 한 지방 관료는 바이러스의 확산에 대응하여 자신이 더 빨리 행동했더라면 하고 바랐다고 말했다.

7 ▶ⓒ which 뒤에 완전한 절이 오고, the signs의 내용을 부연 설명하고 있으므로 동격절을 이끌 접속사가 필요하다. 따라서 관계대명사 which는 접속사 that으로 고쳐야 한다.

　ⓐ 문맥상 과거에 대한 후회를 의미하는 should have p.p.가 쓰인 것은 적절하다.

　ⓑ 보어 역할을 할 수 있는 명사절이 필요하므로 선행사를 포함한 관계대명사 what이 명사절을 이끄는 것은 적절하다.

　ⓓ Many revenue-producing activities를 주어로 하는 문장의 동사 자리이므로 복수동사 are는 적절하다.

　ⓔ 선행사는 States이고, 관계사절에서 주어 역할을 하므로 주격 관계대명사 역할을 하는 that은 적절하다.

8 ▶ 바라는 시점보다 먼저 일어난 일에 대한 소망을 나타내는 문장이므로, 「I wish+가정법 과거완료」를 이용하여 쓴다. 따라서 he wished 뒤에 he had acted sooner를 쓴다.

Words crawl 기어가다 revenue 수익, 수입 collapse 무너지다 fiscal 재정의, 국고의

한발 빠르게 시작하는 내신 · 수능 대비

SOLID 어법 실력